传记读库

U0504881

心通孔子

孔正毅　孔祥骅◎编著

全国百佳图书出版单位

APTIME

时代出版传媒股份有限公司

安徽人民出版社

图书在版编目(CIP)数据

心通孔子/孔正毅　孔祥骅编著.—合肥:安徽人民出版社,2016.12
(传记读库)

ISBN 978－7－212－09471－3

I.①心…　Ⅱ.①孔…　Ⅲ①孔丘(前551–前479)—传记　Ⅳ.①B222.25

中国版本图书馆 CIP 数据核字(2016)第 304248 号

心通孔子

XINTONG KONGZI

孔正毅　孔祥骅　编著

出　版　人:朱寒冬　　　　出版策划:朱寒冬　　　　责任编辑:胡小薇
出版统筹:徐佩和　黄　刚　　责任印制:董　亮　　　　装帧设计:孙丽莉
　　　　　李　莉　张　旻

出版发行:时代出版传媒股份有限公司 http://www.press-mart.com
　　　　　安徽人民出版社 http://www.ahpeople.com
地　　址:合肥市政务文化新区翡翠路 1118 号出版传媒广场八楼　邮编:230071
电　　话:0551－63533258　0551－63533259(传真)
制　　版:合肥市中旭制版有限公司
印　　刷:合肥中德印刷培训中心印刷厂

开本:787mm×1092mm　　1/16　　　印张:17　　　　字数:300 千
版次:2016 年 12 月第 1 版　　　2017 年 1 月第 2 次印刷

ISBN 978－7－212－09471－3　　　定价:30.00 元

序

民间有句谚语："跟着好人学好人,跟着筮婆子下假神"。现实生活中,跟着神婆装神弄鬼的人可能不多,但是"跟着秀才会拽文"的人肯定不少。

的确,人是他所在的环境和文化的产物。即:近朱者赤,近墨者黑。当然,近着圣贤,我们未必就能够成为圣贤,而由于近着圣贤、从而濡染了圣贤的某些本色,则是无疑的。

"心通圣贤"这五本书包括《心通老子》《心通庄子》《心通孔子》《心通孟子》《心通墨子》,是"传记读库系列丛书"的一部分。它是我国优秀传统文化尤其是先秦诸子、百家思想解读的典范,是传统经典现代化、通俗化、大众化的一个努力。

在我国思想史上,先秦时期、"民国"时期、20世纪80年代以来的改革开放时期,是三个思想发展的高峰。

随着我国经济社会的发展、综合国力的提升、国际影响的扩大,中国文化的战略地位和作用日渐凸显。

习近平总书记在关于我国传统文化的一系列讲话、论述中指出:中国传统文化博大精深,学习和掌握其中的各种思想精华,对树立正确的世界观、人生观、价值观很有益处。学史可以看成败、鉴得失、知兴替;学诗可以情飞扬、志高昂、人灵秀;学伦理可以知廉耻、懂荣辱、辨是非。中华优秀传统文化积淀着中华民族最深沉的精神追求,是中华民族生生不息、发展壮大的丰厚滋养,是中国特色社会主义所植根的文化沃土,是我们最深厚的文化软实力,更是一种独特的战略资源。

我社从中华民族文化发展战略的高度,从弘扬中华优秀传统文化着眼,组织有关传统文化研究的专家、学者,集中策划、编撰、出版大型图书文库"传记读库系列丛书",计划五年之内,出版五十种、近百本图书。

为了使这套图书不断臻于完善,希望读者朋友多提宝贵意见。

目 录

孔子本纪

孔子百问

二　孔子与儒学

三　孔子思想诸方面

心通孔子

传记读库

孔子本纪

一 没落贵族 贫贱出身

先祖显赫 孔子,名丘,字仲尼,春秋时代的鲁国(今山东曲阜)人,生于鲁襄公二十二年、周灵王二十一年(前551)夏历八月二十七日;卒于鲁哀公十六年、周敬王四十一年(前479)夏历二月十一日①,享年七十三岁。

孔子的先祖本系春秋时宋国的贵族,宋国贵族原是殷商子姓王族的后裔。据说孔子自称他是轩辕氏黄帝的后代。黄帝传至契,佐尧、舜有功,封于商,赐子姓。孔子的先祖微子启为商王帝乙之长子,纣的庶兄,曾为纣的卿士。周武王伐纣克殷时,曾封纣王之子武庚于朝歌,以续殷祀。后来武庚叛乱被平息后,微子启代武庚"奉殷祀""国于宋",成为宋国第一代君主。当其死时,其子已亡,仅有孙遹尚存。按照殷代兄终弟及的传统,便不立遹而立其弟微仲衍。微仲衍传位给宋公稽,稽传位给丁公申,申传位给潜公共,共传位给炀公熙,熙后被潜公的儿子鲋祀所杀,以让位其兄弗父何,何不受位,鲋自立为厉公。从此,弗公何因让位的美名闻名于后世,且世为宋大夫,孔子就是弗父何一支所生。

---

① 此处孔子生年从司马迁《史记·孔子世家》:"鲁襄公二十二年而孔子生。"月日从《谷梁传》:"冬十月庚子,孔子生。"周时历法较夏因早两月,故十月庚子推算为鲁襄公二十二年八月二十七日。孔子卒年、月、日则从《左传》,取其普遍认可者。

弗父何生宋父周,周生世父胜,胜生正考父。正考父是孔子第七代祖先,他以谦恭俭朴和熟悉古文献见称,是辅佐过宋国戴、武、宣三公的三朝元老,他的地位显赫而持久,他在家庙中的鼎上作铭文:"一命而偻,再命而伛,三命而俯,循墙而走,亦莫余敢侮。饘于是,粥于是,以糊其口。"[①]他每当接受任命、提升官位时,总是越来越恭敬,始则低头,继则曲背,三则弯腰,连走路也小心谨慎地靠着墙边走,然而谁也不敢侮慢他。他仍然是用鼎煮饘和粥,聊以充饥糊口而已。据传《诗经》中的《商颂》就是他整理的。其子孔父嘉是孔子第六代祖先,可能孔父嘉已不像乃父正考父那样谨慎谦恭,其地位已沦为大夫,因参与宋国贵族华氏内争被杀。

孔父嘉在孔氏家族史上是一个关键人物,从他开始,孔氏始"别立公族",自成一系,有了自己的族姓,在他之后,孔氏即自宋迁鲁。确切地说,孔氏家族到孔父嘉才算正式确立。如果从有族算起,孔父嘉才是孔子的第一位先公。孔子的先公是在孔父嘉之后逐渐没落的。其子木金父为华氏所逼,逃到鲁国。[②] 木金父生祈父,祈父生防叔。《孔子家语》上则云,至防叔时,遇上国家战乱,逃到鲁国。崔述所著《洙泗考信录》已辨此说有误,故采木金父奔鲁说。

木金父逃到鲁国后,父子两代为平民,至第三代孔防叔才做了鲁贵族臧孙氏的家臣,出任防邑宰,故人们呼其为"防叔"。防叔生伯夏,伯夏生叔梁纥,叔梁纥即孔子之父。由于当时一般取五代祖先的家为"族名",故孔父嘉的"孔"成了孔子的"族名"。

家道中落　孔子的父亲叔梁纥是孔父嘉的五代孙,前四代从宋国逃难到鲁国后默默无闻。家道传至孔子的父亲时,已经没落了,叔梁纥已成为一个失去世袭贵族地位的官位不大的武士,但他的名字记载在《左传》上。他是因为勇武与力量超人而被载入《左传》的。他的一生有过两次战功。鲁襄公十年(前563)晋国带领几个诸侯国攻打一个叫偪阳的小国,叔梁纥这时是鲁国孟献子手下的武士。攻城的一部分军队进了城门,守在城中的

①　《左传》昭公七年。
②　见胡仔《孔子编年》《后汉书·孔融传》。

偪阳人启动机关,将悬着的城门放下,企图将攻城的军队拦腰截断,一截在城内,一截在城外,然后将城内的军人围歼。正在这千钧一发的紧要关头,叔梁纥挺身而出,用双手托起压下来的城门,让攻进城内的军人从托起的城门下脱身退出,脱离危险。① 又过了七年,即鲁襄公十七年(前556)秋,齐国入侵鲁国北境,齐高厚带领军队包围了鲁的防邑。被围在防邑里的有鲁大夫臧纥及臧畴、臧贾和叔梁纥,鲁军前去救臧纥,从阳关进击,接迎臧纥,因慑于齐军强大,到了防邑附近不敢前进。这时,叔梁纥带领他们在夜间突破齐军的包围,将臧孙纥送到鲁军驻地旅松。然后,他又返回防邑,坚拒齐军,齐人打不下,只得撤退。② 于是叔梁纥又立了一次战功,"以勇力闻于诸侯"。但是鲁国的当权者并没有赏他什么爵位,他的社会地位没有提高,始终只是一位武士。

野合而生 叔梁纥在鲁襄公十七年突围之战胜利归来时,年已六十三岁左右,他曾娶过鲁国人施氏为妻,生了九个女儿,没生儿子,又娶妾生了一个儿子,但是个有残疾的跛子,取名孟皮。叔梁纥感到孟皮不能继承他的家业,又向颜家求婚,据说颜家的三个女儿,只有未满二十的小女儿颜徵在愿意嫁给叔梁纥③。这种孔子父母成婚是出于叔梁纥求婚、颜徵在自愿出嫁的说法,在《孔庭摘要》和《阙里述闻》中,也有所记载。但是,最早记载孔子父母的结合的资料则出自《史记·孔子世家》:"纥与颜氏女野合而生孔子。"

对此"野合"二字,历来众说纷纭,如何理解"野合",这就得对孔子之母的出身作一番研究。有的学者怀疑孔母"颜徵在"的姓名,认为司马迁只呼她为"颜氏女",不失为一种严谨的态度。颜徵在绝不是当时鲁国的世家大族之女,而且很可能是一位身份低贱的妇女,故孔子才自称"吾少也贱"④。

① 《左传》襄公十年。

② 《左传》襄公十七年。

③ 《孔子家语》。

④ 周国荣《孔母"颜徵在"考辨》,《苏州大学学报》(哲学社会科学版),1997年第2期。

心通孔子

其实,所谓"野合"大致有如下几种情况:其一,二人年龄相差很大,不合周礼;其二,未有父母之命、媒妁之言约定婚姻;其三,叔梁纥家有妻室,不便在家中成婚,故另立外室;其四,成婚时不合"壮室初筮之礼",而与乡鄙间"野人"的婚礼相近。但是,从先秦文献中看,老年男子纳少女为妻妾的事例很多,且均不以为不合礼仪,也不称之为"野合",还被认为是一件好事,因此以上几种情况中的第一种理由是不能成立的。按"野"字在春秋时代可作"郊外"解,亦可作"民间"解,如"在野";又可作"朴鄙"解。如《论语》中有"质胜文则野""先进于礼乐,野人也""野哉,由也"。《礼记·檀弓》"若是野哉"句之疏为"不达礼也"。此解认为礼仪未到谓之野,则此字又不单是指郊外。蔡尚思先生却以此而认为:"所谓野合,只能是指这位少女在野外被老奴隶主叔梁纥强奸,迫使她怀孕而生下孔子。"[1]这种说法是十分荒唐而难以令人信服的。

在礼教未严的古代,不经媒聘而自由择偶同居是允许的。《周礼》上说:"仲春之月,令会男女,于是时也,奔者不禁",可见当时有这种风俗,这是远古自由婚姻的遗迹;不仅适行于未婚男女,也适行于已婚男女。有条件的男子可以利用这个机会取妾。古代男女在仲春会合时,往往要祭祀高禖和"祓禊"。高禖是管理人间生育的女神,"祓禊"是到河里洗濯以除不祥,以求子得福。[2] 叔梁纥与颜氏女的"野合",应解释为在乡野的未经正式婚聘的同居,叔梁纥的家在陬邑乡,尼丘在今曲阜东南约五十里处,这两地正是鲁国的被划为"野"的地域,他们就是在这一"野"的区域未经婚聘就同居,这种同居在《左传》中多有例证。在春秋时代,男女之间在公开场合可以相会,那时的女子较秦汉有更多的自由权和主动权,男女可以自由相会于仲春之月,这是古代殷人遗留下来的自由婚配的风俗。

据《礼记·月令》与古代学者的研究,"祷于高禖"的祭祀始于殷人女祖先简狄吞玄鸟卵故事,高禖就是简狄。《礼记·月令》上说:"仲春之月……是月也,玄鸟至,至之日以大牢祠于高禖。"高禖的祭祀正是为了求

---

[1]　蔡尚思《孔子思想体系》。
[2]　孙作云《诗经与周代社会研究·诗经恋歌发微》。

子,后来又变作祭高山,叔梁纥与颜氏女"祷于尼丘",正是殷人求子的遗风古俗的表现。《史记》中的许多古先圣王的出生都有这种记载:商的祖先契,是其母简狄"行浴"于野外时,"见玄鸟堕其卵""取吞之,因孕生契"①;周的先祖后稷,是其母"姜原出野,见巨人迹,心忻然说,欲践之,践之而身动如孕者"②。秦的先祖,是"女修织,玄鸟陨卵,女修吞之,生子大业"③。这都是一些野外怀孕、"野合"而生的传说。据《春秋纬演孔图》上说:"孔子母颜徵在,游大冢之陂,睡,梦里帝使请与己交。语曰'女乳必于空桑之中',党则若感,生丘于空桑之中,故曰玄圣。"由此可知,所谓"野合""祷于尼山"而生孔子与殷周以来的古先圣王在野外感天、感神而生圣人的神话如出一辙。

传说叔梁纥与颜氏女正是依当时"祷于高禖"的习俗,多次上尼山向天神祈祷生个男孩的。当他们同去尼山祈祷后下山时,生孔子于山下东侧的一个山洞里。古书上关于孔子诞生的神话很多,如《祖庭广纪》上说,孔母祷于尼山时,当她走进山谷时,连脚下草木的叶片都下垂引路,当她走出山谷时,草木的叶片才又抬起头来。后世传说尼山上的荆棘的朝下,是为了避免刺伤孔母与孔子,可见圣人的降生连草木也为之感动。孔子出生后,其父母给他取名叫"丘",这是因为孔子刚生下来时,头的形状有点像圩顶,通常是人们形容山的周围高而中间平的形状,这种头型很像这种山,因此取名为"丘"。又别名"仲尼","仲"是老二的意思,因为孔子还有一同父异母的兄长,就是前面提到的跛足"孟皮"。

三岁丧父 尽管孔子降生的故事是那么神奇而不平凡,然而幼年的孔子在人世间的道路是十分不幸而艰难的。

孔子三岁时,他的父亲叔梁纥就含着眼泪,怀着对小儿子的一片爱心与期望,离开了人世④。从此母子俩孤苦伶仃,相依为命,在茫茫人海中,

---

① 《史记·殷本纪》。
② 《史记·周本纪》。
③ 《史记·秦本纪》。
④ 《史记·孔子世家》记:"丘生而叔梁纥死,葬于防山。"《索隐》引《家语》"生三岁而梁纥死"。

在凄风苦雨里，挣扎着求生。不久，孔母便带着三岁的儿子离开孔家迁居到鲁国国都阙里去了。人们不禁要问，孔母为什么在丈夫死后携子离开夫家迁居鲁都呢？主要是因为在叔梁纥去世后，大树一倒，家中的妻、妾、子、女关系复杂，矛盾甚多，不但她自己的心情不好，而且对儿子的成长与教育也不利。于是她便离开夫家，前去鲁都。

受教于母 孔母希望自己的儿子能够在一种良好的文化环境中完成学业。当时的鲁都曲阜是鲁国的政治、文化中心。这里典籍丰富，名师众多，自然给孔子提供了较好的学习条件，对孔子的成长起到积极作用。

孔母为了让自己的儿子将来能够光宗耀祖，继承先圣商汤的伟绩，长大后成为有出息的人，教他努力学习通晓殷周以来的《诗》《书》《礼》《乐》。这位年轻的寡妇，为了将自己的儿子养育成人，使这个"圣人"之后的遗孤继承祖业，便承担了孔子的第一位启蒙老师，教儿子认真学习周朝的各种礼仪，希望他长大后从政治国，辅佐明君。古鲁国的国都曲阜是个规模方正的古城，鲁宫位于城的中心，鲁君一家便居住在这些宫殿中，鲁国的太庙即在这些宫殿中，这里保存着比较完整的周王朝的典章文献、礼仪制度。孔子曾说："吾十有五而志于学"①，其实早在他的幼儿时期，他就开始了对周礼的学习。《史记·孔子世家》上记载："孔子为儿嬉戏，尝陈俎豆，设礼容"，连小时候做游戏，也模仿观察贵族们习礼的活动，摆设各种祭器，学着大人的礼仪动作。在孔母的严格教育下，尽管家中生活清贫，但仍然以一个贵族子弟的身份认真学习贵族的礼仪。

《论语》中有两处记载到"子入太庙，每事问"，都是说孔子一有机会就进入供奉鲁君先祖的太庙，他不断地对里面陈设的礼仪、文物进行考察，向掌管看守太庙的礼官乐师发问，事后常有人讥笑孔子在太庙里问这问那："谁说鄹人之子（孔子）知礼？入了太庙，还事事都要问人哩！"孔子听到这种批评后，不但不生气，反而冷静地说："这就是礼啊！"

此外，孔母还教育她的儿子学习各种技艺，以获得生存的本领。孔子

---

① 《论语·为政》。

说:"吾少也贱,故多能鄙事。"①他在年轻时,也做了不少小百姓谋生的活计。孔子说:"吾不试,故艺。"②他会唱歌,会弹奏各种古代的乐器,他会射箭,会驾车,青年时代的孔子借此谋生,孝敬母亲,在贫贱中磨炼成人。

十七岁丧母 孔子十七岁那年,他的母亲就去世了。孔母丧夫时只有二十岁左右,死时也不过三十四五岁,孔母的一生是那么短,可以想见这位从乡下到城里的弱女子,为了把孔子培育成才,曾经承受了很大的生活压力,她在教养孔子时付出了巨大的牺牲。关于孔母的事迹,史料中没有很多的记载,但她是我国古代伟大思想家、教育家孔子的第一个启蒙教师,她历尽艰苦,为孔子创造了一个良好的学习条件,孔子年轻时便"博学成名",当归功于孔母的苦心教育引导。

孔母的去世对孔子是人生第一次的痛苦打击。孔子的父亲叔梁纥虽是鄹邑地方的一个小小武官,且在孔子三岁时就去世,但孔子对其父亲是十分尊敬的,孔母去世后,孔子非要按贵族的规矩将双亲合葬不可,然而孔子不知道其父的葬地。根据《史记》和《礼记》一致的记载,孔子直到母亲去世那年仍然不知父亲墓地所在。孔母生前为何不将叔梁纥的墓地告诉孔子,孔母为什么也不知其丈夫的墓地呢? 这一方面透露出孔氏家族内部的矛盾,孔母在叔梁纥去世后很可能受到孔家内部的排斥。《史记·孔子世家》索隐上说叔梁纥死时,孔母"是少寡,益以为嫌,不从送葬。故不知坟处,遂不告耳。"在重丧葬的春秋时代,妻子怎么不能为刚死的丈夫送葬呢?《檀弓》上又说:"叔梁纥与颜氏女徵在野合而生孔子,徵在耻焉,不告。"其实,孔母之所以不能为其夫送葬,可能与孔母本人出身地位的低下有关。倘若孔母具有正妻或次妻的资格,史书也许无"野合"的故事了。

合葬父母于防山 孔子为了合葬父母,就非得查清父亲的墓地不可。出殡时,孔子没有将母亲的灵枢送往墓地,而是在中途停放在热闹人多的五父之衢,一时人山人海,围观的人们纷纷议论着,消息传遍曲阜的城内城

---

① 《论语·子罕》。
② 《论语·子罕》。

外。过了几天,果然有位陬村的老妇来找孔子。这位老妇将她丈夫当年运叔梁纥灵柩上防山的路线告诉了孔子。孔子这才将父母合葬于防山这个地方。

《孔子世家》:"丘生而叔梁纥死,葬于防山……由是孔子疑其父墓处,母讳之也。……孔子母死,乃殡五父之衢。盖其慎也。陬人挽父之母诲孔子父墓,然后往合葬于防也。"《檀弓上第三》:"孔子少孤,不知其墓,殡于五父之衢。……问于陬曼父之母。然后得合葬于防。"孔颖达疏曰:"曼父之母素与孔子母相善"。"曼父",即司马迁所称"挽父",可能就是当时专拉丧车的拉车夫,孔母与这位车夫的母亲十分相好,即此可知孔母所处贫且贱的地位,这位拉丧车的车夫的母亲知道孔子父亲的墓处,十五年前叔梁纥死时,她的丈夫曾经拉过叔梁纥的灵柩,可能此时其夫已死,只有这位"挽父之母"知道孔子父亲的墓葬地了。

季氏飨士 孔母去世不久,鲁国贵族季孙氏请士一级的贵族宴会。十七岁的孔子以为自己是叔梁纥的儿子,也兴冲冲地前在赴宴,他穿着为其母服丧的孝服,腰间系着麻带。当他来到季氏大门前时,被季氏的家臣阳货拒之于门外,阳货呵斥孔子说:"季氏宴请的是士,不是你这种人!"[①]孔子只有默默忍受这巨大的羞辱离开那里。阳货敢于侮辱孔子,可见当时孔子虽以士自评,但他的实际地位是十分低下的。孔子本是一位刚毅武勇之人,而又处于血气方刚的年龄,但他还是在阳虎的侮辱面前忍耐克制了下来,他的这种性格是与他早年的人生挫折密切相关的。

孔子早年丧父的挫折,对他的性格、心理有很深的影响。孔子出生在一个单亲的家庭里,一直到成人后,孔子的行为和心态仍离不开这早期单亲家庭的影响,有的学者认为孔子后来创立的仁学思想是他的母性性格在社会中的发展,所谓"仁"的内涵包容着母性的克制、忍耐、和平与慈爱。孔子从三岁丧父到十七岁丧母,这一段成长期里,由于他缺少父亲的影响,只留下对母亲的思想感情的认同与接纳,因此孔子的对于自由的追求的性

---

① 《史记·孔子世家》:"孔子要绖,季氏飨士,孔子与往。阳虎绌曰:'季氏飨士,非敢飨子也。'孔子由是退。"

格与此有关。在古代的家庭中,父亲是秩序的代理人,由于孔子自幼缺少父亲的压制与约束,这就养成了以儿童的天真和幻想来面对世俗社会,于是形成了孔子蔑视权威、抵触现实的思想心态,而孔子忠君思想与依赖国君的政治行为又与孔子对父亲的追忆与向往相关。

奇异的体貌 说起孔子,人们的脑海中会浮现出孔庙里孔子的形象。但孔子的形象到底如何呢?从有关典籍中可以看出,十八九岁的孔子身材魁梧。《荀子·非相》上记载:"仲尼长,子弓短。"《史记·孔子世家》上说:"孔子长九尺有六寸,人皆谓之长人而异之。"这一尺度当属周制,周制一尺合今 19.91 厘米,折算下来,等于今天的 191 厘米。《庄子·外物》上记载孔子体型:"修上而趋下",即上身长,胳膊长,下身短。其"肩背伛偻"。孔子体格十分强壮,筋骨劲健,力大过人。孔子曾在评论他的弟子子路时说:"由也好勇过我。"(《论语·公冶长》)子路在孔子弟子中是一位十分勇武、果敢、直爽、豪放的人,孔子说子路的好勇超过了自己,可看出孔子本来也是一个有勇力的刚毅之人。《列子》与《淮南子》上也有类似记载。王充《论衡·效力篇》上说:"孔子周世多力之人也。"这与孔子从小习武,精通射、御之术有关。《吕氏春秋·慎大》上说:"孔子之劲,举国门之关,而不肯以力闻。"据此可知孔子决非文弱的书生。孔子的头部更有特点,头形中凹而四周高起,古书上称为"圩顶"。孔子又有两颗像兔子的大门牙,露在外头,古书上称孔子的门牙是"骈齿"。关于孔子的外貌特征,《孝经·钩命诀》上说:"仲尼斗唇,舌理七重""龟脊、辅喉、骈齿,面如蒙俱"。古书上载帝喾、周武王、南唐后主李煜都生有骈齿。于是,骈齿非但不是不雅观,反而成为圣人的一大特征相貌。孔子是否有骈齿,可以另当别论。不过,今天不少有关孔子的图像、雕像中,确有不少作品里的孔子是有骈齿的。关于孔子的服装,《孔子家语》中有一段记载,谓孔子见鲁哀公时,公曰:"夫子之服,其儒服与?"孔子对曰:"丘少居鲁,衣逢掖之衣。长居宋,冠章甫之冠。丘闻之,君子之学也,博其服以乡,丘未知其为儒服也。"从这段记载,可知孔子所穿的衣服,所戴的帽子,都是乡服,亦即为鲁人所穿的服装,为宋人所戴的帽子,并不是代表儒者身份的制服。因为孔子是一位不耻恶衣恶食的平民身份的知识分子，以他的身份是不会穿那些华贵精美的服装的。

与亓官氏结婚　十九岁那年，孔子与鲁国的一位青年女子亓官氏结婚。传说亓官氏也是殷人之后，婚后第二年，亓官氏生下一个男孩，孔子很高兴。这时，孔子的学识已远近闻名，连鲁国国君昭公也已经知道他是鲁国年轻有为、才识著名的学者，当鲁昭公获悉孔子得子时，也专门派人向孔子道喜，还送去了一条大鲤鱼。为了纪念这件很荣耀的事，孔子给自己的儿子取名为"鲤"，又取字为伯鱼。大概这时，鲁国国君已将孔子视为叔梁纥的继承人，至此亡父的家族也都承认孔子的合法地位。孔子二十岁左右时曾做过两次小吏。一次是做乘田，乘田的职务是管理牛羊。孔子说："叫我管牛羊，我就把牛羊养得肥肥壮壮的。"另一次是做委吏。委吏的职务是管理仓库，孔子说："叫我管仓库，我就把账目算得清清楚楚的。"孔子在青少年时，干过很多的低贱的工作，人家死了人，他就去给人送葬，当吹鼓手；孔子很熟悉葬丧之礼，并为人办丧事。《论语》中记孔子说："乡人傩，孔子朝服而立于阼阶。"傩是一种赶鬼的仪式，孔子也参加。经过刻苦学习，孔子逐渐成为一位博学多能的人。在他住宅附近有一条街叫达巷，达巷的老百姓说："孔子这么渊博，他的才能本领简直叫我们摸不清是什么名堂。"孔子回答说："我没有什么本事，只不过会赶赶车啊！"当时的人要学会六种本领，才算是全才，这就是礼节、音乐、射箭、赶车、识字、计算。这六种本领中，只有赶车是最低下的，孔子就只承认自己会赶车。《论语》中记载：大宰问于子贡曰："夫子圣者欤？何其多能也？"子贡曰："固天纵之将圣，又多能也。"孔子弟子屡称孔子是圣人，但孔子不承认自己是圣人，孔子说："大宰了解我吗？""我少也贱，故多能鄙事。"

孔子从记事的时候起，就体验到人生的艰辛，由于其父亲在孔子幼年即去世，因此实际上孔子的生活已由贵族下降为平民，及至他后来被门人弟子尊为师表、誉为圣人时，他的西家邻人仍称呼孔子为"东家丘"。就这一点看，孔子自幼平易近人，即在他名声大扬时，仍不失他的平民知识分子的本色。

问学郯子 孔子自幼好学,"敏而好古""不耻下问",学无常师。鲁国东南方有一个鲁国的附庸小国郯国,国君郯子来鲁国朝见昭公,郯子自称是少昊氏子孙。在鲁昭公举行的宴会上,鲁国的大夫叔孙昭子向郯子问起少昊氏"以鸟名官"的情况,郯子滔滔不绝地讲述了古代官名的由来。孔子听到郯子来到鲁国,便抓紧时机拜见郯子,向他仔细打听少昊氏时代的职官制度的情况,郯子向孔子介绍了古代东海岸有关鸟图腾的传说。孔子终于弄明白殷商文化与东海岸鸟的神话传说的关系。郯子的讲话给他留下了深刻的印象,他在向郯子求教后感叹地说:"天子失官,学在四夷。"①在"官失其守",文献典籍四散,西周王室的巫、史、祝、宗和礼乐之士流散民间的时代里,孔子不得不以其强烈的求知欲,四处求学。这就是历史上著名的孔子向郯子学习的故事。

学琴师襄 公元前 523 年,孔子二十九岁。相传孔子这一年从山东跑到山西,向晋国著名音乐家师襄子学鼓琴。师襄子在音乐理论上有很深的造诣,闻名于诸侯各国。当时是一个"礼崩乐坏"的时代,《论语》中曾记载了春秋时代乐官四散的情况,当孔子找到了师襄子后,他惊喜交加,拜师襄子为师,向他学琴。一支曲子学了十来天,师襄子对孔子说:"你可以学新的曲子了。"孔子说:"不,我只是会弹,但奏曲的技巧、节拍还没有掌握好哩。"又过了一些日子,师襄子又说:"技巧已学好了,可以学新的曲子了。"孔子说:"不行,我还没有领会曲中的志趣神韵哩。"又过了几天,师襄子说:"已领会志趣神韵了,可以学新的曲子了。"孔子说:"我还不知道此曲的作者及其为人的风采哩!"又过了一些日子,孔子才恍然有悟地说:"我现在想通了,此曲的作者是一个思想深沉的人,他性情乐观,目光远大,此人大概是周文王吧?"师襄子听后大惊,十分佩服地说:"我们学的正是周文王的作品《文王操》啊!"从这件事可见,孔子有着多么一丝不苟、孜孜不倦的求学精神。孔子之所以后来成为中国古代文化史上的圣人,并不是天生而成的,而是他本人勤奋钻研和刻苦学习的结果。

① 《左传》昭公十七年。

二 三十而立 办学成名

子产逝世 鲁昭公二十年（前522），孔子三十岁。这一年，郑国的大夫子产逝世。子产是一个政治上十分开明的人，当时的老百姓议论政治，在乡校里批评执政，有人建议子产捣毁乡校，但子产反对这种专制野蛮的做法，给乡校中的士人以批评执政者的权利，可见他有着政治家的胸怀与风度。在那巫鬼迷信盛行的时代，子产不信神怪，郑国发生火灾，别人都说要去求神，但子产认为"天道遥远，人道切近"①。孔子对郑国这位政治家、思想家十分敬佩，他从青年时代起，就受到子产的很大影响。当孔子惊悉子产去世的消息，他悲痛地哭了，孔子评价子产是"古代留下来的最后一位仁人君子"②。孔子后来成为圣人，多少与子产的影响是有关的。

始教于阙里 孔子在晚年回顾自己一生的修养与治学的历程，他说自己是"三十而立"，在十五岁时开始立志于学，到三十岁，就打下了坚实的根底，不仅精通了一般贵族子弟在进入上层社会、从事政治活动之前所要掌握的"六艺"（礼、乐、射、御、书、数），而且精通了古代大学中所掌握的高级的"六艺"，即汉代之后被尊为《六经》的《诗》《书》《礼》《乐》《易》《春

---

① 《左传》昭公十八年。
② 《左传》昭公二十一年："及子产卒。仲尼闻之。出涕曰：'古之遗爱也。'"

秋》。孔子已有很高深的造诣,他的学识与声望已相当的高,基本上确定了他的"一以贯之"的思想原则,并为他一生的治学、施教、参政打下了坚实的基础。

所谓孔子自述"三十而立",除了他已熟悉、精通《六经》等古代的大量文献外,还有另一层意思,即孔子面对周室衰微、礼崩乐坏、诸侯纷争和政治动乱的社会现状,他已立下了救世的宏愿,形成了他的以西周礼乐文明为典范的立身处世的思想法则,确定了他的以"仁"为核心、以"礼"为形式、以"中庸"为原则比较完整的伦理观、政治观、教育观、社会观。他开始在民间创办私学,"始教于阙里",并以小型学术团体的形式,开始了儒家学派早期的学术活动。这时他已是一个为鲁国人所周知的品德高尚、学问精深的知名人物,求教他的学生自远方接踵而至。从此时起,一直到他仕鲁之前,在将近二十年的时间里,他的主要精力放在研究学问与从事教学方面。

大约在三十岁左右时,孔子开始招收第一批弟子,这中间有颜渊的父亲颜路,曾参的父亲曾点。孔子的另一位著名弟子子路,也属于这第一批弟子之列。子路比孔子小九岁,他拜孔子为师时大约二十一二岁。子路出身贫贱,为人性格豪爽、耿直,起初他对孔子很不尊重,还欺凌过孔子,但孔子以德折服了他。子路后来成为孔子最忠实、最可靠的学生。在孔子招收的第一批弟子中,还有伯牛、冉有、子贡、颜渊、闵损等人,而孔子晚年招收的子游、子夏、曾参等人,则属于后一辈的弟子。所谓门徒三千,当然有点夸张,就是"七十二贤",也不是同时共学的。他们在孔子那里主要学习《诗》《书》《礼》《乐》,但重点是培养德行,陶冶性情,准备担负起闻道救世的重任。孔子在鲁都杏坛(曲阜城北的学舍)向他们讲学,但弟子们也跟着孔子四处出访,在实际的社会活动中,随时问难,这大概是中国古代最早的开门办学。孔子之前,"学在官府",只有贵族子弟有机会接受教育,一般平民是无资格得到求学机会的。自从孔子创办私学后,才打破"学在官府"的局面。这在当时是一件破天荒的大事,在鲁国引起很大震动。由于招收一大批学生,进行了认真的教育培养,造成了很大的社会影响,孔子逐渐成为一个著名的教育家。

"圣人降生"的预言　孔子的成名,与当时民间流传的"圣人降生"预言有关,孔子是殷人之后,早在孔子之前,当周初灭殷之际,就在殷人的遗民中流传着将有"圣人出世"的预言。这位圣人是谁呢?人们纷纷猜测。这就是所谓殷商灭亡后,"五百年必有王者兴"的预言。《孟子》最后一章就专门提到这件事说:"由尧舜至于汤,五百有余岁。……由汤至于文王,五百有余岁。……由文王至于孔子,五百有余岁。"孔子生于鲁襄公二十二年,上距殷商武庚灭亡,约有五百多年。这个"五百年必有王者兴"的传说,曾经勾起宋襄公复兴殷商的雄心。但宋襄公是一个失败的仁君。然而这个"预言"仍在殷民中流传着,到孔子出世的时代,这个将有圣人复起的预言正好已有五百多年了。这时候,在殷宋公孙的一个嫡系里忽然出来了一个天资聪明的贫贱少年,传说中又有那么多"圣人降生"的神话,于是在鲁国的贵族中间与民众的目光中,孔子成了伟大的圣人[①]。

孟僖子诫子　早在孔子十七岁时,鲁国有位孟僖子,他是"三桓"之一,政治地位仅次于季平子,是鲁国第三号人物。这一年是鲁昭公七年(前535),孟僖子陪同鲁昭公出访楚国,途经郑国抵楚,在引导鲁昭公参加对方欢迎仪式时,因为不懂礼节而出丑,孟僖子为此惭愧之极,归国后便到处向人求教,曾向青年孔子问礼,孟僖子从此十分敬佩孔子的学问。

鲁昭公二十四年(前518),孔子三十四岁。孟僖子在临终前,将他的两个儿子叫到床前,长子仲孙何忌快三十岁了,次子南宫适也已十几岁了。孟僖子向他们讲述礼的重要,讲述自己不知礼所得到的教训,又讲述了孔子的家世。他说:"听说我们鲁国出了个通达明礼、学问渊博的人,他就是孔丘。我告诉你们,他是圣人商汤的后代,他的祖先弗父何有功于宋国,弗父何的曾孙正考父曾辅佐过朱戴公、武公、宣公三个国君。他虽然地位很高,但谦虚谨慎,可见孔丘的祖先有谦恭的美德。当年我们鲁国臧孙纥说过:'祖先有美德,其后世必定出现聪明通达的人。'现在孔丘年纪才三十

①　参见《胡适论学近著》第一集《说儒》。

多就已经知道许多学问,懂得许多礼节,他就是今天的圣人吧!我死后,你们要拜他为师,向他学礼。"

孟僖子的这一番话对于研究孔子生平很有价值。首先这段话证明孔子作为"圣人之后"已经得到当时鲁国贵族的普遍承认,同时也可看出孔子在三十四岁后,他所创办的私学在鲁国已有很大的名声,连鲁国的贵族也将自己的子弟交给孔子教育。另一方面,孔子之所以办学成名,也是因为他看到鲁国贵族在当时需要自己出来重新恢复礼乐文明。从此,孟僖子的两个儿子孟懿子和南宫敬叔都做了孔子的弟子。孟氏是鲁国掌权的贵族,自从孔子吸收了孟氏兄弟入学后,孔子办学的经费得到了公家的补给,私学的规模也越来越大。

赴周考察礼乐 孔子的教学活动的一个很大的特点,就是结合社会实际进行教学。为了收集古代的文献典籍,为了弄清三代文化的演变,孔子早有去洛邑的打算,他对南宫适说:"我听说京都洛邑(今河南洛阳)当守藏史的老聃博古通今,通晓礼乐文明的源头,明白道德学问的归宿。我们还得向这位智者求教哩!"[①]南宫适将孔子的这一赴周都采访的愿望报告给鲁昭公,"请与孔子适周",鲁昭公还派出车马仆役,支持孔子师生这一次长途出国访问活动。

问礼于老聃 洛邑(今河南洛阳)原是周王营建的控制东方的政治、文化中心,自从公元前 770 年平王东迁后,便成为东周王朝的统治中心。这里又有大量的古代文物典籍,当时负责保管这些文献的是周王朝的守藏史老聃,也就是大家熟悉的博学多闻的老子。老子听说孔子来访,还专程坐车至郊外迎接孔子。今山东省嘉祥武氏墓群的石刻中有一块孔子见老子的汉代画像石,上面刻画了老子与孔子相见的情景:头戴高冠、身着长袍的孔子,手捧一只雁,作为拜见老子的见面礼。老子也是高冠长袍,手挂曲杖,拱手相应。其后一人手捧简册,交孔子翻阅。这即是"孔子问礼于老聃"的故事。

---

① 《孔子家语·观周》。

认真考察周礼，是孔子这次赴洛邑的目的。孔子问礼于老子，老子对他说："你所讲的多半是古人的东西，这些人连骨头早就朽烂了，只不过留下了一些言论而已。君子遭遇明世就出来做官，不然，就隐居而自行其是。我听说一句古语：会做买卖的人深藏若虚，不把所有货物都拿出来；君子道德高尚，而容貌谦退，就像一个愚人。你应该去掉身上的骄气与多欲，不可抱有过大的志愿，这才有益于你的身心。"①老子的这一连串讲话与孔子的人生处世的想法有着明显的区别，但老子作为周王室史官，还是将周代的具体礼制，尤其是丧礼，向孔子作了详尽的讲解。

参观明堂 孔子在洛邑参观了明堂，明堂是古代天子宣明政教的地方，最早的明堂可能是建造于神农时代。它是祭祀场所，也是教育的场所，古代所有朝会、庆赏、选士、教学等大典，都在这里进行。明堂四面的大门上，画着尧、舜、禹和桀纣的画像。还有周公相成王图也画在墙壁上。孔子在这里徘徊观望并且感叹地说："此周公之所兴盛也。夫明镜所以察形，往古者所以知今。人君从这里可以看到一兴一亡的历史教训了。"②孔子又来到太祖后稷之庙，只见庙堂右阶之前，有一金人，口上贴有三道封条，背上有一行铭文，上写："古之慎言人也。"相传这是周公的口嘱，劝人出言慎重，处世小心。多言多事，多事多灾，多灾多悔。孔子读完铭文，对其弟子说："小子记住，这些教训合于一般人情，中于一般事理。《诗经》上说：'战战兢兢，如临深渊，如履薄冰'，如此立身处世，就不会闯祸了。"③

当孔子辞别老子时，老子又以言相赠，向他讲了一番明哲保身的道理。孔子回鲁后，时时想起老子的教诲，时时在他的弟子们面前称颂老子，孔子说："我知道鸟能飞，鱼能游，兽能奔，但又时常见到鸟被人射下，鱼被人钓上，兽被人捕杀。可见飞、游、奔不是真本领。至于龙，我不知它如何乘风云而上天，但它能自由自在地乘风上天，使人无法捉摸，我今见老子，他就

---

① 《史记·老子列传》。
② 《孔子家语·观周》。
③ 《孔子家语·观周》。

像龙那样的飘逸玄妙啊!"①孔子这次赴周室考察,开阔了他的眼界,看到了周代的许多文物、典籍,从而使他对周代的文明更加神往。孔子从老子那里学到了周礼,内心十分敬重老子,但并没有接受老子那种消极避世、与世无争的人生哲学。老子比孔子年纪大,社会经验、人生阅历也丰富得多,因此这一次会见,对孔子一生极有益,这时的孔子三十四岁,血气方刚,在求知与修身方面,积极热情,但不免急躁,在这方面五十多岁的老子是他的老师,给孔子很多启发。而在老子方面,他又似乎缺少孔子的那种积极入世的热情。因此,孔老这两人的会见,在中国文化史上是极有意义的。孔子入世,老子出世;孔子积极,老子消极;孔子重人事,老子重天命。总之,他们在许多方面是互补的,由此构成了华夏文化的整体。

心通孔子

---

① 《史记·老子列传》。

三　五十从政　施展抱负

　　孔子是一个有政治抱负的人,他渴望取得某一位贤明君主的信用,出仕从政,以实现自己的"仁政德治",做到"博施于民而能济众""拯民于水火之中";他等待这一机会的到来。然而生当春秋乱世中的孔子,要得到这一个机会又是多么的难得。当孔子偕南宫敬叔从周都洛阳返回鲁国时,鲁国正酝酿着一场内乱。

　　斗鸡风波　春秋末年,政治权力下移,先是周天子已无力号令诸侯,礼乐征伐自诸侯出,而各诸侯国内的大夫的力量也越来越大,出现了"政在大夫"的局面。这种大夫专权的现象在鲁国尤其明显,鲁国的大权落在"三桓"的手中。所谓"三桓"就是鲁桓公的三个儿子庆父、叔牙、季友的后代孟孙氏、叔孙氏、季孙氏三家贵族。这三家贵族在鲁国世代相传、历任卿相,出现"三分公室"的局面。到了春秋末年,季氏的势力越见膨胀,鲁国的军政大事,皆由季平子专权。到了鲁昭公二十五年(前517)季氏与郈氏的"斗鸡风波",将鲁国上层的政治权力的斗争推向顶点。

　　斗鸡是当时鲁国贵族的一种娱乐和赌博活动。赌博的双方各放出一只勇猛好斗的公鸡,在场地上互相残酷厮杀,获得胜利一方的公鸡,其主人可以赢钱;这种娱乐在鲁都曲阜城内很是流行。恰好季平子在鲁都曲阜的寓所与鲁国另一家贵族郈氏为邻,这两家常以斗鸡为乐。季氏放出的公鸡,在鸡翅膀上偷偷撒上了芥子粉,郈家的公鸡无论多么雄壮、凶猛,总是被弄瞎眼睛,连连失败。后来郈家发现季氏斗鸡取胜的秘密,便也在鸡爪上装上锋利的小铜钩,于是反过来季家的鸡又总被抓瞎了眼睛,而以失败告终。这件事又被季家发现,于是矛盾扩大,双方彼此指责攻击起来。

季平子在鲁专权已久,他要郈伯让步,郈伯不肯退让,季平子怒而侵郈氏,一举占领了郈伯的封地。另外季平子与臧昭伯也有矛盾,还将臧氏的家臣囚禁了起来。因此郈氏与臧氏一起诉冤于鲁昭公。鲁昭公对季氏专权早已不满,一直想搞倒季氏,以恢复公室的权力,于是鲁昭公支持郈氏、臧氏,出兵包围了季平子。季平子看看四周是军队,已无法逃命,表示愿意搬出曲阜,归还从郈氏抢来的封地。鲁昭公不允许,季平子又表示愿意赔偿财产,囚禁自己,以示惩罚。鲁昭公仍不允许,郈、臧两家一定要杀掉季平子。在这场斗争中,叔孙氏和孟孙氏感到季孙氏一倒,他们也会先后垮台,于是一起去救季平子,并将鲁昭公派来联络他们的郈昭伯杀死。反抗三桓的这场斗争就在一天之内失败了。

鲁昭公逃亡到齐国。当孔子得知鲁昭公逃到齐国的消息后,孔子也追随昭公赶到齐国。

齐国在齐桓公时,曾经称霸中原,做过各国盟主。这个国家的手工业、商业都很发达,首都临淄在中原算得上是第一流的大城市。孔子初到齐国,对于这里的繁华景象十分惊奇,他的眼界为之一开。

齐景公问政 孔子在齐国大约住了两年,自昭公二十五年来齐,到昭公二十七年返鲁。在这两年中,孔子在齐"为高昭子家臣,欲以通乎景公"(《史记·孔子世家》)。不久,孔子通过高昭子见到齐景公。据说齐景公在五年前(前522)到鲁国时见过孔子,齐景公知道孔子是当今的圣人,向他请教为政治国的道理,问孔子:"从前秦穆公国家很小,地方又偏僻,可是为什么能称霸一方呢?"孔子说:"秦国虽小,但志气很大,地虽偏僻,但行为正当。秦穆公又会用人,看中了养牛的百里奚,和他谈了三天话,便信任他,叫他执政。像秦穆公这样任人唯贤的做法,就是治理全中国称王天下也行,称霸一方算是最起码的。"齐景公又问孔子如何治理国家,孔子就提出了他的政治主张:"只有做到国君像个国君,臣子才会像个臣子;父亲像个父亲,儿子才会像个儿子。"孔子认为一个国家上下的名分是不能乱的。这一政治主张也反映出孔子对当时鲁国君臣名分大乱的感慨。齐景公听了孔子这一番话,赞成地说:"是啊,如果国君不像国君,臣子不像臣子,父亲不像父亲,儿子不像儿子,就是有饭吃,我也不能安心地吃啊!"齐景公进一步向孔子请教治国之道,孔子针对齐国临淄人的生活豪华、奢侈浪费、讲究排场的弊病,向他提出了"政在节财"的治国原则。

齐景公十分满意孔子的看法,并准备将尼豀这块地方封给孔子,让他做一个有采邑的齐国大夫。① 根据《墨子》上的记载,正当齐景公打算任用孔子时,却遭到齐国的大臣特别是晏婴的反对。晏婴在齐景公面前批评孔子说:"这些鲁国的儒者,办事不依法制,只会说些漂亮话,他们对活着的人不能关心,却重视死后的事,治丧主张铺张浪费,埋葬死人又不惜倾家荡产,此风实不可长。他们到处游说,乞求高官厚禄。孔丘所提倡的礼仪,繁杂琐碎,令人一辈子也学不完,实在无益于治国。"②经晏婴这么一说,齐景公打消了重用孔子的念头。此后齐景公对孔子开始疏远,见面时只是客气地说:"我们齐国有自己的习俗,要我像鲁昭公对待季孙氏那样,对您付以重任,恐不可能,我也不会像鲁君那样对待下卿孟孙氏那样对待您,我还是待您在季孙与孟孙之间吧。"不久,齐景公又对孔子说:"我已经老了,不能用您来改革齐政了。"③这时的齐景公五十六岁,已是一个垂老之人,失去了改革齐国的信心。此外,齐国的一些贵族,怕孔子当政,实行改革损害他们的利益,又散布一些恐吓孔子的话,于是孔子匆匆地打点行李,离齐返鲁。

闻韶之叹 孔子在齐两年,在政治上毫无收获。闲暇时便时常去找齐国主管音乐的大师,探讨音乐。他从齐太师那里得知,齐还保存有禹舜的

---

① 《史记·孔子世家》。
② 《晏子春秋·外篇》《墨子·非儒下》。
③ 《史记·孔子世家》。

古乐曲《韶》，他要求大师让人演奏这首古乐。听着古乐，孔子大受感染，沉浸在古乐中，竟然有三个月不知道肉的滋味，并说："想不到这首乐曲使我陶醉到这种境界！"又称赞《韶》乐，说这首曲子"尽善尽美矣。"

阳货专权 孔子回到鲁国后，仍然讲学杏坛，整理古代文献，但也时时静观着鲁国的政治形势，面对着鲁国大夫乱政的局面，忧心忡忡。

鲁昭公三十二年（前510），流亡在外的鲁昭公死于晋国的乾侯，昭公的弟弟鲁定公继承了君位。这一年，孔子四十二岁。鲁定公五年（前505）六月，赶走鲁昭公的季平子也死了。季平子的儿子季孙斯嗣位，他就是季桓子。这时不但鲁国的国君之权为"三桓"削弱，连"三桓"的家臣的势力也在扩展，并且形成对"三桓"的威胁。当时，季桓子掌握鲁国的大权，但他的家臣仲梁怀、阳货和公山不狃闹得鲁国国无宁日。季平子在鲁昭公出走后，在鲁国当政七年，他颈上挂着一块叫"玙璠"的宝玉，表示自己是国君的代理人。在大殓季平子时，阳货主张将这块"玙璠"放进棺材里去，却遭到仲梁怀的反对。阳货大怒，将仲梁怀囚禁，季桓子出来干涉，阳货又将季桓子囚禁，把仲梁怀驱逐出去，并杀死季氏族人公何藐，还把季桓子一家大小都捆绑起来，监禁在南门外的乡里，直到季桓子认输，才放了他。阳货在鲁国独断独行最终做了"太上皇"。阳货自知虽有权势，如果得不到鲁国最有名望的孔子支持，是很难站住脚跟的。因此，他极力去争取孔子，以求利用孔子的名望来抬高自己。有一天，阳货派人送给孔子一头蒸熟的乳猪，作为礼品。按照鲁国的礼俗，身份高的人下赠礼物，受者要亲自登门致谢。孔子知其用心，是要逼他出来做官，故孔子选择阳货不在家时，前去回拜，没想到在回家的路上遇见阳货。阳货劝孔子勿将自己的本领藏而不用，应该出来做官，孔子只好口头上答应下来。但事后孔子仍坚持自己的信念，决不在阳货当权的时期出来做官。

三年后，即鲁定公八年（前500），这时阳货自以为自己势力更大了，他勾结了对季桓子不满的人，想把"三桓"（季桓子、孟懿子、叔孙武叔）一起除去，由自己取而代之。这年十月，阳货邀请季桓子到蒲园赴宴，打算在这次宴会上杀死他。季桓子获悉此事，在去蒲园的路上跑到孟孙氏家。阳货

心通孔子

公开叛乱,劫持鲁定公、叔孙武叔,攻打孟孙氏。鲁国贵族再也忍不住了,于是群起而攻之,一同声讨、反击,阳货战败逃到齐国,又投奔晋国,受到赵简子的任用。在这次阳货发动的叛乱中,季氏家臣公山不狃配合阳货,起兵占据费城,他知道孔子讨厌季氏的专权,就派人请孔子去费城,想以此为根据地反抗季桓子。孔子也有去公山不狃处的打算。鲁国政局如此之乱,他主张"强公室、抑私门",加强鲁定公的君权,改革鲁国的政治,然而他的抱负得不到实现。他想到古代的周文王、周武王曾以西北的一块小地方丰镐作为根据地,最后统一了北中国,他自己是不是也可以以费城为根据地、有一番作为呢? 但是孔子想去公山不狃处的念头,因子路的劝阻而被取消了。

孔子在阳货之乱时期,努力办学,不肯出来做官,他在教育上取得很大成绩,四方来求学的学生越来越多了①。

仕鲁为中都宰 孔子从政的机会来得很晚,一直到鲁定公九年(前501)他五十一岁时才被鲁定公任命为中都宰。《史记·孔子世家》记载:定公九年,"孔子年五十。公山不狃以费叛季氏,使人召孔子……卒不行。其后,定公以孔子为中都宰,一年,四方则之,由中都宰为司空,由司空为大司寇。"司马迁认定孔子任中都宰的时间为鲁定公九年(前501),时间约一年,但据《春秋公羊传》和唐司马贞等注家考证,孔子生于鲁襄公二十一年(前551)十有一月庚子。由此推算,至鲁定公九年任中都宰时,孔子应为51岁。而所谓中都宰则相当于中都县的县长。②

中都在今山东汶上县之南、鲁国都西北约五十公里的地方。孔子治中都,将教育与政治结合起来,一改当时衰颓风气,做了一系列整饬社会的工作,选拔了一批出身平民、学过礼仪、品格正直的人担任他手下的官员,取代了某些为所欲为、横行霸道的贵族子弟。同时,还采取了安定民生、维护社会秩序的措施,围绕着爱民、养民、富民、利民、教民、安民的原则,对老百

---

① 《史记·孔子世家》:"孔子不仕,退而修《诗》《书》《礼》《乐》,弟子弥众,至自远方,莫不受业焉。"

② 《孔子家语·相鲁》。

姓实施"养生送死"的礼制。诸如'长幼异食,强弱异任,男女别途,路无拾遗,器不雕伪。为四寸之棺,五寸之椁,因丘陵而坟,不封不树"等。① 即按人的年龄大小供给不同饮食,按体力强弱给以一定的工作。路上别人遗失的财物不随便拾为己有,自然更不会偷窃他人财物。街上做小买卖的出售的器具不是外华内粗,不搞弄虚作假。"男女别途"是为了整顿社会秩序。有关棺椁、坟陵的规定,是为了反对僭越,按不同身份办好丧事。一年以后,中都邑在孔子治理下,发生很大的变化。百姓安居乐业,丰衣足食,社会秩序井然,令行禁止,孔子的政绩不胫而走,各地都效法中都的做法。不久,孔子由中都宰提升为"司空"。

任司空 司空是掌握全国土地、工程建设的官员。孔子上任后,立即带领人马走遍鲁国各地,勘察土地,测量山林、河流。孔子在司空任上,"别五土之性,而物各得其所生之宜,咸得厥所"。所谓"五土"包括山林、川泽、丘陵、坟衍(高原)、厚阛(平地),"别五土"以便针对不同的地势,因地制宜,发展经济,富强国家。不久,鲁国地尽其利,人尽其才,国家财政收入增多,百姓生活改善,孔子的名声也越来越大,于是鲁定公又任命孔子为"大司寇",这时,他已五十二岁。

任司寇 司寇是负责司法的长官,同时兼理外交事务。孔子现在是真正登上政治舞台了。孔子在仕鲁的时间中,做司寇为时最长,这期间他除了致力整顿国家法治外,还参与了鲁国的外交、军事活动,并显示出其卓越的政治才干。孔子虽然身为高官,但他仍保持着谦虚谨慎的作风,在朝廷上议事从容不迫,在上级面前,公正不阿,在同僚之间,平易近人。他司法听讼,不搞专断,而是从众议,并且提出了"无讼"的政治主张②。在政治上,不惜屈己退让,搞好与三家贵族的关系。在经济上,主张发展生产,"使民以时",重视劳动者的人格,关心百姓的物质生活。他反对采用暴力手段,迫使百姓就范,而是采取"德政""仁政"来感化教育百姓。他说:"为政以德,譬如北辰,居其所而众星拱之。"又说:"道之以政,齐之以刑,民免而

① 《孔子家语·相鲁》。
② 《论语·颜渊》:"听讼吾犹人也。必也使无讼乎"。

心通孔子

无耻。道之以德,齐之以礼,有耻且格。"在处理君臣关系时,他向鲁定公提出了"君事臣以礼,臣使君以忠"的原则。大约也是在这时,定公向孔子问起"一言而可以兴邦""一言而可以丧邦"的问题。孔子说,如果国君知道"为君难",臣下知道"为臣不易",那就可以"一言兴邦"了。孔子又说:"如果说,国君的好处就是谁也不能在他面前说一个不字,一切都由国君一个人说了算,言莫予违,就是说错了,也不允许臣下来纠正,那就难免导致亡国的灾祸!"

由于孔子为司寇,实行了一系列政治措施,鲁国的社会秩序好转起来。《淮南子·泰族训》上说:"孔子为司寇,道不拾遗,市买不豫贾,田渔皆让长,而斑白不负载,非法之所能致也。"有的古书上记载孔子当政仅三个月,社会上便出现了新气象。做买卖的不再以次充好,乱开物价了。男女有别,在路上有秩序地走路。连在路上丢失的物品,也没有人去拾了。据说鲁国有位卖羊的沈犹氏,以前每天早上牵着羊饮水,再拿到市上去卖。有位公慎氏,老婆淫荡,但无法治她。慎溃氏生活奢侈,时时违反鲁国的法令。但自孔子当政后,沈犹氏不再给羊饮水,公慎氏将他的老婆休去,而慎溃氏越境逃去①。

夹谷之会　鲁国向来拥晋而不附齐,如今孔子从政于鲁,国力日盛,齐国警觉地感到,恐不利于自己。就在孔子任大司寇的这年夏天,齐景公根据大夫黎钼的建议,派使者到鲁国,约定时间,两国君主在齐鲁边境的夹谷相会,重修和好。齐景公打算在这次外交会议上,以武力胁迫鲁国屈服,改变对齐的态度。鲁定公接受齐国举行和会的建议,决定参加这次会见。孔子为司寇又兼办外交事务,在齐鲁会盟前夕,他将作为这次会盟的随行大臣,协助鲁君参加会谈。临行前,孔子向鲁定公建议:"我听说在外交活动中,须有军事准备,而在战场上,也须辅之以外交手段,这样可以文武交相为用。"根据孔子建议,鲁定公决定加派负责军事的左右司马带兵同去夹谷,以备不测。

----

① 《孔子家语·相鲁》。

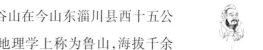

届时,鲁定公与齐景公都到了夹谷。夹谷山在今山东淄川县西十五公里地方,一名祝其,其地处于泰山山脉中段,地理学上称为鲁山,海拔千余公尺,状颇雄伟。夹谷是一岭道,即齐鲁两国交通要道。会盟的坛设在有三级台阶的土台上,两国国君依照礼节互相揖让、献酒。礼毕,会议未正式开始,忽然齐国的管事官员走上前来宣布:"请奏四方之乐。"齐景公不等鲁定公表态,就回答:"好。"于是齐国的土著莱人高举旗帜,拿着盾牌,挥舞着长矛、短剑、大戟,大声怪叫着拥上台阶,试图威胁恫吓鲁定公。孔子见势急迫,感到来者不怀好意,一个箭步跨上三级盟台,扬起长袖,义正词严地喝道:"两国国君相见,这是一种庄严隆重的会盟,岂可在此时用夷狄的乐舞,请司法官员依法处置!"与会官员一起将眼色投向齐景公,景公顿时面有愧色,不得已地挥手令莱人退下。齐国的管事也只好示意歌舞的莱人退下。过了一会儿,齐国的管事官员又上前说道:"请奏宫廷音乐。"又有一队人上台,这是一群丑角和侏儒,边舞边嬉笑而上,演得根本不是庄严的宫乐。孔子大步跨上土台,又一次厉声宣称:"匹夫营惑,戏弄诸侯,罪当断首!"由于孔子勇敢机智、大义凛然,加上鲁国在军事上已做好准备,使齐景公始终未能在夹谷会上劫持要挟鲁定公,齐国只得对自己的失礼之举表示道歉。会后,齐景公埋怨他的大臣们说:"孔子是按古人的礼仪来引导他的国君的,可是你们却叫我采用夷狄的野蛮办法,耍小手腕。这是干什么呢?"盟会最后在缔订盟约时,齐人在盟约中提出齐人出征时,鲁人必须出三百兵车相从,否则是破坏盟约。如果这样,鲁国就降为齐国的附庸国。孔子当机立断,针锋相对提出,如果齐国不把他们侵占的汶阳之田归还鲁国,不将郓、灌、龟阴三地还给鲁国,而单方面要鲁国出兵车,也是破坏盟约。于是齐景公只得退还了以前所侵占的鲁国城池郓、灌和龟阴。这次夹谷会盟,由于孔子的据理力争,使鲁国在外交上取得了胜利。①

堕三都 《论语·季氏》上记载孔子论述春秋时代政治形势的一段话说:"天下太平,制礼作乐以及出兵的决定都由天子出;天下昏乱,制礼作乐

---

① 参见《左传》《公羊传》《谷梁传》定公十年,《史记·孔子世家》。

以及出兵的决定便由诸侯出。由诸侯出,大概传到十代,很少还能继续的;若是大夫的家臣把持国家政权,传到三代很少还能继续的。天下太平,国家的最高政治权力不会落在大夫之手。天下太平,老百姓就不会议论国政。"孔子目睹春秋时代天下大乱、礼崩乐坏的局面十分忧心,他希望中国早日出现一个统一的、安定的政治局面。孔子在鲁国担任司寇后,就下决心从鲁国做起,实行他的"强公室、抑私门"的政策。而当时的鲁国正值"三分公室"的局面,鲁君大权旁落到孟孙、叔孙、季孙三家。这三家家臣,各据一些城头。郕邑是孟孙氏领地的城堡,郈邑是叔孙氏领地的城堡,费邑是季孙氏领地的城堡。他们各自有自己的军队,势力又在不断扩大,大有压倒鲁国国君的势头。为了使鲁国强大起来,首先要加强鲁国的君权,取消各地的割据势力,于是孔子提出了"堕三都"的计划。孔子向鲁定公进言说:"依照历来的制度,为臣下不该收藏兵器,大夫不该拥有百雉之城。"(指城墙周长三百丈,高一丈的城邑)这显然是针对孟孙、叔孙、季孙氏的郕、郈、费三城而言的。鲁定公自然支持孔子的这一主张。三家中,季孙氏也支持孔子,因为季氏的费城被公山不狃占据着,季氏希望借助孔子,消灭公山不狃。孔子于是大刀阔斧地进行削城活动,他的弟子仲由(子路)直接担任执政季氏的家臣,执行"堕三都"的大事。这是发生在定公十二年(前498)的事,这一年孔子五十四岁。

三家中,叔孙氏力量最弱,他的郈城最先被拆除,但费城的公山不狃联合了叔孙辄起兵反抗,他们率领费城的军队,一直打到鲁国城边。鲁定公吓得跑进季氏宫中,登上季武子台,躲了起来。孔子马上命申句须、乐颀带领军队反攻,打败了公山不狃。公山不狃与叔孙辄败逃齐国,费城也被拆除了。但孟孙氏的封邑郕,由于孟孙氏家臣公敛处父违抗拒拆,鲁定公派兵围攻不克,以致孔子的"堕三都"的任务未能全部完成。但不管怎么说,三家贵族主力有两家的力量是被削弱了,孔子在内政方面也取得了一定的胜利。

"堕三都"未能全部完成,而孔子和季桓子之间的矛盾则公开化了。这在《论语》中也透露了出来:"公伯寮愬子路于季孙。子服景伯以告(孔子)曰：'夫子固有惑志于公伯寮,吾力犹能肆诸市朝。'子曰：'道之将行也与,命也;道之将废也与,命也。公伯寮其如命何?'"(《论语·宪问》)公伯寮是孔子弟子,他在季孙氏面前告发子路,就等于说孔子的坏话。公伯寮是孔子弟子,如今为了向季桓子献媚取宠,成了孔子的叛徒。子服景伯要替孔子惩办叛徒,而子服景伯,是孟献子重孙,季桓子对子路有"惑志",其实与孔子和孟懿子有关系,孔子派自己的弟子子羔(高柴)为费宰,实质上是强公室,弱么家,自然使季桓子感到不满。因此,在"堕三都"这一件事上,孔子是为了加强鲁君的地位,这就必然与三桓的矛盾公开化。

孔子的政治主张是部分废弃"宗法封建"关系,实行不彻底的中央集权官僚制度。孔子的许多弟子当时在鲁国,闵子骞为费宰,子游为武城宰,子羔为费宰,仲弓为季氏宰,子夏为莒父宰,子皋将为成宰。春秋时期鲁国的邑县长官称宰。孔子的弟子担任的是季氏的家宰或邑宰。家宰是家族的总管,邑宰是县邑的长官。这些邑宰只受谷禄而无封土,实质上是中国古代最早的官僚性质的官吏。与当时鲁国有封土武装的贵族家臣是不同的。然而孔子的"强公室、抑私门"的主张在春秋末年的鲁国很难实行,因为当时鲁国的贵族经济和政治还相当巩固,又"周礼"在鲁国保存得最完备,"三桓"的势力很强,他们掌握了土地、人民和武力,而鲁君又无实力,孔子实行改革是靠着季孙氏的信用,季孙氏本身也是旧贵族,因此这一政治改革不可能取得最后的胜利。随着孔子与季氏矛盾的公开化,孔子很难在鲁国待下去了。

季孙氏不满于孔子"堕三都"支持鲁君、打击大夫的势力,而齐国的一些大臣又不希望看到他们的邻国鲁国渐渐强大起来,构成对自己的威胁。齐景公虽然有些后悔当年不重用孔子,但现在看到孔子治鲁取得成就,心中十分害怕,便召集群臣商议对付鲁的策略。还是那位在夹谷之会中出坏主意的黎钼又想出了新的花招。他说："鲁国现在强盛是因为鲁定公信用孔子的结果,只要设法离间孔子与鲁定公以及当权的季桓子的关系,不就釜底抽薪,把孔子搞下台了吗? 这样,对付鲁国也就有办法了。"孔子治鲁,十分强调统治者自身的品德修养,他要求鲁定公亲君子,远小人,反对他们的骄奢淫逸、腐败享乐的生活。他一方面恪守周礼，反对大夫僭越等级，另一方面通过限制君权，约束臣下，克己复礼，以求励精图治。

齐赠女乐　齐国的大臣知道鲁定公和季桓子爱好享乐游玩。为此，他们选了八十名身材苗条、容貌艳丽、能歌善舞的女子，又弄来了三十辆缕金雕玉的马车，每辆车上配上四匹披着彩服的骏马，将这些美女与文马送给鲁君，企图使鲁国君臣玩物丧志。女乐和马车一送到鲁国的雉门外，许多人都去围观。季桓子经不起这种诱惑，化了装前去偷看。鲁定公极想收下这一批齐国送来的礼物，却又不便马上公开说收下来，也假装到城外巡视，对着这一批美女，看了又看，惊羡不已。孔子得知此事，极力劝阻，向鲁定公晓以大义，但鲁君十分贪婪好色，而季氏又从中怂恿，最终还是收下这群美女，这使孔子十分失望。从此，鲁君及其大夫沉湎在女色之中，一连三日不处理日常的朝政，也不与孔子商议国事了。子路气愤地对孔子说："老师，我们可以离开这里了。"孔子不忍心离开鲁国，便对子路说："再等一等吧！你知道鲁国就要举行祭天仪式了，如果他们也像往年一样，祭完天后，分给我们一份祭肉，我们还是不能走的啊！"

根据古代的礼规，国君举行祭祀后，要把供神用的祭肉赐给辅佐其祭祀的大夫等官员。结果，这一次没有按规定分送祭肉给孔子，这说明鲁君连对待孔子的这一点礼仪也不讲了。于是孔子只得出走了。百余年后的孟子对孔子当时分不到祭肉时的心情是颇为理解的。他说："不知者以为肉也，其知者以为无礼也。乃孔于则被以微罪行，不欲为不苟去。君子之所为，众人固不识也。"不了解孔子的人还以为孔子是为了几块祭肉才走的，了解孔子的人就知道孔子是由于鲁国君主的无礼才出走的。孔子为不致显露君主的过错，因而想使自己带点小小的罪名而离开鲁国，并不是随随便便地出走的。这位孔圣人的所作所为，是一般人难以理解的。孔子终于辞去了大司寇的官位，带着他的弟子们，乘着马车，迟迟缓缓而又闷闷不乐地离开鲁国。这一年正是鲁定公十三年（前497），他已五十五岁。

孔子去鲁　当孔子离开鲁国时，在一个叫屯的地方住了下来，鲁国的乐师师己追上孔子，在送行时说："先生是没有过错的。"孔子听后长叹一声,吟出一首《去鲁歌》:"彼妇之口,可以出走。彼妇之谒,可以死败。盖优哉游哉,聊以卒岁!"大意是:美人的一张嘴啊,可以将国君依靠的大臣赶走;亲近那些妖艳的女人,会造成国破身亡的恶果。悠闲啊悠闲,我只有这样来度岁月了。又《琴操》上记孔子离鲁时,作《龟山操》:"予欲望鲁兮,龟山蔽之。子无斧柯,奈龟山何?"龟山是鲁国北面不远的小山,孔子离鲁出走时,不时回首眺望,当走到龟山背面,再回头望时,已经看不见鲁国了。他心中顿生无限惆怅。自恨手中无有劈山之斧,不能将龟山砍倒。孔子是将龟山遮目比作季氏惑政,这里也流露出孔子怀恋故土的赤子之心。还是这位孟子,在谈到孔子离鲁时的心情时说:"孔子去鲁,曰'迟迟吾行也,去父母国之道也。'"(《孟子·滕文公下》)待师己返国,季桓子问:"孔子临走时说了些什么话?"师己如实告诉桓子。桓子深深叹了一口气说:"孔夫子在怪我啊,大概是我接受了那一群婢女吧。"

适卫　离鲁出走。孔子当然不会去齐国,夹谷之会时,已经触犯了齐景公,"齐赠女乐"的事也激怒了孔子。在这样的背景下,孔子东向去齐已不可能了。因此,只有西向卫国。

鲁、卫本是兄弟之邦,而且这时的卫国政治比较安定,经济也比较富足。鲁、卫两国又有很多相同点。[①] 鲁国遵从周公和周礼,卫国也是如此。鲁、卫在历史上又都是殷民集中的地方,两国的风俗习惯相同,道德观念也比较接近,这又为孔子居卫提供了不少方便。孔子和他的弟子们周游列国的目的,是为了讲学布道,推行他们的政治主张,而为了达到这一目标,就得"求仕"担任官职,施展抱负。孔子及其弟子们大都出身清寒,在鲁国由于鲁君与三桓厚同姓、薄异姓,又是一个主张实行"世卿世禄"的国家,很难找到进身之阶。而卫国自卫文公改革后,实行"任贤任能"的政策,不分同姓、异姓,也不分平民、贵族,只要有功绩,就可以升官,这对孔子具有一定吸引力。此外,"卫多君子",根据《论语》记载,受到孔子称赞的卫国君子就有八位。孔子称赞仲步围善治宾客,祝鮀善治宗庙,王孙贾善治军旅,公叔文子能举贤才(见《宪问》),蘧伯玉有"直"的美德(《卫灵公》),公子

---

① 《论语·子路》:"子曰:'鲁卫之政,兄弟也'。"

荆"善居室"(《子路》)。还赞美孔文子(仲叔圉)是"敏而好学,不耻下问"(《公冶长》),称赞宁武子"邦有道则知,邦无道则愚"(《公冶长》)。卫国的众多君子,也是孔子十分向往与接交的。还有孔子的学生子路与卫国的宠臣弥子瑕是连襟,孔子去卫,也可能是子路的建议,故孔子初到卫,就住在子路的妻兄颜浊邹家中①。

当孔子带着弟子们进入卫境时,马车的行进渐渐放慢了速度。孔子在马车上一路观光,当他看到卫国人口稠密,街市繁华时,就说:"这里的人真多啊!"冉有边驾车边问:"怎样治理这么多人口的国家呢?"孔子说:"首先让老百姓在经济上富起来。"冉有又问:"富了以后,该怎么办呢?"孔子说:"要进行教育,使老百姓学习礼仪,成为有道德的人。"孔子不是一个撇开物质生活专讲精神生活的人,也不是一个撇开物质生活与精神生活专讲政治教条的人,他的"先富后教"的治国方针,对于古今中外的政治家是一条不可违背的金科玉律。卫灵公听说孔子一行来到卫国,十分高兴,他知道孔子是当今之圣人,因此很礼貌地接待了孔子。鲁定公十三年(前497),孔子在卫国的都城帝丘(今河南濮阳县)见到了卫灵公。但卫灵公只是借孔子作为一块招牌,以炫耀他的"尊贤"之名。卫灵公问孔子在鲁国享受什么待遇,并以与鲁国一样的待遇供给孔子及其弟子每年俸禄六万,相当于领取实物薪水粮食二千石。孔子固然要吃饭,但他来卫的目的是"谋道"和"行道",实现他的"仁政德治"的政治主张。但事实告诉孔子,灵公虽然敬重他,却未能采纳他的意见来革新国政。眼前的这位卫灵公远远不如当年的卫文公。孔子在卫所享受的待遇,还引起卫国一些大臣的非议,有人向卫灵公进谗言,不久,卫灵公便对孔子起疑心,派公孙余假监视孔子。孔子考虑自己的处境,觉得有可能被诬,住了十个月便带着弟子们离开卫国。这时大约是鲁定公十三年冬(前497)。随后孔子去匡过蒲,又返卫。

匡蒲之难 孔子于当年十月间离卫向南去陈,在路上遇到了麻烦。鲁

① 李启谦《孔子居卫之谜》,1989 年第四期《孔子研究》。

定公十四年（前496）初，孔子一行途经匡邑（今河南睢县西）时，忽然受到匡人的包围。原来孔子的相貌很像阳货，正巧当孔子一行来到匡城时，给他驾车的弟子颜刻一边赶车，一边举鞭指着匡城的缺口说："我过去和阳货是从这里打进城的。"匡城人误将孔子当阳货，将他们师生团团包围。当时兵荒马乱，弟子们惊慌失措，孔子却十分镇定，还安慰大家说："我身负继承周文王的文化传统的神圣使命，如果上天要毁灭传承周文化的我，后代就得不到这个文化；如果上天不让这个文化被毁灭掉，那匡人又能把我怎么样！"在被围的五天中，孔子依然弦歌奏乐，安详自若。孔子这时已经五十六岁，可以说早就达到他所说的"五十知天命"的岁数，他是以三代文化的精神领袖自居的。同时，孔子又派弟子求助于卫大夫宁武子，向卫称臣，由此得到宁武子的救援，这才使孔子一行突破匡人的包围。突围后，弟子们都分散了，颜回最后才赶到，孔子焦急地等着，怕他有三长两短，一见到颜回生还，激动地说："回啊，我以为你不在了！"颜回说："夫子在，颜回岂敢不在！"

孔子一行来到蒲乡时，恰遇卫国贵族公叔戌在这里发动反叛。孔子一行人又被蒲人围住。孔子有位弟子叫公良孺，他"以私车五乘从孔子"，在危难中挺身而出，说："吾昔从夫子遇难于匡，今又遇难于此，命也已。吾与夫子再罹难，宁斗而死！"他带头冲杀，奋勇抵抗围兵达数日之久。最后，公叔戌出来与孔子谈判，提出只要孔子不去卫国，就可以放行。孔子答应了公叔戌的条件，但一离开蒲乡，从东门出去，孔子就命车子绕向南方向卫都行去。子贡不理解地问孔子："既然订了盟约，怎么可以违背呢？"孔子回答说："在刀剑威逼下的盟约，是不必信守的，就是神灵也不会责怪我们。"

孔子因为遭到匡蒲之围，没有走成，又回到卫国。卫灵公十分高兴，还亲自赶到郊外去迎接孔子一行。卫灵公问孔子："蒲乡可以攻打吗？"孔子说："可以。"灵公说："我的大臣以为不可以打，现在蒲乡是防御晋、楚的屏障，用我们卫国的兵力去攻打，恐怕不可以吧？"孔子说："蒲乡那里的男子皆有誓死战斗的勇气，妇女皆有守卫自己家乡的决心，都不愿意跟着叛乱。

我们所讨伐的只不过是四五个叛乱头目而已。"①卫灵公并未采用孔子的发兵意见。这次孔子返卫后，便住在已经退休而仍德望俱隆的蘧伯玉家中。

临河而叹　孔子曾经走到黄河的边上，面对着滔滔的黄河水，也曾想到去晋国。他希望与晋国的实权派赵简子合作，以实现自己的政治主张。当孔子一行正欲渡河去晋时，忽然听说赵简子杀了两位贤人窦鸣犊和舜华，孔子怅然站在黄河边叹道："浩浩黄河水，多么盛大壮观啊！我不能过黄河了，这大概是天命的安排吧！"子贡走上前去问道："夫子，这是什么意思？"孔子沉默良久，然后说："窦鸣犊是晋国的贤大夫，赵简子不得志的时候，需要这两个人的帮助然后才能掌权，等到他得志后，竟然将他们杀了。我听说，剖腹取胎，杀死幼兽，麒麟就不会来到郊外；放干水池捉鱼，蛟龙也就不来调和阴阳，兴云致雨；毁坏鸟巢，打破鸟卵，凤凰就不会往这里飞翔了。这是为什么呢？君子忌讳杀害他的同类，那些鸟兽对于不义行为尚且知道躲避，更何况我呢？"孔子因而停了下来，作了一曲《陬操》，以表哀悼之情。孔子再也不肯去晋国了。

大约也正是在这时，晋国国内发生战争，赵简子和晋国另外两个贵族范氏、中行氏互相攻打，赵简子的家臣佛肸占据了中牟(今河南汤阴县境内)并宣布独立，佛肸还派人来请孔子。孔子便动过去中牟的念头，却遇到子路的反对。子路说："我听老师说，如果一个人本身的行为不正当，好人是不会与他合作的，佛肸反叛赵简子，难道也是应当的吗？"孔子回答："我是说过这话的，但我不是也说过，真正坚强的，磨也磨不成薄片；真正洁白的，染也染不成黑色？我不是苦瓜，怎能挂在半空中不吃东西呢？"孔子的意思是十分明显的，他认为只有不怕磨削，不怕染黑，才是真正的坚硬、真正的洁白。他认定只要自己有坚定的意志和清白的品行，就是去佛肸那里，他也会积极阻挠他们继续做出违背礼义的行为的。孔子将自己比为悬着的苦瓜，他将为实现自己的理想，在东方推行周王朝的大道，不管境遇多

① 《史记·孔子世家》。

么险恶,他依然充满信心。然而子路的劝阻最终还是发生了作用,使孔子打消去晋国中牟投靠佛肸的念头。

子见南子 卫国有一位风流女人,名叫南子,是卫灵公的宠姬。此人原系宋人,据说与孔子还是远房亲戚。她听说孔子来卫,很想见见孔子,派人向孔子说:"各国的君子和我国国君交往时,都跟夫人见见面,夫人希望与您相识。"又说如果想得到卫君重用,还得由她来做主。按照当时的礼节,孔子不愿见这位艳名远扬的女子。孔子起初婉言拒绝,但南子却再三相邀,孔子只得勉强答应。南子在细葛布的帷帐中接见孔子。孔子入门,北面稽首,恭敬地叩头。南子在帐中回拜答礼,她身上佩带的玉环首饰发出了碰击的声音,见面时行的是君臣相见礼。孔子回来后说:"我不想见她,既然她一定坚持,我也只能以礼答谢了。"子路为此很不愉快,认为孔子与这位风流王后见面太失身份了。孔子急得赌咒发誓说:"我如果有半点不光明坦白的地方,让上天来惩罚我!"

不久,孔子又遇到一件不愉快的事。卫灵公和南子邀请孔子同出一游。南子自从见了孔子后,对这位圣人油然而生敬意,并且很想在卫人中公开炫耀她与孔子的亲戚关系。这天,卫灵公与南子一同坐车出门,让孔子坐在第二辆车上,而且又叫宦官雍渠坐在第三辆车上,车队在卫都的街上招摇而过。这种事很使孔子感到耻辱。事后,他气愤地批评卫灵公说:"我从来没有见过像卫灵公这种好色胜过好德的人。"

有一次,孔子被卫灵公召进宫中谈话,灵公向孔子请教如何打仗的事,还详细地问起作战的阵法。孔子说:"我只是听过、学过礼义俎豆之事,至于军队中的阵法,我不曾学过。"

又有一次,卫灵公与孔子交谈,孔子在谈话时,灵公看着天上的飞雁,根本不注意孔子的交谈内容,孔子看出卫灵公已不是一个可以共事的君主。他年老昏庸,又听信夫人南子之言,由此在君位继承上酿成动乱。后来,卫灵公的世子蒯聩因为不满意他母亲南子的淫乱行为,想杀死她而未成功,于是出奔晋国,投靠赵简子。

卫乱适宋 鲁哀公二年(前493),卫灵公死,孔子已五十九岁,离开了卫国。卫国立蒯聩的儿子辄登上君位，即卫出公。这时，晋赵简子帮助蒯聩回国与他的儿子蒯辄争夺君位，赵简子的军队到了晋卫边境戚地驻扎下来，齐国又助辄将戚地的晋军包围起来。卫国的内争又进一步扩大到齐、晋两大国的武装干涉。因此，有的学者认为，孔子说的"鲁、卫之政，兄弟也"，不独指历史上鲁的祖先周公与卫的祖先康叔是亲兄弟，也指现时鲁、卫两国的内乱不已，真要算是难兄难弟了。

离开卫国，孔子带着一行弟子，一路经过曹国，但曹国没有接待他，于是又转到宋国。宋国本是孔子的祖国，这里有颜回的好友罕任大夫。孔子一行在宋受到他的热情款待，并通过他的引荐，见到了宋国国君。

微服过宋　宋国掌权的是大司马桓魋，他是宋桓公的后代，此人极受宋君信用，又专横跋扈。不久前他曾为自己造了一口石头的棺材套，花了三年的时间还没造好。孔子知道这件事时曾经批评说："这样的浪费，还不如死了以后很快腐烂了好！"①这话后来传到桓魋耳里，因此很是记恨孔子。孔子来到宋国，桓生怕宋君赏识孔子，抓住一切机会在宋君面前讲孔子坏话，还对孔子进行威胁，并派人将孔子在宋讲学的场地上的一棵参天大树拦腰砍断，向孔子示威。弟子们担心桓魋要加害孔子，急着要尽快离开，孔子却毫无惧色地说："上天赋予我神圣的使命，桓魋能把我怎么样？"但在弟子们的再三劝说之下，一天夜里，孔子换了一套服装在月光下急步离开宋国向郑国赶去，这就是《孟子·万章上》所记载的"微服过宋"的典故。

抵达郑国时，天色已经大亮，弟子们在一夜的急行军中，不少人已走散。孔子独自一人在郑国东门焦急地等候失散的学生。子贡最先发现孔子走失，招呼大家分头寻找。一位郑国人告诉子贡："东门有一个人，两腮像古帝唐尧，脖子像尧时有名的法官皋陶，肩膀像郑国的子产，腰以下像大禹，相貌长得不凡，但那慌慌张张、疲惫不堪的样子，就像一条丧家之狗。"子贡一听，心想莫非就是夫子，赶紧奔到城东，果然看见孔子独自伫立在东

---

①　《礼记·檀弓上》。

门下。子贡就将郑人的话告诉孔子。孔子坦然一笑自我解嘲地说："他说我的相貌像古代的圣贤,实在不敢当。但说我像一条丧家狗,倒是很妙很妙啊!"

陈庭辨矢　过了几天,孔子又离开郑国,带领弟子向陈国进发。鲁哀公三年(前492)孔子六十岁。孔子一行人到达陈国,他们住在陈国大夫司城贞子家里①。陈国在宋国南面,国都建在宛丘(今河南淮阳县),国君是陈潜公。由于贞子的推荐,孔子很快被陈潜公请进王宫。陈潜公很尊敬孔子,又很佩服孔子的学识,但由于陈潜公本人不是一个有所作为的人,这也就决定了孔子在陈也难以做出什么成绩。孔子只有在陈设坛讲学,陈国的很多年轻的官员也来听孔子讲课。有一天,一只被箭射下的鸷鸟从空中落到陈侯庭院里而死,箭仍留在鸷鸟的身上,箭头是石制的,箭杆长一尺八寸,陈潜公派人向孔子求教。孔子接过鸟和木石制的镞箭,仔细一看说:"这只鸷鸟是从很远的地方飞来的。这支箭是来自北方长白山肃慎氏。从前周武王平定天下、灭亡殷商之后,打通了九夷、南蛮之地,让各方官吏交纳本地特产,使他们不忘进贡的本职,当时各国都向周天子献上贡物。肃慎国就向周贡献这种箭。周天子为使其政令及功德传播全国,并让人永远牢记,于是在箭杆上刻下肃慎氏贡矢的字样。后来,武王将此箭赐给大姬,并将她嫁给虞胡公,分封到陈国。古时候,将珍宝送给同姓是表示重视,将远方贡物赠送给异姓,是要他不忘侍奉天子。"孔子又对来者说:"这种箭,可能还保留在陈国的府库里,若派人去府库查一查,肯定会发现这种箭。"②陈潜公派人一查,果然如孔子所说,从此,陈潜公更加敬重这位孔圣人了。

桓僖庙火　孔子虽身在陈国,却时时惦记着鲁国。这一年的夏天,鲁

---

①　《孟子》赵岐注说司城贞子是宋卿。清孔广森《经学卮言》考证司城贞子当为陈卿,其后世之宋国官司城,后人立孙以官为氏,司城相当于别国的司空。孔子可能因为与他有宗亲关系被推荐给陈潜公。

②　《史记·孔子世家》《国语·鲁语下》《孔子家语·辨物》亦记此事,然皆作"陈惠公",非也。惠公以鲁昭公元年立,定公四年卒。潜公十六年孔子适陈,十三年亦在陈,则当为陈潜公为是。

国发生火灾,起火的地方是一个小宫殿,但大火蔓延烧毁了鲁哀公的正殿,连鲁哀公的八代祖桓公、六代祖僖公的庙也烧了。桓公、僖公庙的存在说明季氏在鲁很有势力。按照周礼规定祖庙只保存四代,鲁桓公是当时上推的九代祖,僖公是六代祖,为什么还保存呢? 因为桓公是"三桓"的直接祖先,也是季氏的直系祖先,僖公则是给予季氏封地的鲁君。鲁国所以保存桓、僖二公的庙,与季氏当权有关,季氏为了纪念他们,才违背周礼,保留他们的庙。当鲁国桓、僖二公的庙起火的消息尚未确切传到陈国时,孔子就预言说:"所及者其桓、僖之庙。"陈湣公问孔子:"您老人家为什么这么说呢?"孔子回答说:"根据礼的原则,祖先有功德,才不毁其庙,今桓、僖之亲已尽,又无功德,故不足以保存其宗庙,今鲁国不毁,故上天必加之火灾以毁之。"陈湣公将信将疑,三天后鲁使者至陈,一打听,果然为孔子言中。如今大火烧了这两座庙。孔子心想,这正是上天对违礼的季氏进行惩罚①。

这年秋天(前492),季桓子病重,当他乘车出巡,目睹鲁都城墙时,又勾起了他对"堕三都"的孔子的思念,季桓子坐在车上叹气说:"我们这个国家本来是可以兴旺的,因为我没有重用孔子,又将他赶走,才落到今天这地步!"他回头对他的继承人季康子说:"我活不多久了,我死后,你一定要辅佐鲁君,召回孔夫子啊!"没几天,季桓子去世,季康子继位,将其父安葬后,就遵照其父遗嘱请孔子回鲁。这时公之鱼反对说:"鲁定公在世时,曾用孔子,但不能有始有终,被诸侯耻笑,现在您再用孔子,能保证始终如一吗?"季康子问:"那么怎么办呢?"公之鱼说:"不如先请孔子的弟子冉有回来。请冉有,不就是请孔子吗? 如果冉有什么改变,也不伤面子。"季康子以为这办法很好。但未能立即去办。公元前488年,吴国迫使鲁国在鄫城(今山东枣庄市峰城南)会盟,吴国要鲁国拿出百牢(牛、羊、猪各一百头)作为贡品,吴执政大宰嚭又叫季康子去见他,季康子不得已前往,并召回子贡与他同去。由于子贡的出使,才没受辱于吴。于是季康子决定将冉求召

① 参见《孔子家语·辨物》。《春秋传》:"哀公三年,夏五月辛卯,司铎火,灾逾公宫,桓僖灾。孔子在陈闻火曰:'其桓僖乎?'"。

心通孔子

回鲁国。孔子说："这次鲁国召请冉求,不是小用,而是大用他。"①

子路问津 孔子在陈共住了三年,由于陈国夹在楚、吴两个强国之间,随时有亡国的危险。孔子原先选它为栖身之地,也是想像子产那样拯救这个小国,但是陈湣不给他施政的机会。不久,陈国突然变成吴、楚争霸的战场,于是孔子只好离开陈国向蔡国进发。路途中遇到长沮、桀溺两位隐者。孔子叫子路前去问路,打听渡口。这两位隐者对子路说:"你们是孔丘的门徒吧?"子路说:"正是。"隐者以教训的口气说:"天下大乱,洪水滔滔,谁能改变呢?你们跟着孔丘只知躲避坏人,不如跟着我们躲避这个世界好啊!"子路将隐者的话转告孔子。孔子低头沉思,良久不语,接着感叹地说:"如果天下太平,我也就不同你们投入这一救世的政治活动中去了。"②一路上,有一次子路落在后面,遇到一位拄着拐杖、背着柳条筐的老人,子路向他打听说:"您看见我的老师吗?"老人说:"四体不勤,五谷不分,是什么老师?"说着放下拐杖,继续锄草。子路好容易赶上孔子,将此事告诉孔子。孔子说:"这是一位隐者吧?"③再叫子路去寻找这位老人,但那人已经走远了。

厄于陈蔡 鲁哀公六年(前489),孔子六十三岁。这一年的年初,吴国攻打陈国,楚国为了反对吴国,出兵救陈。楚军与吴军在城父(今安徽亳县东南)对垒。据史书记载,楚昭王听说孔子一行人正在陈、蔡之间,便派人聘请孔子。这一消息很快为陈、蔡两国大夫得知,并报告了他们的国君,于是两国都派兵将孔子一行人围困在陈蔡之野。从陈国到楚国中间须经过一些吴、楚两国争夺的小国,其中之一是蔡。蔡国的国都原在河南东南新蔡县内,在吴楚争战中,蔡倾向吴国而迁都到州来(今安徽凤台县),这时另一部分蔡国百姓又被楚国迁到负函(今河南信阳市),孔子从陈国到楚国去,必经负函。负函在名义上属蔡国。从陈都宛丘到负函,这一路

① 《史记·孔子世家》:"是日,孔子曰:'归于归乎!吾党之小子狂简,斐然成章,吾不知所以裁之。'子贡知孔子思归,送冉求,因戒曰:'即用,以孔子为招'云。"

② 《论语·微子》。

③ 《论语·微子》。

上兵荒马乱,正是吴楚交战地。由于吴兵攻打陈国,孔子被陈、蔡派来的军队围住,粮食吃光了,几乎有七天断炊,随行的人不少已经饿倒生病。但是孔子面对这种危险的形势,仍然诵诗,弹琴,唱歌,坚持向学生们讲课。

子路看到不少人病倒爬不起来了,内心很不平静地问孔子:"难道君子也有穷困潦倒的时候吗?"孔子温和地说:"君子当然也有穷困的时候,但他能够坚持自己的信念,不因穷困而改变自己的人生原则,小人一穷困就会变节而无所不为了!"孔子又向子路提问:"《诗》上说:'不是犀牛也不是老虎,何以在旷野上徘徊?'我的政治主张既然是正确的,为什么会落到这种地步呢?"子路说:"恐怕是我们的仁德修行得不够,人家才不相信我们吧?或者是我们智慧不行,人家才不让我们实现自己的抱负吧?"孔子摇摇头说:"有这样的事吗?由啊,假如仁者都能见信于世,伯夷、叔齐怎么会饿死在首阳山上呢?假如智者必能用行于世,比干又怎么会被人剜去心呢?"孔子不满意子路的回答又问子贡,子贡说:"老师,您的哲理太高了,所以天下没有人能容纳老师,我看,老师是否可将自己的哲理降低些呢?"孔子叹了一口气说:"遇,还是不遇,都要看机会,君子博学深谋而怀才不遇,多得很哩。一个好的农夫能勤勤恳恳地耕作,不一定保证得到丰收;一个技术高明的工匠能制造出巧妙的器物,不一定合乎某些人的需要;有才能有道德的君子可以提出自己的政治理想和主张,能按照一定的办法治理国家,然而不一定会被执政者所容纳。现在你不坚信自己的理想,而是只求被人容纳。赐啊,你的志向太不远大了。"于是孔子又问颜回:"《诗》上说'不是犀牛也不是老虎,何以在旷野上徘徊?'我的政治主张既然是正确的,我们为什么会困在这个地方呢?"颜回说:"老师的政治主张实在是太高了,所以天下没有人能容纳您,然而老师百折不挠地推而行之,天下不容有什么关系,正好表现出一个仁人君子的气度,越不被人容纳,越能考验出老师的道德高超,非一般人可比。要是提不出治理国家的办法,这才是我们的耻辱。要是我们提出完备的治国方案,却不受重用,这是那些当国者的耻辱。不能被容纳有什么关系,不能被容纳然后才看出仁人君子的非凡气度!"孔子听了颜回的这一番议论宽慰地笑着说:"是这样啊,颜家小子,如果哪天你有钱的话,我来为你做管家吧!"于是孔子派子贡到楚国联络,在楚军的保护下,他们才得以脱身,到达了楚国的负函(今河南信阳)①。

叶公问政 楚国的大将沈诸梁正驻军在负函,他又是这地方的执政者,因为他曾经当过叶(河南叶县南)的长官,故又称为叶公。叶公对孔子十分尊重,并向孔子求教为政的方法。孔子说:"近者悦,远者来。"意思是说治国之道,要使远方的人能对你羡慕向往并由国外赶回来归附你,首先就得使你本国人民能够安居乐业而心悦诚服。又有一次,叶公问子路:"你的教师孔夫子是怎样的人?"子路一时无法以三言两语做出回答。后来,孔子知道此事便对子路笑着说:"仲由啊,你可以这样回答,孔丘的为人就是不知疲倦地学习,不知疲倦地教人,发愤用功时,连吃饭也会忘记。他是一个乐观的人,别人以为他已经老了,但他自己始终有一股年轻人的朝气。"

当时楚国与吴国正处在交战状态,楚昭王正在前线指挥军队。孔子知道他是一位能知大道的开明的君主,对他抱有很大的希望,打算借楚国的力量实现自己的理想。据《史记·孔子世家》上说,孔子到了楚国,楚昭王"将以书社地七百里封孔子",楚国的令尹子西知道此事后,心里很不高兴,担心孔子一旦受到重用,自己可能失势,因此极力反对,并在楚昭王面前进谗言说:"楚国的外交使臣才能不如子贡,统帅三军的将帅不如子路,辅佐君王的令尹不如颜回,办理政事的官尹不如宰予。如今大王打算封孔子七百里书社,实在是很危险的,想当初我楚国先君受封时,地盘仅数十里,经过多少代人的努力,才有今天的疆域。当初周文王在丰,武王在镐,地仅百里,然而最终消灭了殷纣。如今孔子名闻天下,又述三王之法,明周召之业,他的弟子中人才济济,文武兼备,一旦封地给他,若照他的主张来治楚国,恐怕对楚国不是一件好事吧?"这段记载是传说,还是事实,还得不到其他材料证明。但据《春秋》,楚昭王死于鲁哀公六年秋七月;据《左传》,死于陈国的城父,而且从这年春天便率军"救陈师于城父",没见到有关楚昭王死前回楚的材料,《史记·楚世家》也明言楚昭王军城父后,死于

---

① 根据考古调查得知春秋时的负函应在今信阳市长台关楚王城。参见欧潭生《孔子如楚到负函考》,《孔子研究》1990年第四期。

军中。因此关于楚兴师迎绝粮中的孔子一说似不可信,欲封孔子一说也不可信。

但是,孔子去负函确是在等待着与楚昭王相见的机会。孔子在陈都滞留时就是为了谒见昭王,他在那里几乎等了三年,此后为避陈国内乱,又去负函,也还是为了与昭王取得联系,大概楚昭王已经考虑接纳子路、子贡、颜回这三位孔子弟子,孔子期望着与楚昭王见面的时刻早日到来,以便将他的这三位优秀弟子介绍给昭王,使他们登上楚国的政治舞台,为楚国的政治改革与统一中原做出贡献。但孔子没有想到一代有为之君竟突然在城父的军中病逝了。当孔子及其弟子目送着楚昭王的灵柩前往郢都时,孔子感到自己的希望破灭了。他极度悲伤,险些倒在地上,弟子们搀扶着这位老人,他曾耐心地等着谒见昭王,而眼前看到的则是昭王的灵柩,真是"道之将行,天命也;道之不行,亦在天命"。尤其在中国古代的政治舞台上,"其人存则政举,其人亡则政息",如今昭王一死,孔子一行人在楚国难以出仕了。

楚狂凤歌 一天,楚国的一个名叫接舆的隐者,疯疯癫癫从孔子车前走过,唱了一首歌:"凤鸟啊,凤鸟,你为何这般的狼狈!往事由它逝去,未来还可努力,如此而已,如此而已。现在从事政治的人,是处境很危险的哩!"孔子听完这支歌,很受触动,赶忙下车,想与这位隐者交谈,但歌者已经远远地离去了。

在楚国,孔子遇到很多隐者。有人唱"沧浪的水清可以洗洗我的帽缨,沧浪的水若浊可以洗洗我的脚"的歌曲来劝他,也有人讽嘲他徒然在滔滔的浊流中挣扎,实在无济于事,还不如弃世隐遁。孔子听了这些话万分感慨。但孔子"知其不可为而为之",为了救世,他终究还是选择了奔赴苦难的道路。然而他确实走到了路的尽头。孔子感到他在楚国已经住不下去了。不久,就决定离开负函,再次回到卫国。

鲁哀公七年(前488),孔子六十四岁,回到卫国,在卫又住了五年,直到鲁哀公十一年(前484),时年六十八岁,才归鲁国。

卫国经过近几年的内乱,君位终于仍由卫灵公的孙子辄继承,是卫出公,亦称卫孝公。辄父蒯聩在晋的庇护下流亡在卫晋之边境,一时无力夺回王位,因此卫出公的政权暂趋稳固。由于孔子的弟子多人在卫做官,卫出公也有意请孔子来卫担任重要职务。

孔子一回到卫国,子路见老师在卫有做官的可能,就去问他:"如果卫君请您协助他主持政务,您首先打算做什么事?"孔子说:"首先要做的是端正名分,使人的职位和名义相称,名称与实际相符。"子路直率地表示了自己的不同看法:"老师未免有点不切实际、近乎迂腐了吧? 在这个时代,要想正名分,实在行不通啊!"孔子笑着说:"你啊,怎么这么粗鲁。君子对于他所不懂的事,大都采取保留态度,怎么可以乱说呢? 名分不正,说起话来就不能顺理成章,说话不顺理,事情就办不成;办事不成,国家的礼乐制度也就兴不起来;礼乐制度兴不起来,刑罚就不会得当;刑罚不当,老百姓就惶惶不安,手足无措。所以,君子办事必须符合名分,说话必须符合实际,切实可行。君子对于他说的话,没有一点马虎的地方。"(《论语·子路》)孔子这次回到卫国是准备接受卫出公的邀请出来做官的,他向子路发表的这一番言论,可以说是在卫从政的总纲领。孔子认为卫国政治上的动乱,归根结底是因为"君臣"与"父子"的名分已乱了。卫灵公死后,理应由蒯聩接君位,但蒯聩不满母亲的淫乱,谋杀未成,流亡在外,于是卫就立蒯辄为君,辄是卫灵公的孙子,也是世子蒯聩的儿子,所以孔子认为出公的王位是合乎名份的。虽然蒯聩是父,辄是其子,但辄既已继承了君位,则"父子"关系应从属于"君臣"关系。孔子既表示愿意"仕卫",也说明他是承认卫出公的王位是合乎名分的。但是后来孔子发现卫国上层仍然潜伏着动乱的因素,他不愿意卷入这种内争,又打消了"仕卫"的念头。当孔文子为了和国内的太叔争斗并向孔子请教对策时,孔子终于决定归鲁了。

公元前 484 年的春天,齐国的军队逼近鲁国。季康子任命冉有主管军事,带领鲁军在鲁国的郎邑与齐军交战,取得了胜利。季康子问冉有:"先生对于军事,是学到的呢? 还是有天才呢?"冉有说:"是跟孔夫子学来的。"季康子问:"孔子是什么样的人呢?"冉有乘机向季康子介绍孔子的才能。于是季康子便派公华、公宾、公林三人,带着礼物来卫国迎接孔子。尽管卫出公一再挽留,但孔子早有归心,况且,去年鲁人来报他的妻子亓官氏已去世,他的内心是十分悲痛的,又特别思念留在鲁国的儿子孔鲤。经过周游列国十四年的漂泊生涯,对于仕途他已变得十分淡漠了。当他回到鲁国时,他已是六十八岁的老人了。

五　晚年归鲁　讲学洙泗

自卫返鲁　公元前 484 年，孔子经过十四年漂泊异国他乡之后，又回到了鲁国，这时他已是六十八岁的老人了。回到鲁国，虽不当官，但他仍然十分关心国事。由于冉求任季氏宰臣，孔门弟子在鲁做官的很多。早在孔子返鲁之前，子贡就曾为鲁国办外交，樊迟曾任左师副将，有若在季康子处做顾问。孔子回鲁后，子路任过蒲宰，不久又去卫任官。冉雍为季氏宰，宓子贱为单父宰，言偃为武城宰，子夏为莒父宰，公西华出使过齐国，季康子任闵子骞为费宰，但遭拒绝。《韩非于·外储说左下》记载："季孙氏养孔子之徒，所朝服与坐者以十数。"也正因为如此，孔子在鲁国以"国老"的身份，关心着鲁国的国事。鲁哀公和执政的季康子将他看成鲁国的元老并时时向他求教治国之道。鲁哀公曾向他请教为政的原则，孔子说："政在选臣。"又问孔子："何为而民服？"孔子说："任用正直的人，斥退奸诈的人，人民就服从；任用奸诈的人，斥退正直的人，人民是不会服从的。"（《论语·为政》）

通过十四年周游列国，孔子对春秋时代各国状况作了实地考察，他清楚地看到当时社会不断发生动乱的根源在于各国执政者本身的骄奢淫逸和贪婪残暴。当季康子问孔子什么是政治时，孔子说："政者，正也。子帅以正,孰敢不政?"他劝导季康子要努力改善自身的政治品质,借此调节君臣、君民、臣民之间的关系。有一次季康子苦于盗贼太多,向孔子请教治理的办法,孔子回答说:"假若您自己不贪财货,就是悬令赏民行窃,他们也不会干。"季康子又问孔子:"如杀无道,以就有道如何?"孔子指出:"子为政,焉用杀?子欲善而民善矣。"孔子坚决反对用杀人的办法来治理国家,认为执政者只要以身作则,做到清正廉洁,不贪财货,不谋私利,老百姓自然会向善的。季康子问孔子曰:"使民敬,忠以劝,如之何?"孔子说:"临之以庄则敬,孝慈则忠,举善而教不能则劝。"当他的弟子子张向他问政时,他说:"能行五者于天下,为仁矣。""五者"即"恭、宽、信、敏、惠",孔子认为这是执政者应具的美德,他说:"恭则不悔,宽则得众,信则人任焉,敏则有功,惠则足以使人。"他向执政者提出了"为政以德"的政治伦理原则。《荀子》《大戴礼记》中均有鲁哀公向孔子问政的专篇,孔子仍想帮助鲁哀公树立鲁国公室的权威,甚至向他讲述了"水则载舟,水则覆舟"的道理。

反对季康子用田赋　我们从孔子晚年对季康子一系列的批评中,也可以看出他是坚持反对季氏专权的。当孔子一回到鲁国,他的弟子冉求奉季康子之命向他征求实行"田赋"的意见。所谓"田赋"是按每年的田亩数征收军赋。孔子对此很不赞成,当冉求一再询问时,他说:"君子做事,应以周礼为准则,倘不以周礼为准则,贪得无厌,即使采用了田赋,也不能得到满足。现在有周公之典故放在那儿,何必问我呢?"但季氏并没有接受孔子的劝告,于鲁哀公十二年春,实行田赋。孔子对此十分生气,《论语》上记载:"季氏富于周公,而求也为之聚敛而附益之。子曰:'非吾徒也,小子鸣鼓而攻之,可也!'"孔子提出周礼的原则,并不意味着孔子真想倒退到周公那个时代去,孔子不是迂夫子,他只是以"周礼"的名义来限制贵族们的贪财好利、剥削百姓的行为。孔子主张的是一种"裕民"政策,他主张对百姓"施取其厚""敛从其薄"。

孔子在经济政策上,提出:"不患贫而患不均,不患寡而患不安。"主张先让老百姓富起来,认为只有老百姓富裕了,自然人心稳定,政权巩固。有一次,鲁哀公问孔子弟子有若:"年成不好,收入不够,怎么办?"有若说:

"收十分之一的税就是了。"鲁哀公说:"收十分之二的税,还不够公室的开支,十分之一怎么行呢?"有若便说:"只要老百姓够吃,您还担心什么呢?要是老百姓不够吃,您又向谁要粮食呢?"有若的这一观点与孔子的"裕民"政策是完全一致的。

孔子是反对战争的,他希望鲁国能有一个和平的环境。鲁国有一个很小的附庸国,叫颛臾(今山东费县西北),是鲁国唯一还未被三桓瓜分的公土。季康于打算出兵攻打这个小国,子路和冉有都在季氏那里做官,便将此事通报孔子。孔子说:"求(冉有)啊,这恐怕是你出的主意吧!颛臾这个小国,一向是鲁国的附庸,为什么要对它用兵呢?"冉有声明:"这是季康子的主意,我们并不想这样干。"孔子说:"你们难道就没有责任了?笼中的老虎跑了,匣子里的美玉碎了,能不怪看守老虎和保管匣子的人么?"冉有又说:"颛臾的城堡很坚固,又靠近费城,现在不攻下,怕有后患。"孔子生气地说:"我最讨厌那种口是心非,又制造借口的人,我听说一个国家不怕人口少,只怕贫富不均;不怕穷,只怕不安定。你与仲由辅助季氏多年,却不能使境内的老百姓安居乐业,又不能令四方的人向往鲁国,反而在国内动起干戈。我恐怕季康子的忧患不在外而在内呢!"(《论语·季氏》)

一生办学分四期 孔子晚年返鲁后,虽已退居"国老",但是他仍然十分关心国事。不过他越来越感到治国化民之道,非从教育入手不可。事实上,施教是贯串孔子一生的主旋律。根据《史记》记载,他的教育活动最初是开始于三十岁即他赴周都游学前后,第一批学生如鲁国的贵族弟子孟懿子和南宫敬叔也是在这时候拜他为师的,这段时间可以说是孔子创办私学、始教阙里的第一阶段。

从三十七岁到五十岁,即从鲁昭公二十七年,自齐返鲁之后到仕鲁之前,由于当时鲁国政治是"政在大夫""陪臣执国命",孔子不愿与这些权臣合作,坚持"卷而怀之""邦无道则隐"。《史记·孔子世家》说:"退而修《诗》《书》《礼》《乐》,弟于弥众,至自远方,莫不受业焉。"这时期孔子的弟子中,不仅有来自齐、鲁的学生,还有来自楚、晋、秦、陈、吴各国的弟子,孔子弟子几乎遍及当时各诸侯国。这段时间可以算是第二期。

后来,孔子离开鲁国,在周游列国时期,也带着他的弟子们四处奔走,并以社会为课堂,在游说求仕的过程中,在与各国统治者的交际中,在社会的政治的实际活动中,进一步培养和教育自己的学生,即使在极为困难与危险的环境中,仍然讲学不辍。这段时间可以说是孔子扩大办学的第三时期。

孔子六十八岁返鲁之后,直到他七十三岁逝世之前,这中间共有五年时间。这五年中,孔子跨越了他一生中"六十而耳顺""七十从心所欲不逾矩"的两种思想境界。在这个时期,他的思想、学问、品德修养已是炉火纯青,达到了"文圣"的最高境界。此时,孔子出于他对文教事业的真挚热爱和对于中华文化的承前启后的强烈责任感,决定不再"求仕",而将主要精力致力于教育办学和整理古代经典文献这两方面。这段时间可以说是孔子讲学洙泗的第四阶段。

考查孔子几十年的办学实践,可归纳他主要有以下几方面的教育思想:

教育目的 首先,孔子办学是为了培养一大批能够参加春秋后期政治改革活动的志士仁人。孔子所处的时代是一个"礼崩乐坏"、政治动荡的时代,孔子对此怀着极大的忧虑,不断深思造成这种动乱的根源。孔子认为造成社会危机日趋严重的主要根源,应该从人自身的内在精神世界方面去寻找。孔子的整个学说有一个最主要的特点,就是认为人的内心的道德水平决定人的行为的高低,强调人的内在思想是可以塑造与改变的。他强调只有拯救人心,才能拯救世界。因此,孔子认为教育的主要目的是培养人良好的道德品质,并将教育内容分为四科:德行;言语;政事;文学。而置德行于诸科之上。孔子认为要变"天下无道"为"天下有道",不得不依靠"志士仁人"的不懈努力,为要造就一大批"志士仁人",就必须在办学中坚持将道德培养放在首位。只有那些自身道德品质高尚的人,才是实现仁政德治的优秀人才。

孔子曾告诫子夏说："汝为君子儒,毋为小人儒。"①在孔子看来,这些"君子儒"应按照自己的政治理想投身到当时诸侯各国的政治改革中去。孔子办学也确实达到了这一目的。

他一生除了有四五年的时间从事政治、为官治国外,几乎都用在教育事业上。孔子在政治上未能达到自己的目的,但孔子的教育目的是达到了。传说他一生培养了三千多名学生,其中"受业身通六艺者七十有二人"(也有说七十七人)。即所谓"三千徒弟子,七十二贤人"。孔子创立了我国古代最早、也是影响最大的儒家学派。而且孔门教学又有四科,按学生不同的品行与才性施以教育,培养出参政与从教的不同人才,如德行以颜渊、闵子骞、冉伯牛、仲弓修养最高;政事以冉有、季路最出色;言语有宰我、子贡;文学有子游、子夏,其中像冉求、子路、宰我、子游、子贱曾为列国大夫或邑宰,子贡常相鲁、卫,在施政上很有政绩。至于没有从事政治活动而专门致力于学术教育的则有曾参、子夏、澹台灭明、商瞿等。曾参设教于武城,孟轲称其弟子有七十人(《孟子·离娄下》)。子夏居西河教授,为魏文侯师。李悝、田子方、段干木均是他的弟子。子夏在孔门中是传经之儒,汉代学者称儒家经学均由他所传授。"澹台灭明南游至江,从弟子三百人,设取予去就,名施诸侯。"此外,还有商瞿传《易》。澹台灭明和子夏的教育事业,又进一步将孔子的思想传播到黄河、长江两大流域。

教育对象 孔子之前的古代教育制度是由国家办学,就是所谓王官之学,这种教育制度的特点是官师合一、政教合一。这种官办的学校,教育大权由贵族垄断,只有社会上层的贵族子弟才有资格接受教育,而平民子弟是没有接受教育的权利的。但是到了春秋时代,社会发生剧变,王室衰微,官学已经荒废停办,垄断在王官手中的文化典籍也散失四方,不少过去在官府教书的王官、巫祝、礼乐之士,也都流落到平民中间去了。因此,兴办私学已具备一定的条件,而且私学的产生又适应了当时文化下移、平民知识分子兴起的需要。孔子目睹春秋以来"礼崩乐坏""官失其守""学在四

---

① 《论语·雍也》。

夷"的局面,他以"存亡继绝"的历史使命感,抢救并整理了濒临散失危险的上古文化典籍,同时以此为教本,创办私学,教授弟子,其规模之大,影响之深,在古今中外的历史上是罕见的。

"有教无类"是孔子提出的口号,也是他创办私学的最大特点。造成古代贵族政治与阶级政治的主要因素除了出身以外,另一个就是知识的鸿沟。孔子提出"有教无类"的方针,其目的正在于填平这一鸿沟,这对于当时的贵族政治是一个很大的挑战。孔子办学之后,出现了许多民间的学术团体,许多著名学者带领门徒四处讲学,于是百家争鸣蔚然成风,形成了春秋战国的众多学派,出现了一种思想自由、学术繁荣的新风气。

所谓"有教无类",历来有不同解释。或指出身、贫富不分类,或指族种、地域不分类。孔子说:"自行束脩以上,吾未尝无诲焉。"这是说不管是什么人,只要送来十条干牛肉,都收他做学生。大体上说,"有教无类"的重大意义,在于打破贵族和平民的出身限制,一律施教。这种不分富贵贫贱一律教育的做法,在中国教育史上是自孔子创始的。由于孔子教学是来者不拒,多多益善,相传他门下的学生竟达三千人之多,其办学规模可谓空前。

从孔门所收弟子的具体情况分析,"有教无类"大致有四种含义:

(一)出身不同的一样教育。孔子门下的学生,什么出身成分的人都有。有出身是贵族的子弟,如身份最高的有孟懿子,他是鲁国三桓之一孟孙氏的继承人。他是遵其父遗训,与其兄长南宫敬叔一起拜孔子为师,向孔子学礼的。也有出身低贱的,如冉雍,"父贱而恶",孔子并不因此而嫌弃他,而且还很器重他,说:"雍也可使南面"认为他可以"南面而为王"。这里多少透露出孔子具有一种古代的朴素的民主观念。孔子的学生中,贫者如颜渊,"一箪食,一瓢饮,在陋巷",富者如子贡,"结驷连骑,家累千金"。闵子骞穿芦衣,为父推车,仲弓是贱人之子。子路食藜藿,负米,是"卞之野人"。曾子衣弊衣以耕,其母以织布为生。子张是鲁国的鄙人。颜涿聚是梁父的大盗,公冶长曾被关进监狱。原宪居穷巷,樊迟请学稼。

(二)智力水平不同的一样教育。孔子对学生的天资智愚,是一视同仁的。智如颜渊，或愚着高柴，或鲁如曾参，孔子是给予同样的关心与教育，不歧视任何一位学生。曾参虽然不聪明，但他后来成为孔门的高足。子路在进孔门之前，还曾经欺负过孔子，司马牛是宋司马桓魋的胞弟，孔子不因其兄司马桓魋要杀他，而不收司马牛为弟子。

（三）年龄不同的弟子都可拜孔子为师，接受孔子的教育。孔门弟子年龄相差很大，年龄最大的是颜渊的父亲颜路，他只是比孔子小六岁。子路则比孔子小十九岁。最小的公孙龙，比孔子小五十三岁。

（四）国籍不同的学生可得到孔子机会均等的教育。孔门七十二贤人，多数是鲁国人。此外还有宋、卫、齐、陈、晋、楚、吴等国的学生，他们来自各国，拜孔子为师。《荀子》上记载道："南廓惠子问于子贡曰：'夫子之门，何其杂也？'子贡曰：'君子正身以俟，欲来者不拒，欲去者不止，且夫良医之门多病人，檃栝之侧多枉木，是以杂也'。"①

由此可见，孔子办学极大地扩大了教育对象。他认为人的天赋素质并没有什么大的差别。《论语·阳货》上记载孔子说："性相近也，习相远也。"他明确宣布，人之成为各种不同的人，主要是后天的影响造成的。这可以说是中国古代最早的天赋平等的人性论。孔子的整个教育思想都是基于这种天赋平等的人性论，从而将教育对象扩大到平民，甚至贱人奴隶的范围，这的确是中国古代教育史上的重大突破。孔子之所以成为文化伟人和万世师表而为世人所崇敬，这是一个很重要的原因。他扩大了教育的社会基础和人才的来源，从而为世界文化发展史增添了宝贵的财富。他的"有教无类"的办学方针是一个划时代的伟大进步。

"六艺"之教 孔子以前，"学在官府"，夏、商、周贵族学校的教育内容是十分简单的，谈不上有多少理论性、知识性的教材，这是与当时的文化尚处于较低水平有关的。《周礼·地官司徒·保氏》上说："保氏掌谏王恶，而养国子以道，乃教之六艺：一曰五礼，二曰六乐，三曰五射，四曰五驭，五曰六书，六曰九数。"这里的礼、乐、射、驭（同御）、书、数等六艺，指的是保

---

① 《荀子·法行》。

氏对国子(贵族子弟)施教的内容,其中射、御是属于军事性质的技能,这种军事技能以及和技能相配合的礼、乐活动,是当时贵族从事政治、军事、外交活动所必备的素养。此外,礼是指待人接物的礼仪,乐是指音乐、舞蹈方面的艺术教育,还得掌握一些书写和计算的知识技能。这就是孔子之前贵族子弟的学习内容。孔子在办学中对教育内容作了重要改革,他研究整理了我国古代的大量文献,从中选出了《诗》《书》《礼》《乐》《易》《春秋》这六部经典,作为教科书。这六部经书后来被称为《六经》或"六艺"。在孔子之前就已有这六部书,也曾被列为贵族子弟的教育内容,但那时还是未加工整理的、十分庞杂零乱的,并且充满着"怪、力、乱、神"荒诞迷信的内容,只是到了孔子手里,才排除了重巫、重祭的宗教鬼神文化的成分,注入了春秋时代人文主义的新精神,终于编订成世界教育史上最早的文化知识课本。经过孔子整理的"六艺"或《六经》的这一套教本,在中国古代的学校中,一直被使用了两千多年。

《礼记·经解》上记载了孔子对"六艺"或《六经》的解释:"其为人也,温柔敦厚,《诗》教也;疏通致远,《书》教也;广博易良,《乐》教也;洁静精微,《易》教也;恭俭庄敬,《礼》教也;属辞比事,《春秋》教也。"司马迁说:"自天子王侯中国言'六艺'者,折中于夫子。"又说:"孔子以《诗》《书》《礼》《乐》教弟子,身通'六艺'者七十二人。"又《庄子·天下篇》对于鲁国孔子的教育内容作介绍:"其在于《诗》《书》《礼》《乐》者,邹鲁之士缙绅先生多能明之。《诗》以道志,《书》以道事,《礼》以道行,《乐》以道和,《易》以道阴阳,《春秋》以道名分。"

《诗》教。所谓《诗》教,即以"诗"为教。这也是孔子提出的政治教育和道德驯化的基本原则。《诗》是指西周以来的诗歌,传说古诗有三千篇,经孔子整理归纳校订后,订为三百篇(也有认为孔子之前就是三百篇)。孔子十分重视《诗》教,《论语》中孔子提到《诗》处共有十八条。《为政》上说:《诗》三百,一言以蔽之,曰'思无邪'。"他教导他的儿子要努力学《诗》,也同样在他的学生面前强调学《诗》的重要性:"小子何莫学夫《诗》?《诗》可以兴,可以观,可以群,可以怨。迩之事父,远之事君,多识于鸟兽草木之名。"所谓"兴",与用于刺恶的"比"相对应,主要在劝善。孔子认为"诗教"在治心、正身方面有劝喻行善的作用。所谓"观",是指有助于推行王道教化。《汉书·艺文志》上,班固说:"古有采诗之官,王者所以观风俗、知得失,自考正也。"意思是君主可据"诗"以观民情风俗,察政治之得失,便于检讨调整自己的统治行为。所谓"群"。据孔安国解说,使人"群居相切磋",各相安而共处。所谓"怨",系指讽谏教化。兴、观、群、怨四者,皆服从"事父""事君"的目的。孔子的"诗教"一方面提出"兴""观""群""怨"的原则,另一方面他又提出了"温柔敦厚"的品德,《礼记·经解》上说,孔子曰:"入其国,其教可知也,其为人也,温柔敦厚,诗教也。"这就是通过学诗,使他的学生养成温顺、柔和、敦笃、厚重的品德,要求他的学生做到"乐而不淫""哀而不伤""怨而不怒",含蓄委婉,这就是说,"兴""观""群""怨"要发挥得适可而止,以求合乎他的中庸之道。孔子不仅认为《诗》能起到道德感化、王道教化的作用,还可达到治心正身的目的,发挥出"经夫妇,成孝敬,厚人伦,美教化,移风俗"的社会教育功能。

此外,在春秋时代,各国的外交活动,也大都引用《诗》的语言作为思想沟通的渠道,以表达各自对对方的愿望、要求与看法,孔子说:"诵《诗》三百,授之以政,不达;使于四方,不能专对;虽多,亦奚以为!"(《论语·子路》)。

《书》教。孔子是"祖述尧舜""宪章文武"的,他在给学生讲述三代的历史与政治时,是以《书》作为他的教材使用的。孔子尊崇的理想人物是古圣贤君。孔子在他的学生面前时常歌颂说:"尧,真伟大啊! 只有天最高大,又只有尧能够效法天。"(《论语·泰伯》)他又歌颂说:"舜和禹真崇高啊! 他们富有天下而不据为己有。"孔子又以周文王、武王的统治作为施政效法的榜样。他说:"文王武王的政治,陈述在简策上,有文王武王这样的圣君存在,社会政治就复兴;文王武王这样的圣君不存在,社会的政治就废亡。"(《中庸》第二十章)他常常在学生面前感叹地说:"甚矣吾衰也。久矣,吾不复梦见周公!"(《论语·述而》)从孔子的这些话中,透露出他时时对他的弟子进行《书》教,要他们熟悉尧舜禹汤的伟大业绩,熟悉夏、商、周三代的政治经验，以便掌握文王、武王与周公的治国之道。

《礼》教。即《礼》的教育。《礼记·经解》上说："孔子曰：入其国，其教可知也。其为人也，……恭俭庄敬，《礼》教也。"《礼》，又称《礼经》或《士礼》，春秋战国时一部分礼制的汇编。礼教，主要是教司礼的仪式技能。其基本内容在孔子之前就列入贵族子弟的主要教育内容。孔颖达疏曰："礼以恭逊节俭、齐庄敬慎为本。若人能恭敬节俭是礼之教也。"（《礼记正义》）孔子认为通过《礼》教，可以养成良好的行为习惯与恭敬谨慎的做人处事态度，是培养健全人格的教育方法之一。

孔子又十分强调"礼让为国"的政治原则，他说："能以礼让为国乎，何有？不能以礼让为国，如礼何？"（《论语·里仁》）他称赞吴泰伯"三以天下让，民无得而称焉"，又说："恭而无礼则劳，慎而无礼则葸，勇而无礼则乱，直而无礼则绞。"（《论语·泰伯》）并提出"非礼勿言，非礼勿听，非礼勿视，非礼勿动"（《论语·颜渊》）的行为规则。他将礼视作仁人君子必须遵守的行为规范，他说："一日克己复礼，天下归仁焉"（《论语·颜渊》），并时时教导他的学生要"立于礼"（《论语·泰伯》），"不学礼，无以立"（《论语·季氏》）。孔子的最得意的弟子颜渊曾说过一段赞颂孔子对弟子们进行礼教的话："夫子循循然善诱人，博我以文，约我以礼。"（《论语·子罕》）总之，在孔子看来礼教十分要紧："丘闻之，民之所由生，礼为大。非礼，无以节事天地之神也；非礼，无以辨君臣上下长幼之位也；非礼，无以别男女父子兄弟之亲，婚姻疏数之交也。"（《礼记·哀公问》）他通过对弟子们的礼教培养出一批能够协助他实现自己的政治理想的"君子儒"。

《乐》教。《乐经》的教育，这是孔子教授学生的一门必须课。孔子之前，已有《乐》教，《礼记·文王世子》："凡三王教世子，必以礼乐，乐所以修内也，礼所以修外也。""六经"中的《乐经》大都认为早已亡失了，有人认为《乐经》即《周礼·大司乐章》，有人认为是《礼记》中的《乐记》，也有人认为古时是诗乐不分的，《乐经》即是《诗经》。从"三礼"关于乐诗、乐舞的各处记载中，大致可以看出乐、诗是一回事，可能当时一些固定的乐典是乐官或贵族填上歌词的，在民间流传的诗歌，也渐渐谱上乐曲，孔子将这些乐与诗记录下来集成一册,并以此教育弟子。

孔子是一位音乐大师,他对乐有很高的修养,处在"礼坏乐崩"的春秋时代,他一生用心学习、精研、抢救、整理濒临失散的古乐,《史记·孔子世家》记载孔子"诗三百篇,皆能弦歌之",《论语》中记孔子与其弟子"弹琴""鼓瑟""击磬""弦歌"者比比皆是,孔子在齐闻韶,三月不知肉味;周游列国,危难中,即使饭也吃不上,仍自"弦歌不绝"。自卫返鲁,然后乐正,《雅》《颂》各得其所。这正说明他对古乐作了一番认真的厘定汰黜,且用以教门人,于是授受不绝。

孔子认为音乐是君子儒在自己所处的群体中所能获取的美学秩序的表达中介,是人与人之间和谐相处的一种境界,也是求得人格完美的充分体现。"乐教"不仅是学习音乐的一种理论,同时也包括个人的情感之陶冶和审美能力的提高。孔子是将诗、礼、乐结合起来教授他的学生的。所谓"兴于诗,立于礼,成于乐"(《论语·泰伯》)是孔子乐教的完整体系,都是修身的内容,处世的实践以及性情人格的培养,此三者是互为补充的,诗、乐要服从礼,最终要体现仁的精神。他说:"志之所至,诗亦至焉;诗之所至,礼亦至焉;礼之所至,乐亦至焉。"(《礼记·孔子闲居》)又说:"安上治民,莫善于礼;移风易俗,莫善于乐""礼乐不兴,则刑罚不中"。《论语》上记载,孔子去武城时,听到弦歌之声,他就微笑说:"割鸡何必用牛刀呢?"子游这时正担任武城的宰,他马上回答孔子说:"往日我听老师说:'君子学道则爱人,小人学道,便容易服从使命。'"孔子便对身边的弟子们说:"诸位,子游说得对啊!我只是跟他开了玩笑呢!"(《论语·阳货》)孔子不仅对他的弟子以礼乐为教,也主张对老百姓以礼乐为教。

又,孔子的弟子子路,性情刚勇,鼓瑟急促,孔子批评他:"子路的鼓瑟声,怎么会在我的门内出现呢?"于是孔子弟子对子路不客气了,孔子又加以教导说:"仲由(子路)的琴瑟声已经登堂了,只不过尚未入吾室罢了。"(《论语·先进》)他教弟子唱歌时,自己也应和着,又教他们学会演奏乐器。他在周游列国时,即使在十分困顿与危急的环境中,仍然弦歌不绝,与弟子们讨论《诗》《乐》,培养他们战胜困难的坚定信念与开阔胸襟。

《易》教。《易》的教育。《礼记·经解》:"孔子曰:入其国,其教可知也。其为人也,……洁静精微,《易》教也。"《易》分《经》《传》两部分。《经》在孔子之前已经有了,至于《易传》十篇基本上是孔子所作。《史记·孔子世家》中说:"孔子晚而喜《易》,序《彖》《系》《象》《说卦》《文言》。读《易》,韦编三绝。"《汉书·儒林传》上也说:"盖晚而好《易》,读之韦编三绝,而为之《传》。"古代著书,用竹简,孔子读《易》竟将《周易》简编上的绳索磨断三次,可见他用功极深。孔子离汉初不过两百多年,司马迁、班固也不会凭空编造这一说法。《史记·仲尼弟子列传》《汉书·儒林列传》上还列出孔子传《易》的师承关系的名单。

有人依《鲁论》上"五十以学,亦可以无大过矣"否定孔子与《易》之关系,对此,杨向奎先生作了很好的辨析:"孔子说过:'吾十有五而志于学,三十而立,四十而不惑,五十知天命。'(《论语·为政》)十五已有志于学,为什么又说'假我数年,五十以学'呢?而且'五十而知天命'与'五十以学《易》'互相发明,《易》本为知天命之书。子贡曾说:'夫子之文章,可得而闻也;夫子之言性与天道,不可得而闻也。'(《论语·公冶长》)刘宝楠《论语正义》云:'盖《易》藏大史氏,学者不可得而见,故韩宣子适鲁,观书太史氏,始见《周易》。孔子五十学《易》,惟子夏、商瞿晚年弟子得传是学,然则子贡言性与天道,不可得闻,《易》是也。"(杨向奎《宗周社会与礼乐文明》)

我们从《论语》中,也找到孔子对其弟子进行《易》教的证据,如孔子引用《恒卦·九三爻辞》:"不恒其德,或承之羞"来教育他的弟子(《论语·子路》)。又《论语·宪问》上,曾子曰:"君子思不出其位",其中心思想与《易经》中的《艮卦·象辞》"君子以思不出其位"暗合。

又《易经》中常有"子曰"云云,并有孔子与弟子讨论《文言》的问答,这种体例与1973年马王堆帛书《周易》中的《要》很相近。《要》也是孔子与其弟子通过问答讨论《易》的篇章。

总之,孔子在教育其弟子时,从《易》学中汲取智慧,借以推天行以明人事,察将来,化"鬼谋"为"人谋"。由此,掌握事物变化的规律,以便趋吉避凶,决定行止。这就是孔子所谓《易》教的目的。

《春秋》教。《春秋》作为六艺之一，早在孔子之前就是贵族教育的主要科目。《国语·楚语上》记载有"教之《春秋》而为之耸善而抑恶焉"。太史公司马迁说："孔子以《诗》《书》《礼》《乐》教，弟子盖三千焉，身通六艺者七十有二人。"（《史记·孔子世家》）在孔门弟子中，一般都接受《诗》《书》《礼》《乐》四教，至于身通六艺之教，接受更高级的《易》教与《春秋》教的，只有七十二位高足。

《礼记·经解》上说："属辞比事，《春秋》教也。"孔颖达《礼记正义》疏："属，合也；比，近也；春秋聚合会同之辞是属辞比次，褒贬之事是比事也。"《太史公自序》亦认为："《春秋》辨是非，故长于治人。"

孔子一生经历坎坷，不得志于鲁，被逐于齐、宋、卫，又困于陈蔡之间，没有一个诸侯国善始善终礼遇孔子，也没有一个国君采用他的政治主张，目睹着天下的礼坏乐崩，又无法扭转这臣弑其君、子弑其父的乱世，到了晚年归鲁后，只有通过修《春秋》、教授《春秋》，通过对春秋时期两百四十二年的历史事件和人物的评价，以起到惩恶扬善、拨乱世反之正的作用。正如宋代郑樵所云："大抵《春秋》一经，书其善则万世之下指为善人，书其恶则万世之下指为恶人。"这对于邪恶者是不能不有所顾忌的。

这种惩恶扬善的作用，在司马迁的《孔子世家》中说得很明确，此外在他的《儒林列传》和《太史公自序》里又进一步作了补充：

（仲尼）西狩获麟，曰"吾道穷矣"，故因史记作《春秋》，以为王法，以辞微而指博，后之学者多录焉。

上大夫壶遂曰："黄者孔子何为而作《春秋》哉？"太史公曰："余闻董生曰：'周道衰废，孔子为鲁司寇，诸侯害之，大夫壅之。孔子知言之不用，道之不行也，是非二百四十二年之中，以为天下仪表，贬天子，退诸侯，讨大夫，以达王事而已矣'。子曰：'我欲载之空言，不如见之于行事之深切著明也'。夫《春秋》，上明三王之道，下辨人事之纪，别嫌疑，明是非，定犹豫，善善恶恶，贤贤贱不肖，存亡国，继绝世，补敝起废，王道之大者也。……《春秋》之中，弑君三十六，亡国五十二，诸侯奔走不得保其社稷者不可胜数。察其所以，皆失其本已。……故有国者不可以不知《春秋》，前有诔而弗见,后有贼而不知。为人臣者不可以不知《春秋》,守经事而不知其宜,遭变事而不知其权,为人君父而不通于《春秋》之义者,必蒙首恶之名。为人臣子而不通于《春秋》,必陷篡弑之诛,死罪之名。……夫不通礼义之旨,至于君不君,臣不臣,父不父,子不子。夫君不君则犯,臣不臣则诛,父不父则无道,子不子则不孝。此四行者,天下之大过也。以天下之大过予之,则受而弗敢辞。故《春秋》者,礼义之大宗也。"

这段话虽系司马迁从董仲舒那里听来的话,但确实道出了孔子作《春秋》的动机与目的,也道出了孔子作《春秋》的历史背景。

总之,孔子六十八岁倦游返国,赞《易》,作《春秋》,直至获麟绝笔,正寄托了他晚年的社会、哲学、政治理论,并形成了他的"同人""大一统""天下为公"等大同思想。因此,孔子的教育内容,固然包括《诗》《书》《礼》《乐》,但更重要的则是《易》与《春秋》。

孔子的教育内容基本上是以《六经》文献为主,这也是孔子的教育内容与孔子之前的教育内容根本不同的地方,孔子办学将文化教育放在第一位,孔子之被尊为"文圣",也正是出于这个原因。

教育方法　首先是因材施教。这是孔子的一个重要的教育原则,也是中国教育史上一个非常宝贵的传统。孔子认为人的智力是有高低的,因此在教育上应有所区别。他说:"中人以上,可以语上也;中人以下,不可以语上也。"(《论语·雍也》)这是说,对于中等以上水平的人,可以向他谈论高深的学问;对于中等以下水平的人,不可以和他谈论高深的学问。为了贯彻"因材施教"的原则,孔子对他的弟子们有比较深入的了解,几乎掌握每个学生的特点和个性。孔子说:"柴也愚(愚直),参也鲁(鲁钝),师也辟(偏僻),由也喭(刚猛)。"又说:"回也其庶乎,屡空,赐不受命,而货殖焉,亿则屡中。"(《论语·先进》)他只用一两个字就刻画出高柴、曾参、子张、子路、颜回、子贡的个性特点,甚至连颜回、子贡两人的经济条件也十分清楚;并且对他的学生的优缺点也能给予恰如其分的评价。如子贡问孔子:"师(子张)与商(子夏)谁更好些?"孔子说:"子张办事过火,子夏办事不及。"子贡说:"那应该是子张胜过子夏了吧?"孔子说:"办事过火与办事不

及都一样不够好啊广

又如子夏、子路、仲弓、子张都向孔子问政，对同一个问题，孔子根据他们对政治理解的不同倾向做出了不同的答复。子夏问政于孔子，孔子说："无欲速，无见小利，欲速则不达，见小利则大事不成。"子路问政，他说："先之、劳之。"仲弓问政，他说："先有司，赦小过，举贤才。"子张问政，他说："居之无倦，行之以忠。"

由于孔子对他的学生很了解，因此对他们进行了不同的培养，并且知道他们的专长和适宜于什么工作。孔子说："由也，千乘之国，可使治其赋也。""求也，千室之邑，百乘之家，可使为之宰。""赤也，束带立于朝，可使与宾客言也。"（《论语·公冶长》）

总之，孔子是我国教育史上第一位实践"因材施教"的教育家，他的三千弟子中能出现七十二贤人，也与孔子能了解自己的教育对象，因材施教是分不开的。

其次，启发诱导。孔子是我国古代启发教学的首倡者，也是世界教育史上启发教学的创始人。远在古希腊苏格拉底（前470—前399）提出启发法之前，孔子就已积累了丰富的启发教学经验。孔子认为，学习知识是学生独立思考的过程。他又是注入式教学最早的反对者。他说："不愤不启，不悱不发。举一隅不以三隅反，则不复也。"（《论语·述而》）朱熹在《论语集注》中解释："愤者，心求通而未得，愤则已用力于思，故可启以开其意。悱者，口欲言而未能，既已得其意而未能发表，故可发以达其辞。"《论语·为政》记孟懿子问孔子什么叫作孝，孔子只是答以"无违"（不要违背礼节），孟懿子没有再往下问，孔子也就不往下讲了。学生提问到什么地方，孔子也就回答到什么地方，并且也是按照学生当时的理解程度和积极程度而定。孔子又将此事告诉樊迟说："孟懿子问孝于我，我对曰无违。"樊迟又进一步问"无违"是什么意思，孔子这才进一步回答："生事之以礼，死葬之以礼，祭之以礼。"孔子是在学生自身有了强烈的求知欲时，才给以教导的。颜回曾经说："夫子循循然善诱人，博我以文，约我以礼，欲罢不能。既竭吾才，如有所立卓尔。"（《论语·子罕》）颜回感到孔子善于有步骤地诱导他求学,既教他学习古代的文献,又要求他以礼来规范自己的行为。使他既有知,又能行,使他的知识成为有用的知识,激起强烈的求知欲,就是想停止学习也停不下来。

孔子教学中又运用"叩竭法"。这也是一种启发性的教学法。《论语·子罕》上按孔子的话说:"吾有知乎哉?无知也。有鄙夫问于我,空空如也,我叩其两端而竭焉。"这是说,当有人向孔子提问题时,他并不是马上将答案告诉提问者,而是从问者的疑难处出发,从正反两面展开反诘,弄清问题的性质与内容,然后使提问者通过积极的独立思考自己找到合理的答案。

再次,教学相长。孔子办学主张教学相长,提倡师生之间相互切磋,共同讨论。一部《论语》就记载了大量师生之间互相讨论问答的情况。《论语·学而》上记载子贡请教孔子说:"穷人能不谄媚人,富人能不骄,如何?"孔子说:"这也算不错了。但不如穷而能乐道,富而知好礼,这就更好了。"子贡于是说:"《诗经》上说:'如切如磋,如琢如磨'不就是这个意思么?"孔子说:"赐呀!像这样;才可与你谈《诗》了。"由此可见,孔子与他的弟子们在教学上是互相取长补短的。又如《论语·八佾》记载,子夏向孔子问《诗》:"'巧笑倩兮,美目盼兮,素以为绚兮',何谓也?"孔子回答他说:"绘事后素。"子夏由此而悟道:"礼后乎?"孔子十分高兴子夏的回答,并赞扬他说:"起予者商也,始可与言《诗》已矣。"他感到子夏在学《诗》的过程中,所发表的看法,对自己也有启发,因此,与子夏在一起才可言《诗》了。孔子认为只有师生之间互相启发,才是最好的教学方法。反过来,颜回在孔子面前从来不提相反的意见,孔子就批评说:"回也,非助我者也,于吾言无所不说。"他希望颜回对他的教学多提意见,以便使师生之间互相促进提高。

最后,师生平等、教学民主。孔子和他的弟子们亲如一家,孔子对学生平易近人,坦率真诚,学生对孔子敬爱尊重。他提倡"当仁不让于师"(《论语·卫灵公》)。有一次,孔子的学生陈亢向孔子的儿子孔鲤打听,问他从父亲那儿学些什么,孔鲤告诉陈亢除了教他学《诗》、学《礼》,再也没有其他功课了。陈亢知道了孔子将学生和自己的儿子一样看待。

　　孔子对于学生的缺点及时进行批评教育。宰予昼寝，孔子批评他是"朽木""粪土之墙"，要他振作精神，不断上进。冉有为季氏宰，他搜刮民财以肥季氏，孔子见他损害老百姓，十分气愤地说："这个人已经不是我的门徒了，你们都可打起鼓去声讨他！"（《论语·先进》）但孔子身为老师对自己也严格要求。孔子在卫国不得已去见南子，回来后，子路对他表示不满，孔子感到子路不理解并错怪了他，他就在子路面前激动地对天发誓，求得子路明白他的心志。（《论语·雍也》）子游为武城宰，孔子入武城"闻弦歌之声"而笑子游"割鸡何必要用牛刀"，子游不服气地反驳孔子说："往日我曾听先生说过，君子学于道，便懂得爱人，小人学于道，便易于使命。"孔子觉得他讲得有理，就公开在学生面前承认自己讲错话，并说："学生们听着，子游说得对，我前面所说是和他开玩笑的。"（《论语·阳货》）孔子曾坦诚地向学生们表示："我有什么事隐瞒大家吗？我的一切行为都是向大家公开的，这就是我的为人！"孟子曾经说："以德服人者，中心悦而诚服也，如七十子之服孔子也。"（《孟子·公孙丑上》）正因为孔子在师生关系上主张民主、平等，有一种较为开放的心态，他是一位"圣之时者"，又是一位有热情、有感情、有爱心的文化圣人，因此弟子们对孔子十分敬爱，即使在最困难的情况下，师生之间也团结精诚，能够患难与共，相濡以沫。这可以说是孔子办学的伟大与成功之处。故《孟子·公孙丑上》说："昔者子贡问于孔子曰：'夫子圣矣乎？'孔子曰：'圣则吾不能，我学不厌而教不倦也。'子贡曰：'学不厌，智也；教不倦，仁也。仁且智，夫子既圣矣！'"

六　删述六经　垂宪万世

整理六经　我国古代的文献典籍保存得较为完备,尤其是代表我国两千余年前古文明的文献典籍《六经》,直到今天还被保存并流传下来,这不能不归功于我国古代第一位伟大的文献整理家孔子。孔子被后世尊为"文圣""文宣王",除了他首创私学的伟大功绩外,另一个伟大的功绩就是他对《六经》的整理工作。

"六经"之名,最早见于《庄子·天下》篇。作为我国古代的文化遗产的这六部古典文献,在最初形成时期,并非儒家的专利品,也正因为如此,历来对于六经的成书及其与孔子的关系,始终存在争议。

古文经学家认为《六经》原是周公的旧典,是先王的典章制度和历史文献。孔子只是"述而不作",章学诚、章太炎均持此看法。如章学诚倡"六经皆史"之说,认为"古人未尝离事而言理"。章太炎则认为,孔子传播固有文化之功,不在尧舜之下,但也只将孔子当作历史学家看待,认为孔子是一位古代文献的保存者。总之,古文经学家认为孔子所描述的尧舜时期的文化是真实的历史,《周礼》只是周公治国平天下所实行或理想的政治蓝图。在他们看来,中华民族之所以历数千年而不致灭亡,实是因为我们的祖先有自己的详备而不绝的国史的缘故。因此,孔子是华夏文化"继往开来"的"集大成"者。章太炎先生说："孔子不布《春秋》，前人往往不能语后人，后人亦无以识前人，乍被侵略，则相安于舆台之分。"①这就是古文经学家对孔子与《六经》关系的看法。

今文经学家则不然。他们认为《六经》系孔子所作。《易》与《春秋》尤其是孔子明道经世之作。经书虽然是前代史料，但重要的是在其中已寄予"微言大义"。皮锡瑞认为，孔子之所以被后世看成是"万世师表"，是因为他修订了"万世教科书"，而康有为则认为《六经》是孔子"托古创制"之说。孔子与《六经》的渊源，直到近代之前，只有这两种说法②。

到了近代，又有人认为六经既不是周公之作，也不是孔子的"托古之作"，并认为《六经》既无信史、也无哲理和政治的价值。③ 也有人认为，《六经》只是周代通行的几部书，《论语》上见不到一句关于孔子删述六经的记载。只是到孟子才说他作《春秋》；到了《史记》才说他赞《易》，序《书》，删《诗》；到《尚书纬》才说他删《书》；到清代的经文家，才说他作《易经》，作《仪礼》④。因此认为孔子与《六经》无关系，孔子非但未曾制作《六经》，就是删述《六经》之事也不可能。此说为钱玄同首倡，附和者亦不乏其人。

我们认为，《六经》的来源问题与孔子的文化历史地位有密切关系。否定孔子与《六经》之关系，也就是否定孔子在中国历史上"文圣"的地位。事实上，所谓"述而不作"正是说明孔子讲学有所依据。同样，孟子、司马迁以来相传孔子"删《诗》《书》，订《礼》《乐》，赞《易》，作《春秋》"不是没有根据的。孔子时代的文化典籍是相当多的，也是十分分散的，孔子为此做了搜集与取舍的大量工作。孟子说："孔子，圣之时者也。孔子之谓集大成。集大成也者，金声而玉振之也。金声也者，始条理也；玉振也者，终条理也。"(《孟子·万章下》)孔子的删述《六经》，正是对夏、商、周三代的文化典籍做了一番"始条理""终条理"的整理研究工作。这在我国古代文化

---

① 章太炎《国故论衡·原经》。
② 参见苏渊雷先生所著《孔学四论》。
③ 参见《古史辨》第一册，《钱玄同答顾颉刚先生书》。
④ 参见《古史辨》第一册，顾颉刚与钱玄同论孔子删述《六经》书。

史上是一项极为浩大的文化整理工作。

孔子之前,我国古代的文献典籍极为丰富。根据《史记·太史公自序》中司马谈所说:"古者六艺经传以千万数",早在殷代,就已有"典册"。《尚书·多士》上说:"惟殷先人,有典有册。"殷代的"典册"是串联在一起的甲骨,还是用竹片串成的简册,至今尚不得而知。迄今为止,出土的简册,最早的是战国时期的,大量的则是秦简和汉简,至今尚未发现殷代的简册,也很难考证这些简册是什么样的文献资料。殷代的卜人、史官、巫祝记录在甲骨上的卜辞,以及在铜器上的金文,是作为档案资料被保存在王官那里供少数贵族与统治者使用的。但这些原始文献并未得到有目的的加工、整理。根据已有的文献可考,《国语·鲁语下》上说:"昔正考父校商之名《颂》十二篇于周太师。以《那》为首。"可见孔子的七世祖正考父曾对《诗》做过整理工作,他在西周末曾为宋国大夫,宋是殷旧贵族微子的封地,因此保存了殷商的乐章乐谱。正考父搜集了《商颂》十二篇,"恐其舛缪,故就太师校之也"①。经过周太师的指教,才编定以《那》篇为首的次序。但正考父是怎样校正编定《商颂》的,我们至今不得而知。只是正考父的后裔孔子整理《六经》,确有依据。

殷政权垮台之时,根据《吕氏春秋·先识》上说:"商内史向挚,载其图法奔周。"这位奔周的商史官向挚,携带的典册要以车载,可见其数量之多。及至周室东迁,典册文献流散的情况也就更为严重。到了春秋时代,在社会的动荡与巨变中,大部分旧王朝的史官、礼官、乐官、卜官流散民间。史称墨子南游,载书甚多(《墨子·贵义》)。《左传·昭公十二年》载楚国的左史倚相"能读《三坟》《五典》《八索》《九丘》",这些文献,现在已不可能见到,但孔子当时是可能接触到的。又《孟子·离娄下》提到晋之《乘》、楚之《梼杌》、鲁之《春秋》,都是当时各国的史书。《管子·山权数》上也提到:"管子曰:'《诗》者,所以记物也;《时》者,所以记岁也;《春秋》者,所以记成败也;《行》者,道民之利害也;《易》者,所以守凶吉成败也;《卜》者,所以卜凶吉利害也。"《国语·楚语上》又列举了当时所见的《春秋》《世》《诗》《礼》《乐》《令》《语》《故志》《训典》等九种文献典籍。可见在孔子之时,他所见的文献是很多的。这就为孔子整理六经提供了充分有利的条件。

春秋时代,鲁国是一个弱小的国家,先后受制于齐国、吴国、越国。可是鲁国是周公之后,虽是政治上的弱国,但却是文化上的大国。当西周首都丰镐(今西安近郊)经犬戎之乱的摧毁,而东周首都成周(今洛阳)又迭经内乱的破坏,鲁国的文化,便成为周文化的代表。鲁襄公二十九年(前544),吴公子季札来聘,观乐于鲁。鲁昭公二年(前540),晋国的韩宣子来聘,看到鲁大史所藏的典籍,曾言:"周礼尽在鲁矣!"这些都充分证明鲁国文化就是周文化的代表。

《诗》《书》《礼》《乐》《易》《春秋》,在孔子之前或可称之为"古六艺",也就是所谓"旧法世传之史",在周代的贵族官学里已被用为贵族子弟所学的教材,但这些教材十分凌乱,不成系统。到了春秋时代,由于天下大乱、王官失守,大量"古六艺"已经遭到严重破坏。而只有当时的鲁国才是保存古典文献最为完备的国家。于是整理古代文献的历史使命便落到孔子的肩上。

孔子自幼就好学不倦,他研读了大量三代的文献典册,及至青壮年时期,包括他讲学杏坛、周游列国期间,一生始终注意考察、收集古代历史文化的传说、实物和文献。到了晚年更喜欢研究《易》。《礼运》上记载孔子的话说:"我欲观夏道,是故之杞,而不足征也,吾得《夏时》焉。我欲观殷道,是故之宋,而不足征也,吾得《坤乾》焉。《坤乾》之义,《夏时》之等,吾以是观之。"可见孔子不仅研究了《周易》,还研究了殷《易》。这就使孔子成为大学问家。因此,也只有他才具备整理古典文献的必要文化条件。加上孔子一生在政治上又极不得志,这就更促使他集中毕生精力,从事文化教育事业,通过整理文献,向他的学生们讲学传道。孔子认为他的删述《六经》、从事教育这两件毕生为之奋斗的大事,也能在政治上发生长远的影响,等于为后世百王立法垂教。这就是他整理古代文献的内在驱动力。

传记读库

鲁哀公十一年,孔子返回阔别十四年的鲁国时,已六十八岁。在周游列国期间,为实现他的政治理想,他到处奔波,大声疾呼,备尝斥、逐、困、厄,但始终未能得到各国执政者的理解与重用。当他返回鲁国之后,已不再热衷仕途了。"鲁终不能用孔子,孔子亦不求仕"①,而集中精力整理古代的文献典籍。他从周、鲁、杞、宋的历史文献中,整理出古代中国的史系和学系,删《诗》《书》,订《礼》《乐》,赞《易》,作《春秋》,为我国古代民族文化的存亡继绝做出了伟大贡献。

孔子编写整理《六经》,在我国古代的文化史上是首创的、具有划时代意义的大规模的文化典籍整理事业。孔子在"究观古今之篇籍"(《汉书·儒林传》)之后,认为历史文化是前后相继的,不可割断的,但随着社会的发展,古代的文化制度和礼乐文明又是可以改革的。孔子说:"殷因于夏礼,所损益可知也;周因于殷礼,所损益可知也;其或继周者,虽百世可知也。"孔子在整理古代文献中,对于三代的礼乐典章进行了损益与扬弃,并加以新的解释。

首先,孔子整理古代文献是以"仁"为内容,以"礼"为形式的。在整理阐释《六经》的过程中,孔子将仁的观念作为一种哲学观、社会观、人生观、伦理观注入《六经》中,通过对《六经》的阐释,创立了儒家的思想文化学说。由此将三代的文化典籍改造成为适应社会变革长远需要的儒家理论学说。

其次,"不语怪、力、乱、神"。上古三代的文献;原本由王官巫史掌握,作为"古六艺"的《诗》《书》《礼》《乐》《易》《春秋》这六部典籍在其最初的起源上,与巫史祝卜的宗教巫术活动关系密切,因此含有大量的神怪荒诞的内容。但是,留传至今的,我们现在所看到的《六经》等典籍,却很少有涉及鬼神巫术的内容。其实这与孔子整理《六经》有很大关系;或者很可能是孔子删节的结果。孔子在比较研究了夏、商、周三代文化后曾说:"殷人尊神率民以事神,先鬼而后礼,……周人尊礼尚施,事鬼敬神而远之,近

---

① 《史记·孔子世家》。

人而忠焉。"①孔子在这里谈到殷周之间的文化差异,其实这也是我国古代观念上的重大改变,即以神为本位的宗教文化转变为以人为本位的礼教文明,由此也就完成了由巫官文化向史官文化的过渡。孔子在整理《六经》时,排除了上古流传下来的鬼神机祥之事,而注重于实践的、理性的思考,致力于建设人伦日用的政教体系,强调人自身的德行与修养。本着春秋时代人文主义的新精神,对上古巫史文化加以改造、扬弃,这就是孔子在整理《六经》方面所做的巨大贡献。

再次,"述而有作"。孔子整理《六经》,其目的是将《六经》作为教本。他所依据的材料,毕竟是古代的文献,尽管他进行了删节,但他的态度是"信而好古",基本保持原有的文字,包括原来的史事内容和表达风格。因此,这《六经》至今仍是十分有价值的史料。但另一方面,孔子在整理六经时,又是寓作于述,或以述为作的。在整理与传授《六经》的过程中,孔子又作了引申与阐发,其中贯穿了孔子的正名、重民、仁爱等儒学精神,又寄托了他的志在改革春秋社会的政治意识,以及"贬天子,退诸侯,讨大夫"的批判精神。同时,孔子又描绘了他的"同人""大一统""天下为公""大同世界"等政治理想。这也正如孟子在评价《春秋》一书时所说的那样:"其事则齐桓晋文,其文则史。孔子曰:'其义则丘窃取之矣。'"②不仅整理编修《春秋》是如此,其余诸经的整理、阐释、诠解都是本着这种精神的。因此我们认为,孔子在编订《六经》时,还是有所创作的,并根据春秋时代人文主义的新精神赋予《六经》以新的内涵的。因此,经过孔子整理的《六经》既可看作是中国古代文化的重要史料,也可看作代表孔子思想体系及其儒家学派的理论著作。

孔子言行十分谨严,删述必以文献足征,始为撰述,故《书》由尧舜记起,计时约有一千七百余年。孔子自认为是"述而不作,信而好古"者,他对此一时期的文化遗产加以整理,存菁去芜,为后世享用。有人说:"有孔

---

① 《礼记·表记》。
② 《孟子·离娄下》。

子乃有中国文化。"并非过誉之词。总之,孔子所整理的《六经》,在中国文化史上具有一种开创的人文精神,并由此而奠定了中华民族文化的基本格局,确定了儒家在中国文化中的正统地位。现将孔子对于《六经》的整理与删述,分别介绍如下:

《诗》的整理　《诗》源是歌谣。上古之时,没有文学,只有口唱的歌谣,没有写的歌谣,一个人高兴或悲哀的时候,就将自己的心情以歌声唱出来,聚在一处酬神作乐,一边歌舞,一边奏着乐曲。等到最早的文字出现,才有人将这些歌谣记录下来,这便是最初的诗。《诗》中的诗歌,最早的可以追溯到殷商时期。如《商颂》这一组诗,有人认为是殷朝所作,有人则认为是周代宋国的颂歌。到了周代,统治者为了丰富自己的宫廷生活,才出现了太师与乐工,他们又四处征集、编写和整理乐歌,不但搜集本国的乐歌,还要搜集别国的乐歌;不但搜集乐词,还得搜集乐谱。这些歌词经过长时间的修改、删减,就成为《诗》。

孔子自幼用功于礼乐,早年以此为谋生手段,又曾从盲乐师处学弹琴唱歌,他一生办学又以《诗》为教授弟子的主要课程。为了整理《诗》,孔子几乎搜集了当时各国流行的全部诗的不同集子,并对此加以选择。到了晚年,他游历列国,回到鲁国后,对《诗》又加以修订,他说:"吾自卫返鲁,然后乐正,雅、颂各得其所。"由于当时各国的口语差距很大,在转相传授口耳流传中,内容多有不同,正如皮锡瑞说:"东迁以后,礼坏乐崩,诗或有句而不成章,有章而不成篇者,无与于弦歌之用。"①孔子在教学中,参照了各种传本,进行了校勘整理。《史记·孔子世家》上说:"古者《诗》三千余篇,及至孔子去其重,取其可施于礼仪,上采契、后稷,中述殷、周之盛,至幽、厉之缺;三百五篇,孔子皆弦歌之,以求合韶武雅颂之音。"

孔子删《诗》的总原则是"取其可施于礼仪",其态度是有褒有贬,既赞扬"殷周之盛",又指责"幽厉之缺"。王充说:"《诗经》旧时亦数千篇,孔子删去复重,正而存三百篇。"②又根据乐曲的正确音调,孔子对《诗》在篇

---

① 皮锡瑞《经学通论·诗经》。
② 王充《论衡·正统》。

章上进行调整，"雅"归于《雅》，"颂"归于《颂》，使之各得其所，经孔子整理的《诗》是古代中国留传下来的最完整、最可信的古籍，其历史价值可与希腊的荷马史诗媲美。

孔子根据诗的内容和形式分为风、雅、颂和赋、比、兴之类，此即所谓"诗之六义"。这可以说是中国诗歌分类整理体义的滥觞，并成为历代诗人批评的一定准则。孔子谙熟音乐，对《诗》三百篇，还做了认真的"乐正"工作，他校订的乐调，"皆弦歌之"（《史记·孔子世家》），以求三百篇合乎风、雅、颂的乐调。《墨子·公孟》上说："儒者诵《诗》三百，弦《诗》三百，歌《诗》三百，舞《诗》三百。"这种配上音乐，既可歌，又可舞，有一定的旋律、节奏的《诗》《乐》，是孔子的一种创造。又孔子对于《诗》三百除了与乐、舞结合外，又进行了文字、语音方面的校正，改正了方言的语音，使之合乎当时的通用语言，即合乎周代的普通话——雅言。故《论语·述而》上说："子所雅言，《诗》《书》，执礼，皆雅言也。"

《书》的整理 记载上古历史的《书》，大多是夏、商、周三代统治者的讲演、命令、宣誓等官方的政治文献的汇编，相传《书》共有百篇，现留存二十八篇。孔子曾说："文武之政，都在简策上，有人依照去做，这种政治制度就会复兴，如果没人依照去做，那就完了。"孔子之前，已有《夏书》《商书》《周书》等散篇流行于世，并经常为人所引用。由于孔子十分热心政治、崇拜周公，而周文化与周公的政治思想又都保存在《书》中；孔子就以极大的力量整理《书》，收集那些与三代政治有密切关系的古代文献，并将这些档案编纂成《尚书》。

孔子编纂《尚书》，主要目的不在于保存古代文献，我们从《论语》等书的记载看出，孔子一是为了用它作为给学生讲课的教本，二是用作自己"为政"或辅佐别人"为政"的参考书。据说这些三代的典册在当时数量很大，且十分零乱，经过孔子的研究整理才成为一部较有系统的贯穿民本、德治精神的典籍。孔子平时不仅时常读《书》，也时常引《书》来阐发自己的政治思想，并向学生们讲述《书》中治国从政的道理。孔子的思想固然有它深刻的时代根源，但也与前人提供的思想材料分不开，即孔子的学说的不少内容来源于《书》。当然,孔子不是全盘接受《书》的思想材料,而是有所选择。《史记》《汉书》说孔子编次《尚书》,是有一定依据的。

《论语》中直接提到《书》有三处:

或谓孔子曰:"子奚不为政?"子曰:"《书》云:'孝乎惟孝,友于兄弟',施于有政,奚其为为政?"(《为政》)

这里孔子是引《逸书》"孝乎惟孝,友于兄弟"之语说明自己从事教育也可以影响做官的人,也等于是从政。

"子所雅言:《诗》《书》,执礼,皆雅言也。"(《述而》)

这是说孔子在诵《诗》、读《书》,赞礼时,都用周朝的"正言",而不说鲁国的方言。

子张曰:"《书》云:'高宗谅阴,三年不言',何谓也?"子曰:"何必高宗? 古之人皆然,君薨,百官总己以听于冢宰三年。"

这里,孔子不讲此语的历史内容,却引开去说天子应该带头服丧三年的道理。高宗即商王武丁,相传他即位后三年不说话。这三则记录,均称《书》而不引篇名,说明当时已有集成的《书》,而子张所称引的《书》语,均不见于现存的《今文尚书》,表明汉时所传《书》已非原貌。先秦时代,墨家、道家也都称引过《书》,由此可见,孔子确实对《书》加以整理过。

《尚书纬》上说:"孔子求《书》,得黄帝玄孙帝魁之书,迄于秦穆公,凡三千二百四十篇。"这里面既有神怪巫祝的故事,又有大量重复的内容,孔子对此加以删减整理,经他"芟夷烦乱,剪裁浮辞,举其宏纲,撮其机要"[1],删去了其中烦琐和神秘怪诞的成分,并按朝代顺序,编次其事,汇为百篇。这就使原来内容杂芜、次序凌乱的上古史料变得"坦然明白,可举而行,三千之徒,并受其义"[2]。据说孔子所编纂的《尚书》原有一百篇,秦始皇焚书坑儒时,济南伏生将此书藏于壁中,到汉初又亡佚了几十篇,只存二十八篇,以后又加上民间所得《泰誓》一篇,共二十九篇,这就是今文《尚书》。鲁共王坏孔子宅,从孔壁中得古文《尚书》,比伏生所传二十八篇多十六

① 孔安国《尚书序》。

② 孔安国《尚书序》。

篇,是为古文《尚书》四十六篇。此外,孔子又以"序"的形式阐明自己整理《书》的意义,在《书》前写了《序》言。班固说:"故《书》之所起远矣,至孔子纂焉。上断于尧,下讫于秦,凡百篇,而为之《序》,言其作意。"①孔子为《尚书》作《序》,这也是他的首创之功。

《礼》的整理 孔子所说的"礼",大致有三种含义,由此而代表三种不同的礼书。其一,《礼记》一书专门研究礼的历史发展,讨论礼的性质、意义、作用,如夏礼、殷礼、周礼等。其二,《周礼》一书是专讲治国之礼与各种官制。其三,《仪礼》一书专讲各种典礼节仪与人的行为规范。孔子关于礼的历史观、政治观、人生观与上述"三礼"均有密切关系。"三礼"是否均经过孔子整理、删定? 尚不得全知,可以肯定的是,《礼仪》一书是经孔子整理与删定的。

《礼记·杂记下》说:"恤由之丧,哀公使孺悲之孔子,学《士丧礼》。《士丧礼》于是乎书。"可以作为今传世《仪礼》十七篇是孔子修订之证。现存《仪礼》,古单称《礼》,或称《礼经》,又称《士礼》,其中有《士冠礼》《士昏礼》《士相见礼》《士丧礼》《士虞礼》等。《士丧礼》是《仪礼》中的一篇。孺悲自孔子学《士丧礼》,说明孔子精通全部《仪礼》。孔子既教孺悲《士丧礼》,自然也可教别人《仪礼》。由此可证,《仪礼》十七篇必为孔子的学生在孔子传授礼仪时所做的记录。

《仪礼》一书形诸文字是在东周,而其中记录的礼仪活动,成书前早已有之。这种繁缛的登降之礼、趋详之礼,不是孔子凭空编造的,而是他采辑周鲁各国即将失传的礼仪加以整理记录的。孔子编这部书,作为传授弟子的一门重要课程。这门课程,不只是讲授,而尤重实习。《礼记·射义》上说:"孔子射于矍相之圃,盖观者如堵墙。"这是演习乡饮酒礼。孔子在鲁办学,或周游列国时,从不间断教学生们习礼。《史记·孔子世家》上说:"孔子去曹适宋,与弟子习礼于大树下。"孔子教育培养的对象是士,因此十分注意他们在从政后能懂得"进退周旋"之礼。因此,他把《仪礼》的教

---

① 《汉书·艺文志》。

学置于首位。孔子本人是一位礼学大师，《史记》上说他从小就好礼，"为儿嬉戏，常陈俎豆，设礼容"，特别留意各时代的与当时各国的礼，到处参观、访问，搜集有关礼的文物与资料，对礼进行了广泛的研究。他曾去杞国去求访夏礼，只得到了一部讲夏代历法的书，又去过宋国求访殷礼，也只得到了一部殷代讲占卜的书。《论语》上记孔子说："夏礼，吾能言之，杞不足徵也；殷礼，吾能言之，宋不足徵也。文献不足故也。足，则吾能徵之矣。"他也曾对夏、商、周三代之礼做过一番比较研究，并说："殷因于夏礼，所损益可知也；周因于殷礼，所损益可知也。"他认为周礼吸取了夏、商两代的长处，是比较完备的礼乐制度，所以又说："周鉴乎二代，郁郁乎文哉，吾从周。"

我们知道，孔子对"礼"的整理修订，不只是《仪礼》。孔子从春秋社会动乱的现实教训中，得到一个结论，即只有用礼来规范人的行为，才能维护社会的秩序，因而他提出了"克己复礼"的政治原则，对其学生提出了"博学于文，约之以礼"的要求，同时又将"礼"从一种行为的规范上升为理论、制度，并规定了一系列注重礼乐文明的政治制度。孔子晚年又在《礼记·礼运》中，进一步阐发了他"小康""大同"的政治理想，由此而对中国古代的礼乐文明与制度的建立做出了突出的贡献。总之，孔子所修订的礼，不仅指行为规范的仪礼，也包括专讲历史观的《礼记》和专讲政治观的《周礼》。因此，我们认为"三礼"的存在与流传，与孔子的研究、保存与传授有关，而《仪礼》则经过孔子的整理与传授。

《乐》的整理 春秋时代，一方面是"天下无道""礼崩乐坏"，但另一方面，商品经济已有了长足的发展，都市的兴起以及音乐艺术的发展，王子奔楚、乐工迁散，使各诸侯国的音乐人才得到充实，并且已形成了楚、宋、鲁三个文化中心。孔子之时的鲁国，已是一个礼乐文明十分昌盛的国家。早在公元前544年，吴公子季札至鲁国观乐，见到鲁国保存的周代礼乐，就叹为观止。孔子自幼喜爱礼乐，即使后来周游列国，在陈绝粮七日，仍然弦歌不绝。孔子对学生所进行的音乐教育，是以《诗》为主要教材的。《史记·孔子世家》上说："三百五篇，孔子皆弦歌之，以求合于韶武雅颂之音。"他对音乐有很高深的修养，一生热爱弹琴、唱歌、作曲，在齐听到舜乐，竟至"三月不知肉味"；他每次听人唱歌，如果唱得好，"必使反之，而后和之"，又提出"兴于诗，立于礼，成于乐"。

总之，在孔子看来，诗、礼、乐是三位一体、密不可分的。他以乐配诗，又以乐配礼。礼用以辨异，使贵贱有序，乐用以求和，缓和贵贱的矛盾。这也正如《乐记》所云："礼节民心，乐和民声，……乐者为同，礼者为异。"孔子重视《乐》，不仅表现他对艺术价值的充分了解，也代表当时的时代精神，并将贵族专享的乐扩展到民间，"与民同乐"。同时，他十分注重音乐的教化作用，并说："礼云，礼云，钟鼓云乎哉！"又说："人而不仁如乐何？"孔子反对郑声，他说："放郑声，远佞人，郑声淫，佞人殆。"又说："恶郑声之乱雅乐也，恶利口之覆邦家也。"孔子之所以选择雅乐而"放郑声"，其最主要的还是将道德标准置于首位。

孔子的乐教是将《诗》三百篇的学习与音乐结合起来，这是他在乐教上的一大改革。《周礼·大司乐》记载说："舞《云门》以祀天神""舞《咸池》以祭地示""舞《大磬》以祀四望""舞《大夏》以祭山川""舞《大濩》以享先妣""舞《大武》以享先祖"。这些乐舞皆属宫廷"雅乐"，都是祭祀天地鬼神、歌颂帝王功德的，而且其中又带有浓厚的宗教、巫术色彩。而孔子则强调民歌学习的重要性，他曾教训他的儿子说："人而不为《周南》《召南》，其犹正墙面而立也。"《周南》《召南》泛指国风一百六十篇而言。这正是孔子乐教注重音乐的人民性的一面。

孔子晚年带领弟子周游列国，谋求政治出路，这期间他出于礼乐治国的文教原则，对于列国的音乐做了大量地搜集、采访、核对、整理工作。待到他返回鲁国后，在从事教育之外，又整理、研究了古代的音乐文化遗产。他说："吾自卫返鲁，然后乐正，雅颂各得其所。"总之，《诗》是歌辞，《乐》是曲调，尽管自秦以来，人们未见过《乐》，但孔子关于《乐》的论述，在《论语》《周礼》《礼记》等书中均有不少记载。孔子整理《诗》《乐》时，既重视它们的思想内容，也重视它们的美的价值。故孔子说："《韶》尽善也，又尽美也""《武》尽美矣,未尽善也。"又说:"安上治民,莫善于礼;移风易俗,莫善于乐。"①孔子对于《乐》的整理是不容置疑的。

《易》的整理 《易》本为上古先民卜筮之书。古人迷信鬼神与宗教巫术,遇有祭祀、战争、生产、商旅、婚姻、水旱、天变等事,总不免向神请示,并根据神灵的启示来判断吉凶。而传达神灵启示的手段便是占卜。殷人用龟卜,周人用占筮。龟卜记录下来的就是现存的甲骨文的卜辞,占筮记录下来的就是筮辞。这些殷周的卜人与筮者在长期占卜占筮的过程中,积累了许多的经验,并将这些经验编辑成书,这就是《易》。

在孔子之前,就已有三种卜筮之书:《连山》《归藏》和《周易》。据说《连山》是夏朝的卜筮书,《归藏》是商朝的卜筮书,《周易》是周朝的卜筮书。大概到孔子时,《连山》《归藏》已亡佚,只剩下《周易》一书了。现存的《左传》《国语》中记载以《周易》占筮的事多达一二十次,国别就有秦、晋、鲁、陈、齐、卫等,可见《周易》在当时的上层社会的贵族中已很流行。《左传·昭公二年》还记载了晋国韩宣子在鲁国看到过《易象》的事。所谓《易象》大概是解释《周易》卦象的书。可见《周易》在鲁国已有最早的注本,这说明孔子在鲁国是有可能研究过《周易》的。《礼记·礼运》上记载:"孔子曰:'我欲观殷道,是故之宋,而不足征也,吾得《乾坤》焉。"乾坤是现存《周易》开头的两卦的注本。但也有学者认为孔子在宋国得到的不是《乾坤》二卦,而是《殷易》,亦即《归藏》中的《坤乾》二卦。但不论是《殷易》的《坤乾》,还是《周易》的《乾坤》,都说明孔子与《易》确有关系。1973 年湖南长沙马王堆汉墓中出土文物里有一批帛书,其中就有一部《周易》,在此书卷后有佚书《要》等两篇,记录着孔子与其弟子研讨《易》理的问答。这就进一步证明孔子是传授过《易》的。孔子根据办学及教学的需要,对《易》进行过加工整理和诠释,他在整理《易》的过程中,极力摆脱宗教巫术的束缚,将《易》看成是一部反映揭示天道变化的书,例如《易·恒卦》上有两句话说:"不恒其德,或承其羞。"孔子认为这不是占卜的话,而是鼓励人们无

① 《孝经·广要道》。

论做什么事，都要持之以恒。而且作为研究孔子最为可靠的《论语》一书中也引用过《周易》的这一卦，这更说明孔子在教学过程中是曾经将《周易》作为其教学的重要内容的。

孔子在研究、整理《周易》的过程中，又为《周易》作了诠解，写成了《易传》（又称《十翼》）。它包括《彖》上下、《象》上下、《系辞》上下、《文言》《序卦》《说卦》《杂卦》十篇。这种孔子作《易传》的看法，源于《史记》与《汉书》，如《史记·孔子世家》："孔子晚而喜《易》，序《彖》《系》《象》《说卦》《文言》。"我们知道，孔子离汉初不过两百多年的时间，像司马迁、班固那样对史料认真负责的人，绝不会凭空编造，而是言必有据的。《史记·仲尼弟子列传》及《汉书·儒林传》中还详细地列出了孔子传《易》的师承关系的名单。从这两张名单上看，其中虽有不同处，但他们师承授受，都传至当时西汉人田何。汉人是十分重视师承关系的，想必不是随意编造的。《史记·孔子世家》上说："孔子晚而喜《易》，读《易》韦编三绝。"由此可见，孔子读《易》甚勤，并对《易》作了一番研究整理，始推天行以明人事，故每卦皆有"君子以"或"先王以"三字，以广其义，"以通天下之志，以定天下之业，以断天下之疑"（《系辞上》）。故天人之学盖自孔子始。《易》经孔子的整理、阐发，由向鬼神问吉凶的巫术转变为一部专讲反映客观事物变化规律的书，转变为一部专讲修己达人的义理之书。

《春秋》的整理与修订　孔子之前的典籍由周王室和各诸侯国的王官、巫史保存着，所谓"巫史"，即是说这些掌管典籍的王官，既是巫官，又是史官，他们按时将国之大事书之于策，而将小事记之于简牍，这种典籍只可称之为记载之法，尚不得谓之史学。然而，孔子之前确已有《春秋》，这是一种古代的编年史。当时的巫史祝宗是由王家委派的，各国也都有自己的史乘，亦称之谓"宝书"。韩宣子在鲁国访问就看过《鲁春秋》，这一年孔子已 12 岁。那时，不仅鲁国有《春秋》，晋国、楚国也有。而且将《春秋》作为教材教育贵族子弟。《国语·晋语》中记载晋悼公得知羊舌肸（叔向）习于《春秋》，召其为太子傅，教太子习《春秋》。《国语·楚语》中，也记载了楚庄王使人教太子"以《春秋》，为之耸善而抑恶焉，以戒劝其心"。又

《墨子·明鬼》上:"吾见百国《春秋》",有周之《春秋》,燕之《春秋》,宋之《春秋》,齐之《春秋》,于此可见《春秋》是当时各诸侯国史官记史所通用的名称。

孔子作《春秋》,大概是在周游列国倦游返鲁之后,约在鲁哀公十年左右,他已年近七十岁才开始的。《孟子·滕文公下》上说:"世道衰微,邪说暴行有作,臣弑其君者有之,子弑其父者有之,孔子惧,作《春秋》。《春秋》,天子之事也。是故孔子曰:'知我者,其惟《春秋》乎? 罪我者,其惟《春秋》乎?'"《史记·孔子世家》上也说:"子曰:'……吾道不行矣,吾何以自见于后世哉?'乃因史记作《春秋》。"《公羊传疏》引闵因《序》云:"昔孔子受端门之命,制《春秋》之义,使子夏求周史记,得百二十国宝书。"这是说孔子搜集和研究了"百二十国宝书"以及当时散落在社会上的一部分文献资料加以编撰写成的。司马迁说孔子"乃因史记作《春秋》",杜预说:"因鲁史策书成文,考其真伪,而志其典礼。"孔子当时搜集的主要还是"鲁史记",最多还参考了一些"周史记",同时兼及各国史实。这些史实主要是记载了春秋时代的二百四十二年的征战、会盟、朝聘等政治活动,还记载了当时的天文、地理、婚丧、城筑、土田等情况。这些内容十分广泛的史料,是从大量的《史记》中精选出来的,孔子为此作了"芟夷烦乱"的工作,并且这一部最早的编年史,注重人事活动,其中很少有巫祝神怪的故事,这与孔子的"不语怪、力、乱、神"的精神十分吻合。《春秋》一书记载了许多自然现象的变异,如日食、月食、地震都记载得十分清楚。在编纂《春秋》时,孔子又吸收了《鲁春秋》的旧义例,还自创了新的"凡例"。由此,孔子首创了我国古代史书完整、严谨的体例。

孔子在卫国时,子路问他:"卫灵公将用您执政,您首先办什么事呢?"孔子回答说:"首先是正名。"所谓"正名"即以周礼规定的等级名分来矫正不合"礼"的社会现实。《春秋》一书正是贯彻了"正名"的思想,并制定了"寓褒贬,别善恶"的所谓"春秋笔法"。孔子依鲁国的历史文献编修成此书,上至鲁隐公元年,下讫鲁哀公十四年(前481),共记载了鲁国十二君的历史,以鲁史为主线,以尊周王室为宗主作主导思想,兼顾追溯殷商历史,贯通三代史迹。全书文简意赅，同时也表示了"大一统"的观念。

司马迁说，孔子修《春秋》是"据鲁，亲周，故殷，运之三代。约其文辞而指博……"如吴、楚在当时经济文化比较落后的外族，其国君自称为王，但孔子在《春秋》中贬之曰"子"，是不承认他们是王的。至于齐、晋的国君，孔子只称他们是"侯"，宋虽弱小，但称之为"公"。又"践土之会"，晋国以盟主的资格，将周天子召来，孔子认为如果照实写，有损周天子的尊严，于礼则不容，为了正名分，《春秋》则讳之曰："天子狩于河阳"，不提臣召君，只是说周天子到河阳去打猎，这就是所谓"婉而成章"。又如鲁惠公死了，鲁隐公违反继承法立为鲁君，《春秋》在这一年就只写上"元年春王正月"，只字不提鲁隐公继位的事，表示他不配做鲁君。周天子的号令事实上久不能行，但在《春秋》上，每年仍旧书上"春王正月"，表示"春"为岁之首，"王"为天下之共主，"正月"则是一切政教之始，这也是"大一统"的思想的体现。又如鲁昭公被季氏赶走，流亡到齐国乾侯，但《春秋》每年仍书上笔"春王正月，公在乾侯"，以保持鲁昭公在鲁的地位，直到鲁昭公在外死去为止。

孔子的这种整理写作史书的方法，被后世称之为"《春秋》笔法"。这也就是《孟子》上所说的"其事则齐桓晋文，其文则史，孔子曰：'其义则丘窃取之矣'"。孔子之作《春秋》，就内容而言，是齐桓、晋文一类霸业。就文体而言，是一部史书。不同的地方是孔子在修《春秋》时，将他的政治思想观点加了进去，"其义则丘窃取之矣"，此义就是"修王道""正名分"。

可见，孔子修订《春秋》是为了通过正名以矫正当时混乱的世道，以维护周天子的尊严，这就是春秋的"尊王攘夷"的"名分大义"，也是"内其国而外诸夏，内诸夏而外夷狄"①的微言大义，以维护孔子"春秋""大一统"的政治理想。孔子一生在政治上不能实现自己的主张，于是通过修《春秋》来阐发自己的见解，为后世明君立法。同时，又通过向自己的学生讲授《春秋》，培养出一批合乎自己理想的政治人才，以便完成他的未竟之业。也正

---

① 《公羊传》成公十五年。

因为如此，在公羊家看来，孔子不但是圣，同时也是王。孔子作《春秋》是新王，孔子改制立法是后王，孔子继承文命是文王，孔子有圣德无圣位是素王。

孔子修订《春秋》以外的其他几部书时，每肯听从他的弟子们的意见，进行修改，并不坚持自己的见解，独在修定《春秋》一书时，他本人是"笔则笔，削则削"，连子游、子夏也不能参加什么意见，可见《春秋》一书是孔子晚年定论之作，故孔子说："知我者，其惟《春秋》乎？罪我者，其惟《春秋》乎？"司马迁说："余读孔氏书，想见其为人。适鲁，观仲尼庙堂车服礼器，诸生以时习礼其家，余祗回留之，不能去云。天下君王，至于贤人众矣，当时则荣，没则已焉。孔子布衣，传十余世，学者宗之。自天子王侯，中国言六艺者，折中于夫子，可谓至圣矣。"（《史记·孔子世家》）

司马迁将许多生前享尽尊荣富贵的人与孔子相比，认为这些历代的权势者只是因为身居国君王侯之高位，才显赫一时，不可一世。可是曾几何时，他们成为历史上匆匆的过客，死后与草木同朽。而唯独孔子，身为布衣，却以他自己的高尚人格与内圣外王的儒家学说为后世所传颂崇仰，他在中国文化史、思想史上达到了任何国君王侯所无法达到的"文圣""文宣王""素王""至圣先师"的崇高地位。

七　获麟绝笔　道贯古今

晚年凄凉　"自古圣贤多寂寞"。孔子一生志在行道,然而却极不得志,他艰苦执着地追求自己的理想,但是得不到世人的理解。到了晚年归鲁后,他的灵魂是孤独的,他的心情是苦闷的。夫人亓官氏,在鲁哀公十年(前485)去世,这一年孔子六十七岁,是他自卫返鲁的前一年。当孔子回到鲁国时,他再也见不到他的妻子了。大约在鲁哀公十二年,他唯一的儿子孔鲤也去世了。晚年丧子,这对孔子又是一次致命的打击,孔鲤死时才五十岁。不幸的事接连发生,但孔子仍然埋头整理"六艺",抓紧编写《春秋》。

"西狩获麟"《春秋》绝笔　鲁哀公十四年春天,鲁国发生一件"西狩获麟"的奇闻。叔孙氏手下的一位赶车人,叫鉏商,他在鲁国西郊矩野打猎,打死了一只不知名的怪兽,送到孔子那里去辨识。孔子看后惊呼:"这是麒麟啊!"传说麒麟是一种仁慈的兽,这种异兽的出现是一种祥瑞的象征,意味着圣君当道,天下太平。然而这样的仁兽在鲁国的郊外竟被打死了。孔子感到这是极不好的兆头,他长叹一声说:'麒麟是仁兽啊!它含仁怀义,叫出的声音像音乐,走路旋转合乎规矩,游必择上,翔必有处,脚不踩虫子,身不折青草,不群不旅,不入陷阱,不入罗网,身上有美丽的花纹。其出必明王在位,以示祥瑞于世。帝尧时此仁兽游于郊外,万民知其为样,不忍伤其生;周将兴,凤鸣于岐山,万姓以为瑞,争图其形,麒麟也曾现于野。自尧至今,麒麟两现于世,今次出现,无明王在位,非其时也,所以折足而死于奴隶之手,我怎么不感伤呢?"孔子说着就掩面大哭,涕泪沾襟地说:"吾道穷矣。"相传孔子这时正在编写《春秋》,当他获悉这一令人震惊的消息时,就不再将此书写下去了。三天之后,孔子将在曲阜的众弟子召集起来,向他们说:"麒麟因出非其时而被害,吾道穷矣! 好在所修的几部书均已完成,只有《春秋》一书,自平王东迁记起,直到现在,两百多年的大事都记载下来了,我将以获麟为《春秋》绝笔之日,今后的责任全靠你们了。"这就是孔子修《春秋》,"绝笔于获麟"的著名故事。

颜回之死 不久,大概也是公元前481年,孔子最心爱的弟子颜回也死了。孔子非常器重颜回,颜回的一生一直很贫困,但他并不因为物质上的贫困而放弃自己求学的志向。孔子曾经称赞说:"颜回一箪食,一瓢饮,吃的是粗茶淡饭,喝的是清水。住在窄小简陋的巷子里,要是别人早就愁死了,但颜回安贫乐道,以艰苦学习为乐,他才是我最好的学生啊!"在孔门弟子中,不但子贡等高足感到比不上颜回,连孔子本人有时也说自己赶不上他。孔子是一个政治上有热情、志在救世的人,但并不迷恋功名富贵,颜回也是这样,他虽有宰相之才,也不急于做官,他对于孔子的道德与学问研习得最好。如今颜回一死,这对孔子是极大的打击与损失。孔子痛哭地呼喊着:"老天要了我的命,老天要了我的命!"颜回的父亲颜路想给颜回买一副套棺,但买不起,就要求孔子将他的车子卖了,换一套棺,孔子认为这是不符合礼制的,才不同意颜路的要求,但是孔门弟子仍然厚葬了颜回,孔子只得说:"颜回待我像父亲,可我没能待他像儿子,我也做不了主了。"

声讨陈恒 公元前481年夏天,齐国的陈恒(又叫田成子或田常)发动了政变,将齐国国君齐简公杀死,拥立齐平公,政权尽归陈氏。孔子的弟子宰予这时任临菑大夫,在政变中被陈恒所杀。齐国的这次政变是韩、赵、魏三家分晋的先声,在某种意义上说,齐国这次的政变可以说是揭开了战国时代的序幕。

心通孔子

孔子知道齐景公、齐简公都很平庸，无所作为，更谈不上是圣君明王。而陈恒治齐很得民心，齐国的王公大臣、平民百姓都很赞扬他，至少陈恒善于收拢人心，如他曾为群臣向国君请求爵禄，又曾用大斗斛施于百姓，用小斗斛收回。齐国流传着这样的民歌："妪乎采芑，归乎田成子。"①但在孔子看来，君臣各有名分，臣杀其君是大逆不道。为此，孔子十分气愤，急忙沐浴、更衣、整冠，斋戒后朝见鲁哀公说："陈恒弑其君，请出兵伐齐，声讨陈恒之罪！"鲁哀公怕事，而当时鲁国的兵权皆在"三桓"，于是只得对孔子说："夫子，您还是去找'三桓'吧！"孔子说："因为我曾做过鲁国的大夫，所以不敢不来向您报告啊！"于是孔子又去报告三家贵族，但孟、仲、叔孙三家在鲁国的地位与齐国的陈氏差不多，季康子自己也是目无鲁君的权臣，也有取代鲁哀公的野心，只是还不具备陈恒的条件罢了，而且季康子与陈恒交往甚密，岂肯出兵讨伐。于是搪塞孔子说："陈恒虽杀其君，但仍立旧君之弟嗣位，情尚可恕。此乃齐国内乱，不必由鲁出面干涉。"孔子的要求遭到拒绝，他一面退出冢宰府，一面自言自语地说："因为我曾做过鲁国的大夫，所以不敢不来向您报告啊！"

子路结缨而死　第二年，鲁哀公十五年（前480），孔子七十二岁，他的弟子六十三岁的子路又死于卫国的内乱。这一年，卫出公的父亲蒯聩在卫出公主政十二年之后，回到卫国，从其子蒯辄（卫出公）手中夺取王位。这时，子路在卫国的一位贵族孔悝处做官。孔悝是蒯聩的外甥，但孔悝并不支持蒯聩回国夺王权。孔悝的母亲，即蒯聩的姐姐，却欢迎蒯聩，因为在孔悝父亲死后，她钟情上一个叫浑良夫的仆人。蒯聩支持这件事，又买通了他们充当内应。当蒯聩潜回卫国，就住在孔悝的菜园里，孔悝之母就帮着蒯聩逼迫孔悝也参加政变，并胁迫孔悝登上签订盟约的土台子。孔悝的家臣栾宁这时正在烤肉，没等肉烤熟，就赶快通知子路发生政变的事，自己找了一辆车，护送卫出公逃往鲁国。子路知道孔悝遇险，情况紧急，马上跑进城去营救孔悝，恰巧孔子的另一位在卫国做官的弟子高柴从城里逃了出

① 《史记·田敬仲完世家》。

来,高柴气急地劝阻子路说:"城门关了,情况危急,赶快离卫回鲁。"子路说:"食其食者不避其难。自己受孔悝之禄,现在孔悝处于危难之中,岂有不救之理?"于是子路冲进城内找到蒯聩,要他释放孔悝。蒯聩不放,子路就在土台下放火,以为蒯聩见火后,会放了孔悝。蒯聩派出两名武士与子路格斗,子路受了重伤,连冠缨也被击断。子路倒在血泊中说:"君子临死时,也要将自己头上的帽子戴正!"他挣扎着爬起坐在地上将帽缨结好的时候,就被杀害了,身体被剁成了肉泥。蒯聩赶走了卫出公,取得了卫国的王位,这就是卫庄公。孔子一听说卫国发生政变,就顿时感到不安,他悲伤地预言:"高柴是可以安全生还的,仲由怕是回不来了。"①果然不出所料,事后噩耗传来,孔子站在院子里仰天大哭。当有人告诉孔子"子路被剁成肉泥"死得很惨时,孔子伤心地叫人把厨房里的肉酱扔掉。②

　　子路为人豪放,他跟随孔子的时间最长,对孔子也最忠诚,是一个按照孔子的教诲躬行实践的好学生,为人诚笃忠信,办事认真,他的勇力和社会关系又是孔子安全的保障。他一生保卫孔子唯恐不周,不愿孔子遭人非议,以至于在孔子处理同南子、佛肸、公山弗扰等人的关系上,都敢于向孔子提出不同意见,使孔子避免了不少过失。当孔子晚年有时感到文化的振兴以及社会风气的挽回实在难以实现,他的文教与道德感化的路很难走通时,他甚至想到乘木筏浮海到中国以外的地方去另谋传道的善地。他说:"在中国大道难以推行,我将打算漂洋过海去寻找新的陆地,到那时候,大概只有子路一个人会跟我走吧?"在孔门中,子路可以说是一位儒侠式的人物,他一生最忠诚于孔子的事业,一直到他在卫难中以身殉职时,在生命垂危的最后一刻,他仍履行孔子关于"君子死而冠不免"的教诲。子路之死,对于晚年已陷于困境中的孔子无疑是又一次沉重的打击。

　　最后的歌声　从六十七岁到七十二岁,在短短的不到五年的时间里,先后失去了自己的夫人、儿子,又失去了自己最心爱的、最可靠的弟子颜回、子路,这使孔子的灵魂变得更孤独,晚景变得更凄凉。孔子的最后两

　　① 《左传》哀公十五年。
　　② 《曲礼·子夏问》。

年,一直是在病中度过的。这位一生中时时梦见周公的人,已经好久不再梦见周公了,他感到这是自己衰退的征兆并哀叹道:"甚矣吾衰也！久矣吾不复梦见周公！"他天天叨念着的凤鸟竟然还不来,天天巴望的河图竟然仍不出现,他预感到自己将不久人世,痛苦地说:"凤鸟不至,河不出图,吾已矣夫！"有一天夜里,孔子做了一场噩梦,清早起来后,他颤抖着拄着手杖在门口呆呆地站着,只见子贡来探望他,就说:"赐啊,你怎么来得这么晚啊！"接着孔子唱出了他最后的歌声:

> 泰山快要倒了吧?
>
> 梁柱就要断了吧?
>
> 一代的哲人圣贤啊,
>
> 也将如草木一样枯萎了。

子贡赶上前去,扶着孔子走进了屋里。孔子对他说:"夏代人死后的棺木是停放在东阶上的,周代人死后的棺木是停放在西阶上的,殷代人死后的棺木是停放在厅堂的两柱中间的。我昨天夜里梦见自己坐在两柱之间,受人祭奠。我的祖先原是殷人,我大概活不长了,死后望弟子们依古礼将我的棺木停放在两柱之间。"[①]从这天起,孔子病得更重了。七天后,他的那颗伟大的仁爱之心终于停止了跳动,安详而平静地离开了面前的这个动荡不宁的春秋末世,终年七十三岁。这一年是鲁哀公十六年(前479),时在周历夏四月己丑,当夏历春二月十一日。

这位文化巨人生前经尽苦难,但死后却得到了无比的荣耀,丧礼的隆重程度,超过了任何一个诸侯。鲁哀公亲自为孔子作了祭文:"上大不仁啊,连这位国老也不给我留下,如今只使我一人在位,孤零零地担着罪过。唉！尼父啊,我今后还去向谁求教呢?"[②]

孔子与中国文化 "孔子布衣,传十余世,学者宗之。自天子王侯,中国言'六艺'者折中于夫子,可谓至圣矣。"(《史记·孔子世家》)

孔子虽系殷贵族的后裔,但已很疏远,由于家道中落,他自青少年时代

---

① 《礼记·檀弓上》《史记·孔子世家》。
② 《左传》哀公十六年,《史记·孔子世家》。

一直过着贫贱的生活，三岁丧父，十七岁丧母，不得不独立谋生，因此他的社会生活很接近平民，是一个平民知识分子。

由于他是一个布衣知识分子，又十分了解人民的疾苦，所以他一生的政治主张和教育宗旨在于重视教化人民，对老百姓要实行仁政德治，省刑罚、薄赋税。孔子的大量言论都说明他是一个时时看到人民，想到人民，处处关心人民疾苦、并与百姓站在一起的政治家，他一生努力步入政坛，希望通过出仕，拯民于水火之中。

孔子说过一句很重要的话："中庸之为德也，其至矣乎！民鲜久矣。"这里，孔子提出了一个新的观念，即"中庸"的观念。关于这一点，毛泽东也有过论述，他说："孔子的中庸观念是孔子的一大发现，一大功绩，是哲学的重要范畴，值得很好地解释一番。"春秋战国时期，出现了儒、墨、道三大文化学派，道家和法家的所谓黄老刑名之学只看到对立面，强调斗争性，主张对人民实行绝对的统治。墨家的学说则只看到统一面，放弃了斗争性，专讲同一性，力主兼爱尚同。而孔子所创立的儒家学说则较为贴近对立统一的哲学法则，主张用礼来节制统治者对人民的剥削，借此和缓社会矛盾，主张仁民爱物，尚德缓刑，以求得统治者与被统治者的这一对矛盾同处于一个共同体中。由于孔子的中庸思想较为接近社会实际，因此具有长久的生命力。凡是真正忠实于孔子的学说的儒者，在历代常常为百姓申冤抑、去祸害、救灾难、主正义。他们懂得"民惟邦本，本固邦宁"的道理，为爱邦而爱及邦本，成为人民的同情者与代言人。孔子的思想与学说两千多年来一直取得正统的地位，是有其深刻的哲学基础与广泛的社会基础的。这在很大程度上，与孔子的中庸思想有关。

中国古代的大众文化，多少带有民主性和革命性的言论与事迹，很大一部分也是与孔子的学说有关的。孔子是主张忠君尊王的，但他的尊君是有条件的，他忠的是明君贤王，他反对暴君污吏，念念不忘实现他的"博施于民而能济众"的政治理想。他的"学而优则仕""有教无类"，平民可以求学，布衣知识分子可以议政、参政的思想，他的"爱人"，以仁为核心的人本主义、民本主义的思想，他的对老百姓主张"先富后教"的思想，长期以来，使孔子在民间、在历史上获得了极大的声望与美誉,获得人们的无比尊崇。

此外,孔子的学说是极重伦理道德的学说。孔子提倡孝悌忠信、礼义廉耻,提倡恭、宽、信、敏、惠,由孔子所创立的一系列伦理道德的观念成为一种准则,孔子的学说与中国的历史文化、民族心理已经血肉相连,密不可分,构成为整个中华民族的文化生命。因此,孔子被称为"文圣",主要是历代对他的肯定与尊崇,最初并不是由帝王或统治者提倡起来的。具体来说,主要是由孔子的弟子、再传弟子以及先秦诸子的尊崇,后来又被历代文化伟人所尊崇而获得文圣的地位的。①

孔子生前,就因为他的博学多识而名声很大。《论语》上记载达巷党人说:"大哉孔子,博学而无所成名。"还有人以"天将以夫子为木铎"来称颂孔子。他的最得意的弟子颜渊说,孔子是"仰之弥高,钻之弥深,瞻之在前,忽焉在后,夫子循循然善诱人,博我以文,约我以礼,既竭我才,如有所立卓尔,虽欲从之,未由也已。"子贡则说:"他人之贤者,丘陵也,犹可逾也;仲尼,日月也,无得而逾焉。""夫子之不可及也,如天之不可阶也。"

孔子在世时,已有人称孔子为"圣人",但孔子本人并不接受"圣人"的称号,他说:"圣人,吾不得而见之矣,得见君子者,斯可矣。"又说:"若圣与仁,则吾岂敢。"有若则说:"麒麟之于走兽,凤凰之于飞鸟,……类也,圣人之于民也,亦类也。"孔子死后,孔门弟子发生了分化,据《韩非子·显学篇》上说:儒家在孔子死后分为八派,"有子张之儒,有子思之儒,有颜氏之儒,有孟氏之儒,有漆雕氏之儒,有仲良氏之儒,有孙氏之儒,有乐正氏之儒。"但他们都尊崇孔子,认为自己一派是孔子的正宗。到了孟、荀时代,他们奉孔子为圣人。孟子称孔子"大而化之谓之圣",又引孔子弟子有若的话说:"出乎其类,拔乎其萃,自生民以来,未有盛于孔子也。"并称孔子为"圣之时者"。荀子则称孔子是足以与三王和周公比德齐名的"圣人"。至于此后的道、墨家和法家,也无不尊孔子为圣人。《庄子》是道家的著作,其外篇中的《盗跖》《渔父》等虽有贬抑孔子之语,然此数篇已被证明非

---

① 参见《唐君毅先生全集》卷十九,《中国哲学原沦》。

庄子所作,而外篇中的《秋水》《寓言》《达生》《田子方》都有尊崇孔子的话。《庄子》内篇中,如《人世间》《德充符》《大宗师》诸篇,对孔子与其弟子颜渊等之人格、德行,也十分称颂。墨子非儒,也只是反对儒家的礼乐。《淮南子·要略》上称墨子最初也是"学儒者之业,受孔子之术",称《诗》《书》,尚仁义,可见他也是上承孔子之教而来的。即使是儒家的反对派韩非,也称孔子为"圣人",并说:"仲尼,天下圣人也。"据此可知,不只是孔门弟子再传弟子尊孔子为圣人,就是先秦诸子也同样尊孔子为圣人。这说明孔子的思想学说对诸子的影响很大,也说明先秦诸子出于百家争鸣的需要,抬出孔子是为提高自己这一学派的地位。

孔子被尊为"文圣""文宣王"这一现象,在中国古代宗教、史学、哲学、文学等领域均有反映。

佛教、道教均认同孔子为圣人。在中国的宗教史上,外来的佛教与基督教,传入中国后,为了争取中国民众的信服,也都先后自附于中国的儒教,尊孔子为第二圣人。佛、道、基督三教之间互相排斥,彼此视为异端邪说,而只有孔子在任何宗教中,皆居为第二位。中国的佛教徒、道教徒与后来的基督教徒,各于其教主之外,皆推尊孔子,尊之为"孔圣人"。

孔子在史学上的圣人地位则始于西汉司马迁的推崇。司马迁认为孔子所修的《春秋》是最成功的历史著述,是孔子垂之万代的不朽功绩,又自述他发愤著《史记》是志在继承孔子著《春秋》的大业。他在《史记》中又作《孔子世家》,集中论列孔子修订《六经》的功业,并尊奉孔子既是垂教后世的圣人,又是中国古代文化的开创者与传播者。司马迁之《史记》,为后世史书之祖,但他自称是继承了孔子作《春秋》之精神的,后之班固则更进一步尊崇孔子,并以孔子之言,论定历史上人物功过而著《汉书》。自此之后,历代史家在其史学著述中,无不以孔圣之言为是非标准。

孔子在中国哲学、经学、玄学、理学诸领域中被推尊为圣人则始于西汉。

在西汉,由于武帝提倡《春秋公羊》学,采用了董仲舒之贤良对策,"罢黜百家,独尊儒术",由此而确定了孔子在经学史上的圣人地位。自魏晋至南北朝隋唐,其经史之学,又承两汉之绪,这一时期的魏晋玄学家如何晏、王弼、郭象虽讲老庄之学,但同时以孔子为圣人。尽管魏晋玄学家心目中的孔圣人不同于西汉经学家心目中的孔圣人,但他们谈义理多本老庄,而谈圣人境界,仍以孔子为标准。唐代的韩愈是新儒学的先驱,他提出了儒家的道统说,并开创了道统与治统合一的先河,从而将对孔子的圣人崇拜糅入了"道统说"中去。宋、明儒者心目中的孔子,已非汉人之"素王"(即有帝王之道而无帝王之禄位),也不是何晏、王弼、郭象心目中的"体无"之圣人,更不是佛教徒心中的菩萨化身。这时,孔子已经成为一位真正从事教育的"至圣先师"。以后明清之际,帝王也就不再以"文宣王"封孔子,而只以"至圣先师"封孔子。

宋明诸儒虽尊孔子,但认为孔子之圣德可学而致之。如周濂溪说:"士希贤、贤希圣、圣希天。"二程亦深信"圣人可学而至"。孔子这时之所谓圣,对学者而言,只是师。学者之学可与师相等。在宋明儒者看来,一切人与孔子是人同此心,心同此理,这一思想到了王阳明那里则成了"个个人心有仲尼",亦即人人心中都有个圣人。于是将孔子的圣人地位,安置在每个中国人的心中。从此,不必以为孔子是天生的圣人,或者是古代的圣人,而是认为孔子这位圣人就活在人们的心中。到了清代,孔子在文化中的地位,又与宋、明不同,鉴于宋、明之儒的空谈心性,清代重经史之考证,倾向汉代经师之法,于是孔子又变成为一建制立法者、托古改制者、革命排满者。

魏晋南北朝、隋唐时期,中国文化发生了巨大变化,在此时期,中国古代的文学家、文学批评家又进一步将孔子的文化精神灌输到文学艺术方面去。继司马迁在史学上继承孔子后,刘勰又在文学理论方面,继承孔子学说,其所著《文心雕龙》之书首就有《原道》《征圣》《宗圣》三篇,该书最后一篇《序志》,与全书的主要内容,都可看出他在文学批评上,继承孔子的诗教与乐教。而这一时期的文学家推崇孔子的,有陶渊明、陈子昂、李白、杜甫、韩愈。陶渊明在诗中尊孔子为"先师",自称"野外罕人事,游好在六经"。李白则有诗云:"我志在删述,垂辉映千春。希圣如有立,绝笔于获麟。"至于陈子昂,据姚铉《唐文粹》上说:"唐三百年用文治天下,陈子昂起于庸蜀,始振《风》《雅》。"其《感遇诗》三十八首,乃言志之作,而最后一首,则始于"仲尼探元化,幽鸿顺阳和"之句,可见其志之所归。杜甫向被公认为"诗圣"。杜甫教人学诗"法自儒家有""应须饱经术"。他志在孔子,"致君尧舜上,再使风俗醇"。他的"穷年忧黎元,叹息肠内热"的千古名句,实来自孔子的爱民思想。又"文起八代之衰"的韩愈,其所著《原道》,辟佛老而发扬孔子之道。韩愈之所以被公认为古文运动的创始人,其成功的原因首先是发扬孔子之道。

孔子与历代帝王　至于历代帝王之尊崇孔子之种种政治措施,实是为了顺乎人心之所向。春秋时代任何一国统治者并没有信用孔子,也没有将孔子的政治主张作为他们的治国之方针。而孔子死后,历代的统治者为了巩固自己的统治,为了抬高自己的尊严,为了争取自己统治的合法性,往往借尊孔来维护自己的统治利益,以求在汉族人民的心目中获得正统地位。当然,历代封建王朝中,也不乏某些明君贤相,他们尊孔,并且多少还按照孔子思想治理国家,使得历史上的若干时期出现了国泰民安、经济富裕、文化繁荣的盛世。但是,我们还应该看到孔子的另一方面,即孔子之所以被历代君王尊崇,包括受到入主中原的少数民族的统治者的尊崇,还因为孔子的学说中又有"忠君尊王"的一面,并为统治者长治久安设计了很多的政治方案,于是人民心目中的"布衣孔子",又成了为统治者献策的"王者之师"。

孔子逝世后的第二年,鲁哀公就在曲阜阙里,以孔子之故居,立以为庙,置卒看守,藏孔子之衣冠、琴、书,并命"岁时奉祀",谥号孔子为"至圣先师"。

历史上第一位光顾孔子庙的皇帝是汉高祖刘邦。刘邦是丰沛酒徒,向来不喜欢儒生,在楚汉相争、戎马倥偬的战争岁月,他曾向儒冠撒尿。可是夺取政权后,他看到宫廷荒嬉,群臣酣歌狂饮,乃至拔剑击柱,感到十分恼火。其后,叔孙通依据儒家周礼,制订了汉的礼仪,群臣峨冠博带,井然有序地上朝廷,这才使刘邦感到儒家的礼乐制度的文治功用。于是,在高祖

十二年十二月（前195）过鲁，"以太牢祀孔子"（《汉书·高帝记》），此为历代帝王以太牢祭祀孔子之始。

汉武帝建元元年（前140）武帝即位，崇尚儒术，以举贤良，采董仲舒建议，"罢黜百家，独尊儒术"，董仲舒提出："诸不在六艺之科、孔子之术者，皆绝其道，勿使并进。"此后，《五经》立于学官，当时有人称孔子为"素王"。

总之，历代帝王尊孔祭孔，以孔子为"至圣先师""万世师表"，这一切都是在汉代奠定格局的。

魏晋南北朝时期，政治变动频仍，玄学兴起，佛道盛行，儒学地位下降，但孔子的地位未曾动摇。如魏文帝曾丕赞扬孔子"屈己以存道，贬身以救世""俾千载之后，莫不宗其文以述作，仰其圣以成谋咨。可谓命世之大圣，亿载之师表者也"。由于统治者重视孔子，这时期的孔庙仍不断得到整修。

隋唐时期，为巩固统一的中央集权制度，封建统治者在崇奉释老的同时，更加尊崇孔子，提倡儒学。

隋开皇元年（581）隋文帝杨坚尊孔子为"先师尼父"。

唐高祖李渊于武德二年（619）诏赞孔子"道济生民"。

唐太宗尤提倡儒学，即位之初诏赞孔子"以大圣之道，天纵多能，王道借以裁成，人伦资其教义"。贞观二年（628）升孔子为"先圣"，以颜回配，至此始定孔子为"先圣"，颜回为"先师"。贞观四年（630），又令州县学皆建孔子庙，此为州县立孔子庙之始。公元618年，创立唐朝的李世民曾向人保证，中国人之得孔子，如鱼之得水。李世民治国颇得力于孔子之教训，在他治理国家时，全国监狱，只有罪犯五十人，被处死刑的只有四人，这就是历史上著名的"贞观之治"。

北宋立国的当年，宋太祖赵匡胤即拜谒国子监孔子庙，三年诏孔子庙用一品礼，门列十六戟。他此后又多次去国子监主持盛大祭礼仪式，表彰孝悌，亲自主持进士考试。

宋大中祥符元年（1008），宋真宗赵恒过曲阜，加封孔子为"玄圣文宣王"，大中祥符五年（1012）又改称"至圣文宣王"。"官圣"是指有治天之德而不居其位的人,《后汉书》首先以此称孔子,"至圣"是指道德最高尚的人,司马迁首先以此称孔子,《史记·孔子世家·赞》说:"……自天子王侯,中国言六艺者折中于夫子,可谓至圣矣!"

我们还可以注意到,在中国古代,凡属少数民族入主中原所建立的政权,其尊孔、祭孔的活动之规模、修建孔庙的工程,甚至远远超过前代汉民族所建立的政权。如西晋末年,孔庙荒残,南渡的司马氏无暇顾及,但到了东魏孝静帝兴和元年(539)则大修孔庙,还"雕塑圣容,旁立十子",从此孔庙供奉已不是一个木制神位,而是面目清晰的孔子像。至于"十子"的陪侍,更突出了孔圣的中心地位。再如北部中国的金,修建孔庙凡四次,金熙宗皇统元年(1141),上亲祭孔子庙,北面再拜。他赞扬孔子儒学"使万世景仰"。皇统四年(1143)命盖大成殿。金章宗幼习《尚书》《孟子》等经书,认为是"圣贤纯全之道",即位当年,就对孔庙进行大修,并在孔庙门前设置了下马碑。

建立横跨欧亚两洲的元朝,修建孔庙凡六次,元成宗(铁木真)即位时诏示天下,"孔子之道,垂宪万世,有国有家者所当崇奉"。大德十一年(1307),武宗即位,加封孔子为"大成至圣文宣王"。"大成"原是古代奏乐的用语,古乐一变为一成,九变而乐终,至九成完毕,称为大成,后来引申称集中前人的主张、学说等形式的完整的体系。孟子是最早用大成赞颂孔子的,他说:"孔子之谓集大成,集大成也者,金声而玉振之也。"(《孟子·万章下》)

明、清两代,由于帝王权力的提高,孔子的王位也就保不住了,从王位降到师位。

明太祖洪武元年(1368),布衣出身的朱元璋登上明太祖帝位,翌年二月丁未下诏以太牢祀先师孔子于孔庙。三年(1370)下诏革诸神封号,惟孔子封爵仍旧,四年(1371)礼部更定释奠孔子祭器礼物。六年(1373)定祀孔子乐章。洪武十四年(1381),命全国各地毁孔子像,代之以木制牌位,称孔子为"先师"。洪武二十年(1387)正月,朱元璋下诏修阙里孔子庙时道:"春秋之世,人纪废坏,孔子以至圣之贤删述六经,使先王之道,晦而复明,万世永赖,功莫大焉。……孔子之功,与天地并立,故朕命天下通祈,以致崇报之意。"并于该年罢武庙独尊孔子。二十六年(1393)颁大成乐于天下。郡县祀孔子于是始用乐。

到了清朝,这个由松辽地区闯入山海关内入中原的少数民族建立的帝国;其修建孔庙,祭祀孔子的活动,在整个中国封建社会中,可谓达到了很高的程度。清朝的统治者深感孔子这位大圣人在中国人民心目中的地位与威望,发现只靠军事力量是无法统治这样大的国家的,为此,他们只有对于汉文化采取认同的态度,通过尊崇孔子来笼络人心。

清顺治二年(1645),世祖福临加封孔子为"大成至圣文宣先师",取消谥号、封号。一应礼仪还照明朝旧制。世祖视学,释莫先师,王公百官斋戒陪祭。十四年(1657)又改称"至圣先师"。

圣祖康熙二十三年(1684)十一月,上次曲阜,诣先师庙,入大成殿,行九叩礼,亲题"万世师表"匾悬殿中,此为大成殿中悬匾额之始。从此,"万世师表"四字悬之于各地文庙。

世宗雍正四年(1726)八月,雍正亲诣视学,初春秋一祀,无亲祭制,至是始定牺牲笾豆,视丁祭行礼,二跪六拜,奠帛献爵,改立为跪,明年定八月二十七日为先师诞辰,官民军士致斋一日。清高宗乾隆则有九次到曲阜,以表示对孔子这位大圣人的崇敬与景仰。

总之,正如鲁迅先生所说:"孔夫子到死了以后,我以为可以说运气较好一点,因为他不会噜苏了。种种的权势者便用种种的白粉给他来化妆,一直抬到吓人的高度。"[1]

孔子之所以会在汉代之后,被捧为"圣人",并且这"圣人"的脸谱又随时在变换;这都是历代尊孔者自身的需要,他们尊重孔子,只是为他们自身的利益。同是一个孔圣人,汉代的孔圣人,不同于宋代的孔圣人。在汉代,孔子是个形体怪异、未卜先知的半神半人的通天教主;到了宋代,则变成了修身养性、道貌岸然的纲常礼教的化身。到了清末民初,随着政治形势的

[1] 《鲁迅全集》第6卷。

变幻,孔子的圣人形象也随之不断变换。改良派搞维新运动,孔子成了托古改制的鼻祖,洋务派办洋务,孔子又变成了将目光投向"四夷"的人物。革命党行共和新政,则又搬出了孔子的"礼运大同"学说,保皇党闹复辟,孔教会于是应运而生。即使那些用炮舰轰开中国大门的侵略者,为了想征服中国人的心,也将这位孔圣人请出来为他们的行为进行辩护。他们都先后利用孔圣人作为他们的"敲门砖",于是孔圣人变成了一位"摩登圣人"。

心通孔子

孔庙　当年,孔子的遗体葬在今曲阜城北约一里多路的泗水岸边。弟子们如失去自己父亲一样悲痛,在他的墓边搭棚守坟三年以后才告离去。其中子贡仍不忍离去,又在墓旁搭舍,继续住了三年。今孔林中孔子墓旁还有象征当年"子贡庐墓处"的建筑物。有些弟子和鲁国人因为追念孔子,索性搬到孔墓旁定居,如此先后有百余户,于是这里又叫作"孔里"。后来,为纪念孔子,人们将孔子的住屋与讲堂以及弟子们的住处改为孔庙,收藏了孔子生前的衣冠琴车书等物,现在曲阜的孔庙、孔府、孔林、即由此形成。

孔庙雄伟壮丽,金碧辉煌,位于曲阜城中央,是我国最古老的庙宇之一,与北京的故宫、河北承德的避暑山庄并称为中国三大古建筑群。孔子死后的第二年(前478),鲁哀公以孔子故居三间"因以为庙"。"岁时奉祀",即为最早的孔庙。今孔庙毓粹门外尚存一矮小门第,就是当年"因以为庙"的"孔子故室门"。

初时的孔庙,只有三间小屋,汉代以后,孔子学说成为两千余年封建文化的正统,又因孔子被历代尊为圣人,于是孔庙几经扩建,逐渐成为古代中国最为神圣的庙宇。西汉以来,曲阜的孔庙先后经历了60多次扩建、重建、重修,其中唐代五次,北宋七次,金朝四次,元朝六次,明朝二十一次,清朝十四次,直到清朝雍正八年(1730)才续修完毕,达到现在的规模。

现在的孔庙建筑群,与古代的皇宫建筑颇为相似,其院落共有九进。整个建筑群左右对称,布局严谨,贯穿于一条南北垂直的中轴线上。包括有三殿,一阁,一坛,三祠,两庑,两堂,两斋,房屋466间。这些建筑物先后建于金、元、明、清各代和北洋军阀时期。此外还有54座门坊和两千多块碑碣。孔庙的九进院落,前三进是引导性院落,松柏翁郁,墙垣环绕。正中有穿过重重门坊的市道,第四进才出现殿堂。若打开层层大门,能从第一道门坊直望见大成殿内的孔子塑像,可谓结构规整,布局恢宏。层层院落中,古老的柏桧数以百计,拔地参天,与座座黄瓦红垣的建筑交相辉映,给人以肃穆庄严、博大宏深之感。

曲阜内城正南门"仰圣门"上悬刻四个朱红大字"万仞宫墙",据《论语·子张》篇载,鲁国大夫叔孙武叔在朝廷上对官员们说:"子贡比他老师仲尼要强些。"子贡则回答说:"如果以房屋的围墙做比喻,我家的围墙只有肩膀那么高,谁都可以探望到房屋内的美好;我老师孔夫子家的围墙则有几丈高,找不到进去的大门,就看不到他那雄伟的宗庙,多种多样的屋舍。"后人认为"夫子之墙数仞"。明代书法家胡赞厚遂题写为"万仞宫墙"并刻成石额,镶于"仰圣门"上。清乾隆皇帝为表示他对孔子的尊崇,又换上自己题写的同样的四个字。

从孔庙的正南门"仰圣门"进入,抬头看到的第一座石坊就是"金声玉振"坊,古代奏乐,通常是以击钟(金声)始,以击磬(玉振)终。孟子以"金声玉振"赞颂孔子:"孔子之谓集大成。集大成也者,金声而玉振之也。金声也者,始条理也;玉振之也看,终条理也"(《孟子·万章下》)"金声玉振"坊后,有一座单孔石桥,桥下呈半圆绕过的清流,则是泮水。如今泮水已为石块封涸,只有泮桥犹存。桥东西两侧树立着一块"下马碑",上刻"官员人等至此下马",此碑立于金明昌二年(1191)。

曲阜孔庙的主要建筑物是大成殿,要进"大成殿"必须先经过七道门,穿六进院。就其烦琐而言,与北京的故宫难分伯仲。

心通孔子

石柱铁梁连接着黄瓦红墙的"棂星门"是孔庙的第一道门。据说天上有颗"主得士之庆"的文星，名叫棂星，又称天镇星。古代天子祭天时先祭棂星，取此星名命名孔庙大门，无疑将祭孔子比喻为祭天。过伴水桥，穿棂星门，只见两座石坊横跨甬道，前题"太和元气"坊，此处将孔子的学说比喻为生育天地万物的"太和元气"。后题"至圣庙"坊。两坊之间东西两侧又有两座木制的牌坊，东题"德侔天地"，西题"道冠古今"。这四座牌坊是孔庙第一道腰门。

"圣时门"是孔庙第二道门，其题名由《孟子·万章下》"孔子，圣之时者也"之说而来。孟子说，伯夷是"圣之清"，伊尹是"圣之任"，柳下惠是"圣之和"，孔子则是"圣之时"，意思是说在圣人中，孔子是最合乎时代潮流的。"圣时门"后，三桥纵跨，一水横穿，水名"璧水"，桥称"璧水桥"。桥之东西有腰门两座，东为"快睹门"，西为"仰高门"。常人入孔庙，只许走"仰高门"。此门之内有"汉石人事"。亭内有两尊汉代圆雕石人立像，这两尊石像是1953年从瞿相圃移入孔庙保护的。

第三、第四道门分别为"弘道门"与"大中门"。"大中门"东南与西南两则各建有一座曲尺型的角楼作守卫用，与孔庙北端的二角楼，遥遥相对，这是元代的建筑。中国古代名阁之一的"奎文阁"则建于第五道门"同文门"后。"奎文阁"原名藏书楼，收藏历代皇帝赏赐的书籍、圣迹图以及社会人士捐赠的图书。此阁以藏书丰富、建筑独特而驰名中外，为孔庙三大主体建筑之一。此阁修建于北宋真宗天禧二年（1018）。金明昌二年（1191）重修后，更名为"奎文阁"，明弘治十三年（1500），又加重修，迄今为止已经历近八百年的风雨侵蚀和地震摇撼，仍巍然屹立。古诗中"嵯峨后阁入宫墙，上有云梯百尺长"正是对奎文阁的写照。奎文阁东南的"重修孔子庙碑"为明宪宗朱见深所立，碑文皆用楷书，书体端庄，结构严谨，深得后世书法界赏识，称作"成化碑"。

过奎文阁，便是孔庙的第六进庭院，院内十三座碑亭分列两旁，南八北五，矗立着黄瓦红柱，重檐八角的"御碑亭"，鳞次栉比，这是专为保存历代皇帝祭祀孔子、修建孔庙的石碑而建造的。孟子曾评价孔子说："孔子之谓集大成。""大成门"由此而得名。大成门是孔庙的中心院落,由大成门起,孔庙分为三路,东路"承圣门"内祀孔子上五代先祖,西路"启圣门"内祀孔子父母,而中路之"大成门"直通大成殿,至此展开了山有主峰、庙有主位的中心格局。

孔子"杏坛设教"的故事,早为人们传颂。然杏坛究竟在何处?却无从可考。杏坛之名最早见于《庄子·渔父》。原文记载:"孔子游乎淄帷之林,休坐乎杏坛之上。弟子读书,孔子弦歌鼓琴。"但杏坛原址在任何古书上均不见记载。据说孔子故宅西不远处有孔子的教授堂。东汉明帝永平十五年(72)皇帝至曲阜朝圣时,曾在孔子故里驻跸,后世遂以此为殿(最初称"文宣王殿",宋徽宗时改名"大成殿")。宋乾兴元年(1023)扩修孔庙时,将此殿北移,而当年殿基寓孔子讲学旧址,不欲毁其故迹,遂"除地为坛,环植以杏,名曰杏坛"。如今人们见到的十字结脊,四面悬山,黄瓦朱栏,二重飞檐,雕梁画栋,精致古朴的坛亭,则始建于金,上有著名文人党怀英篆书"杏坛"二大字,相传这就是孔子生前讲学的地方。亭内西侧原有一铎,斜悬于架上,古者击铎以示教化,《论语·八佾》记仪封人赞孔子"天将以夫子为木铎"。亭内正面又有乾隆皇帝手书的《杏坛赞》:"忆昔淄帷,诗书授受,与有荣焉,铁桃轹柳。博厚高明,亦曰悠久。万世受治,杏林何有。"极言孔子办学对后世之功德。碑阴亦有乾隆题诗一首:"重来又值灿开时,几树东风簇绛枝。岂是人间凡卉比,文明终古共春熙。"下题"乾隆丙子御笔"。

对于杏坛遗迹,有人提出怀疑。乾隆版《曲阜县志》卷四十九记:"顾宁人有辨云:杏坛之名出自《庄子》,是寓言,渔父不必有其人,杏坛不必有其地。既有之,亦在水上苇间,依陂旁渚之地,不在鲁国之中。"此说不无道理。但孔子终身从教,总应有个教学遗址。尽管此系后人假托,却反映出孔子讲学的主要活动。

大成殿坐落于孔庙的中心院落的露台上,其原名为"宣圣殿",宋崇宁三年(1104)由徽宗赐名"大成殿",并御笔题匾。千百年来,孔子就在这里被奉祀,被朝拜。这座高 24.8 米,阔 45.8 米,深 24.9 米的巨大建筑,可谓集我国古代建筑艺术之大成。细心的人可以看出前檐柱上的蟠龙，无一雷同，这些雕龙石柱连北京故宫三大殿也不曾有。郭沫若曾有诗赞道："石柱蟠龙二十株，大成一殿此尤殊。"

大成殿内供奉有孔子及"四配""十二哲"塑像。位上的孔子头戴十二旒之冕，身着十二章之服，手执镇圭，与帝王无二，孔子像在"文革"的十年浩劫中被毁，1982年秋，胡耀邦视察山东时，认为孔庙大成殿内孔子像是国家重点保护文物，既遭破坏，应予恢复。为了重塑孔子像，山东省府拨款48.5万元，黄金48两，并成立了恢复工程办公室，专司其事。今天我们所见到的大成殿是自雍正二年开始重修、历时六年建成的。殿内孔子像被毁后，于雍正八年比照尼山和济南文庙内塑像重建，直到"文革"中遭劫，已历200余年。原来的孔子塑像之形象早在人们心中留下深刻印象，由于过去所有形象只是端坐在神龛中，从殿内取景的正面像，如按此重塑孔子像，甚为不便。幸有人在被毁前拍下孔子像周身四面的照片，为恢复孔子像留下了宝贵资料。现复原的孔子像系坐像，高达3.3米，根据小样比例放大，仿清雍正八年孔子像采用内脱胎法塑成，塑像的两眼改用有机玻璃，显得更有精神。

孔子像前的四配，东为复圣颜子（回），述圣子思子（伋），西为宗圣曾子（参），亚圣孟子（轲），殿内两山下的十二哲：东为闵子（损），冉子（雍），端木子（赐），仲子（由），卜子（商），有子（若）；西为冉子（耕），宰子（予），冉子（求），言子（偃），颛孙子（师），朱子（熹）。除朱熹外，其余十一人均为孔子弟子。相传孔子收徒讲学，弟子多达三千，而贤人则七十有二。殿内的这十一位更是孔子弟子中的精英。除孔子与先哲像外，金碧辉煌的大成殿上，还悬挂着七块御匾，匾上的"万世师表""斯文在兹"等贴金大字皆为清康熙、乾隆、嘉庆、咸丰、光绪御笔亲书。

大成殿的院落中，有一颗奇特的桧树，尤为引人注目。树干笔直，直上青天，冠如帷盖，郁郁葱葱。桧树下立有一石碑，上书"先师手植桧"。其实此树并非孔子所栽，原树早于金贞祐二年（1214）毁于兵火，到了元代至元三十一年（1294）三氏学教授张凯将东庑废墟新生桧树移植此处。明清两代又遭火烧,今树是清雍正十年(1732)树桩下复出的新条,故又称"再生桧"。

圣迹殿建在孔庙的最后一进院落中,殿内壁上嵌有明万历二十年(1592)山东巡按御史何出光搜集的孔子的资料,由苏州石雕家章草雕刻的120幅"圣迹图",记录了孔子一生的主要活动和言论。

除中路外,孔庙还有东西两路。东路"承圣门"内是孔子故宅和供奉孔子上五世祖的地方,故宅夹于孔庙孔府之间,是整个孔庙最古老的地方,宅内有"诗礼堂",相传孔子曾在这里教儿子孔鲤学习诗礼。在诗礼堂上贴着一张乾隆九年二月十七日的告示,是乾隆皇帝批准孔府用三十个字作为行辈,凡孔氏家族不依此字序行辈取名,不准入家谱,这三十个字是:

希言公彦承　宏闻贞尚衍

兴毓传继广　昭宪庆繁祥

令德维垂佑　钦绍念显扬

曲阜孔氏在命名上皆有字辈可循,即使迁徙他处者,只要为孔子嫡传,都得遵循同一字辈。这一规则源于元代孔子第五十四代孙孔思晦,凡第五十四代孙,都以思字为辈。思字以下为克字辈。克字以下的十字:

希言公彦承　宏闻贞尚衍

据考证系明太祖朱元璋颁赐给孔府的。接下来:

兴毓传继广　昭宪庆繁祥

再往下就是乾隆皇帝所赐字辈:

令德维垂佑　钦绍念显扬

最后,民国九年(1920)冬,孔令贻继此三十字又续了二十个字,报北洋政府内务部批准并咨行各省县布告周知,所续的二十字是:

建道敦安定　懋修肇益常

裕文焕景瑞　永锡世绪昌

这样,孔子后裔直到第一百零五代孙皆有字辈可循。

诗礼堂后有一堵孤立的墙壁——"鲁壁"。据说二千年前秦始皇焚书坑儒时,孔子的九代孙孔鲋曾将《尚书》《论语》等竹简藏在孔子故居的墙壁内。西汉武帝末年，鲁恭王刘余扩建宫室，在拆除孔子故居时，从墙壁里发现了这批竹简。后人修建了这堵象征性的墙壁，称为"鲁壁"，以为纪念。"鲁壁"以西有口古井，相传孔子生前曾在这口水井里汲水。自明代起，井台四周起了雕栏，内立"孔子故宅井"碑。井里的水，也就成了圣水。

西路是奉祀孔子父母的地方，由于孔子地位不断上升，其父母也被后世专祠祭祀。

孔府　孔府即"衍圣公府"，是孔子嫡长子、长孙居住的府第。自公元前201年汉高祖刘邦赐孔子九世孙孔腾为"奉嗣君"的尊号起，至公元1055年宋仁宗封孔子四十六代孙孔宗愿为"衍圣公"，孔子的嫡长子便成为世袭的公爵。

孔府始建于北宋仁宗宝元年间（1038—1040），以后明太祖朱元璋下诏令，衍圣公有权设置官署，又特命在阙里故宅之东重建孔府。明弘治年间改建，明中期"移城卫庙"再次改建。清光绪九年（1833）进行了大规模重建，始显现存规模。孔府占地240多庙，共有厅、堂、楼、轩463间。三路布局，九进院落，中路的主体部分，前为官衙，后为内宅，整个建筑群主次分明，井然有序。全部建筑均为青砖灰瓦，门窗屏栏古香古色，雅致庄重，是中国封建社会中典型的官衙与内宅合一的建筑。

孔府应北朝南，与孔庙相毗邻。其门前迎面建有高大的青砖照壁。门两侧立着明代雕刻的石狮，大门始建于明。红边黑漆的大门上方高悬着蓝底金字的"圣府"竖匾。传为明代权臣严嵩所书。清代著名文人纪昀手书的"与国咸休安富尊荣公府第，同天并老文章道德圣人家"金字长联位于门旁明柱之上。

孔府的二门颇为奇特，周围没有垣墙，但在过去却整日象征性的关闭着，只有在重大典礼和迎接圣旨时，才在十三响礼炮中开启，它两边皆可穿行，但礼仪中却绝不可逾越。明代大学士李东阳为其题竖匾曰"圣人之门"，明世宗朱厚熜则来自为其颁"恩赐重光"匾一块，故又称"重光门"。重光门东西两侧的厅房模仿朝廷六部而设管勾、百户、典籍、司乐、知印、掌书六厅。

重光门后院的台基上，一所宽敞的正厅即是孔府大堂。这里是当年衍圣公迎接圣旨，会见官员，审饬家法，审理重大案件以及节日、寿辰举行仪式的主要场所。五间厅堂皆饰以浮云彩绘，堂中垂挂幔帐的暖阁前，一张狭长高大的红漆公案上，摆放着文房四宝、圣府大印、令箭令旗。两侧还陈列着云牌鸾驾、旗罗伞扇等，堂上所置虎皮大椅，使人望而生畏。其上方中央悬挂的"统摄原姓"，明白道出了"衍圣公"的特权。

大堂后有一通廊与二堂相接，通廊中置有一条长红漆凳，传闻明代奸臣严嵩要被治罪时，曾来孔府托"衍圣公"向皇帝说情，但主人未允，严嵩只得在此坐等。二堂也称后厅，主要是"衍圣公"会见四品以上官员，或受皇帝之委托代替朝廷考试礼、乐童生的地方。三堂又称退厅，独处一院，主要为"衍圣公"接见四品以上官员和处理家族内部事务的场所。

三堂之后，建有一道内宅门，将整个建筑群隔成两个区域，前三堂六厅属于官衙，内宅则为孔府衍圣公及眷属聚居的地方。内宅门内上画有一只异兽，名曰"獁"，传说此兽能吞下金银财宝，尽管它脚下堆满了宝物，却还不知足，妄想再吃掉太阳。"衍圣公"将此兽画在醒目的墙上，是为了告诫子孙，不要贪财。

前堂楼为七间二层楼阁，外厅摆设富丽堂皇，孔子七十六代孙"衍圣公"孔令贻夫人、女儿均住此处。

后堂楼是孔子七十七代孙"衍圣公"孔德成的住宅，堂中陈列着孔德成结婚时的物品，卧室中孔德成夫妇及儿女合影挂在东墙之上。后堂楼后还有五间正房，称"后五间"或"枣槐轩"，为当年女佣的住宅。孔府的东路建有一贯堂、慕恩堂、孔氏家祠等，西路建有红萼轩、忠恕堂、安怀堂及花厅等。

内宅的最后是仿皇宫御花园建造的后花园。此花园名"铁山园"，建于明弘治十六年（1503）。当时的吏部尚书、大学士李东阳因其女儿嫁给孔子六十二代孙"衍圣公"孔闻诏做了一品夫人，所以特监修此园。后明代权臣严嵩与清帝乾隆也因女儿嫁给孔子六十四代孙"衍圣公"孔尚贤和七十二代孙"衍圣公"孔宪培，又两次扩建此园。现占地约五十余亩，山水亭榭,一应俱全,奇花异草,遍植园中,名木怪石,傲然而立。

孔林 古木参天、碑碣如林的孔林,是孔子及其子孙长眠的地方,也是我国目前保存得最为完整的家族墓地。孔子死后,他的弟子们在古鲁城北、泗水和洙水之间选定墓地,将他安葬在这里,但那时的孔子墓只是"墓而不坟",无高土隆起,弟子们在墓前砌了一个"方六尺,与地平"的祠坛,没有树碑,也没有其他建筑。自此之后,孔子的子孙死了之后,"皆附葬焉",于是首葬孔子的这块墓地就成了孔氏家族的专用丛葬区。相传,那时候孔子墓地树木很少,孔子弟子颇多异国之人,"远方弟子各持其乡土异种所植",因而孔林树种繁多,逐渐成林。

孔子的墓地起初的面积不大,东汉桓帝永寿三年(157)开始整修孔墓,当时孔林"地不过一顷"。随着孔子地位的提高,孔林的规模也就逐渐扩大,经过历朝历代的13次重修、增建、扩充,至清雍正年间,孔林已占地达三千余亩。

由曲阜城北门到孔林大门,大约要经过1200多米长的林道,神道尽头是孔林大门,俗称"大林门"。门前一座双层飞檐木制牌坊,题有"至圣林"三个字,建于明永乐二十二年(1424),后清代重修。坊后为孔林大门。门东西两间木栅内,还竖有元、明、清石碑数通。二林门是一座洞式拱门,建于明永乐年间。入二林门不远,便是有"圣水"之称的洙水河。河上有桥二座,中间一座是砖砌拱桥,桥前立有石坊,刻有"洙水桥"三字,此桥建于明嘉靖年间。

入大林门西行过洙水桥,即达供奉孔子木主的享殿。殿后是孔林的中心所在——孔子墓。孔子的墓位居孔林正中偏南,简朴而无豪华之气,为封大夫冢。墓似一隆起的马背,高一丈五尺,称"马鬣封",是一种特殊尊贵的筑墓形式。墓前立有石碑两块,前碑篆刻"大成至圣文宣王墓",后碑篆刻"宣圣墓",系宋时所立。前碑的"大成至圣文宣王墓"八字,标志了孔子的崇高头衔,是用泰山封禅石垒成的石案,可见历代帝王将他比作江山社稷一样重要。书法出自明正统八年(1443)黄养正手笔。

在十年"文革"的浩劫中,这块墓碑被砸成上百块碎块。这些碎碑被当地老百姓藏了起来,等到后来重修孔子墓时,大家都拿了出来献给国家,一块也不少。现在重新粘合起来的墓碑,看上去与原来的一样,只有细看才能看出裂缝的痕迹。那么多的老百姓不顾当时的政治风险,保存了碎碑,足见老百姓对这位象征中国文明传统的孔圣人的由衷崇敬。

孔子墓东为孔子的儿子孔鲤之墓,碑题"泗水侯墓"。孔子墓南为孔子的孙子孔伋(子思)之墓,碑题"沂国述圣公墓"。孔子祖孙三代的墓穴法,古人称为"携子抱孙"。墓周环以红色的垣墙,人们则惯称这里为"三垄"。三墓东侧有宋真宗、清康熙皇帝、乾隆皇帝至曲阜朝圣的驻跸亭,其西侧有象征当年子贡为师守墓的子贡庐墓处,其南侧有传为子贡手植的楷树和楷亭等。

"古木千年在,林深五月寒",这是明代李东阳形容孔林的诗句,直到今天,整个林内依然老柏古松,青翠苍郁。孔林西部明墓群中有许多大书法家为历代衍圣公写的墓碑,东北部集中了清代以来衍圣公的高墓大冢,明末清初著名的戏作家孔尚任墓也在林内东北部,尽管那部脍炙人口的《桃花扇》为他招来了被罢官的厄运,但孔氏墓地还是收容了他。

　　孔子的思想与学说对世界也产生了巨大影响。早在汉唐时代,作为中国文化代表的孔子就越出国界,并且由于历史地理原因在东南亚形成了一个"孔子文化圈"。

　　孔子与朝鲜　在朝鲜,早在公元前3世纪箕氏朝鲜时代,孔子思想几乎与汉字同时传入这个国家。公元初年朝鲜半岛南部有个小国辰韩,"其耆老传世,自言古之亡人避秦役来适韩,马韩割其东界与之"(《三国志·魏书·东夷传》)。当时华人所到之处,儒家学说也随之传入。小兽林王二年(372)朝鲜始"立太学教育子弟",当时的高句丽国的最高学府,就传授儒家的"五经"。百济也很早受孔学影响,公元285年,百济王派遣王仁渡海向日本王子献上《论语》《千字文》,由此可见在这之前,《论语》已传入百济,这是儒经传入朝鲜半岛最早的记载。当中国南北朝时,公元541年,梁武帝就派遣《毛诗》博士和《礼》博士去百济讲学。百济的王公大臣深受儒学熏陶,义慈王"事亲以孝,兄弟以友"而被誉为"海东曾子"。又新罗地处朝鲜半岛南端,在其统一之前,就与高句丽、百济同时向我唐朝派遣留学生学习儒家经典。新罗真德王二年(648),新罗人金春秋至唐,诣国学,观释奠,东国始知有释奠之礼。公元675年,新罗统一朝鲜,就在其首都设立国学,公元717年,孔子及其弟子的画像开始在太学供奉,由于儒学在新罗的传播,该国名儒辈出。公元935年,高丽王朝一面尊佛,一面推行儒家教育,在文宣王庙,扩充国学。

公元992年,高丽在首都开城的国子监建造文庙,供奉孔子像,公元1091年又增挂孔子弟子七十二贤人画像,还将孔子像由新罗时的画像改为塑像,并仿中国尊孔子为文宣王。高丽文宗到国子监称孔子为"百王之师"。公元1267年,又将颜渊、曾子、子思、孟子的画像改为塑像,供奉文庙。

由于孔子第五十四代孙孔昭于高丽恭愍王时以元朝的翰林学士身分陪鲁卫公女大长公主下嫁,也携妻室至高丽,居于水源,建阙里庙,供奉孔子像,从此,高丽也开始在民间进行祀孔仪式。至今在海外的孔裔以韩国为最具代表性,约有五万八千多孔子后裔,恰为曲阜孔姓之半数,他们有自己的组织——孔氏大宗会,有自己的精密的族谱。孔教在韩国几乎成了"国教"。

明洪武二十五年(1392),李氏王朝取代高丽,进入封建社会后期,至此李朝改变了高丽王朝儒、佛并重的文化政策,以儒教为唯一正统思想,不过当时是以朱子学为正宗,为了满足儒学教育,李朝大力翻刻儒家经典。孔子思想在维护李朝长达五百年的统治中起了巨大作用。孔子被称为"素王",儒教无异于国教。公元1466年,李世祖规定世子冠礼为戴儒冠,入太庙行谒圣礼,称孔子为"素王"。自此谒圣成为定制。

李太祖开国便在京城首创文庙,此后,历代享祀不绝。其规模一如中国,只是配享中又增加了朝鲜的名儒。公元1600年建于汉城的文庙和1601年建于开城的文庙都蔚为壮观,此外地方上也建有文庙,其规模略低于中央王朝所建。李朝京城文庙碑上刻有:"圣莫如夫子,师莫如夫子,大而国家,以至术序皆有夫子庙。……自生民以来,未有盛于夫子也。"(《朝鲜金石总览下》)

19世纪末,日本侵略朝鲜,朝鲜出现东学党,提倡以儒学为中心的东学,反对西学。20世纪初,日本吞并朝鲜后,西方思想涌入朝鲜,儒学失去统治地位。二次大战之后,由于西方思潮影响,学术界对东方文化忽视,但自1957年韩国成立成均馆大学大东问题研究院后,又开始立定以儒学为中心的韩国及东方文化的研究宗旨。70年代随着西方学者对中国问题研究的关注,韩国的儒学研究日趋活跃。1972年尼克松访华,中美关系走向正常化,韩国更加强对中国的认识与研究,出现了孔子热与儒学热。

孔子与越南　越南与中国山水相连,自古以来关系密切,汉文化传入越南。主要是孔子与儒学在越南的传播和发展。

秦以前,史载不详。秦末汉初,原由秦派往南海的地方官赵伦,割据南海、桂林、象三郡,于公元前207年建立南越国。《越鉴通考总论》上说赵陀"武功慑乎蚕丛,文教振乎象郡,以《诗》《书》而化训国俗,以仁义而团结人心。"

汉武帝元鼎五年(前112)灭南越国后,设郡,以后历经东汉、三国、两晋、南北朝、隋、唐而至五代,为中国郡县达千年之久。历代朝廷派往越南的太守刺史官员均在当地推行尊孔读经,实行儒家的一套教化制度,历代有重要影响的有东汉初年的交趾太守锡光,九真太守任延,三国时代的士燮等。孔子的思想学说与儒家的经典由此在南越广为流播,其间南来北往的中越士人为孔子学说传入起到重要的沟通作用。

公元1010年,李公蕴在越南建立李氏王朝,公元1070年,越南开始祀孔,李朝圣宗,"神武二年,秋八月,修文庙,塑孔子、周公及四配象。画七十二贤像,四时享祀。"公元1075年,李朝实行科举取士制度,公元1076年,又设国子监,选文职官员学儒经,加速越南封建化进程。

公元1225—1400年,越南建立陈朝,在这两百多年里,从朝廷到地方,从官学到私学,建立了一整套儒学文教制度。其立国之初,即行祀孔。陈太宗元丰三年(1253)于国学院中塑孔子、周公、亚圣像,画七十二贤人奉祀。此间又出了张汉超、朱安等著名儒家,他们在陈朝的剧烈的儒佛冲突中,批佛扬儒,弘扬孔子之学。

公元1400—1407年,又建立了胡朝,其享国极短,但仍提倡儒学。

公元1428年,越人黎利建立后黎王朝,在其统治的三百年间,儒学达到全盛期,这一时期,名儒辈出。如后黎儒家吴士连在其所撰《大越史记全节》中称:"前圣之道,非孔子元以明,后圣之生,非孔子无以法。自生民以来,未有盛于孔子者。"据越南史书记载,黎朝君主在开国之初,便以太牢之礼祭孔子。黎圣宗于公元1472年定了祭祀孔之礼,每年春秋二仲丁日祭孔。公元1755年,黎显宗时,文庙改用王者之服,自此越南以王者尊孔子。公元1802年,越南最后的一个王朝——阮朝的统治者更加尊崇孔子,扩大孔子思想在本国的传播。

公元1884年,法国侵略越南,自此,儒学在越南衰落。但第二次世界大战后,儒学在西贡又热了起来,而且还成立了孔学会。1953年在越南又通令全国定孔子诞辰日九月二十八日为教师节。

孔子与日本　日本著名汉学家阿部吉雄先生认为:"孕育日本古文化的摇篮是孔子儒教,而儒教为培养伦理政治之基础,也是保持日本秩序之根源。"孔子思想在日本的传播至今约有一千七百年的历史,源远流长,影响极大,几乎深入到日本社会生活各方面,特别对日本的道德观和教育观的影响最为深刻。

孔子思想传入日本是在日本应神天皇十六年(公元285年,西晋武帝太康六年)。这一年百济使者阿直歧荐博士王仁献《论语》十卷、《千字文》一卷至日本,日本始学汉字。一般学者将王仁到达日本作为孔子思想传入日本的开端。孔子思想传入日本后为日本朝野所接受,并很快深入人心,结合日本国情不断向前发展,与日本国固有文化融为一体。

隋唐时期,日本多次派遣留学生来中国学习儒学,又成功地进行了大化改新,并由此开始过渡到封建社会。这次改新的幕后指导者就是在中国留学达二三十年的大儒家高向玄理和僧旻。大化改新和大宝令都是学习隋唐文化的结果,其中不少内容来自儒家经典。大宝令规定日本的大学和国家在每年春秋的两季都得举行两次丁祭祀孔,这种祀孔仪式一直在日本延续下来,并称孔子为"先圣孔宣父"。公元768年,日本也依唐开元之制尊孔子为"文宣王"。此后,祀孔不限于学校,政府官员也得参加。当时奈良王朝的执政者藤原基经更是"敦崇儒术,释奠之日,率公卿拜先圣,使明经博士讲《周易》"。自奈良至平安时期,儒学在日本继续传播。日本在镰仓幕府时期提倡"武士道"精神,这时孔子思想又被武士道理论家所利用,忠、勇、信、礼、义、廉、耻均被吸收作为论证武士道精神的根据。到了江户时代,孔子思想在日本空前兴盛。德川幕府奉儒学为圣教,大力提倡尊孔读经,历代德川将军都是儒学的热烈拥护者,德川纲吉在本乡建立大成殿,置孔子与十哲像,按时举行释奠之礼。

20世纪以来,特别是近三十年来,日本是海外儒学研究最发达的国家。1983年11月,日本首相中曾根说:"日本要把民主主义、自由主义的想法和孔子的教导调和起来。"从明治初期的企业家、被称为日本工业之父的涩泽荣一到今天的垄断资本家,均以儒家思想相标榜,说孔子的儒学是"和魂"的基础。日本民众的精神素质形成确与中国孔子精神有密切关系,日本至今仍有二百四十七座孔庙分布全国各地,一年四季香火不断,祭乐长鸣。已去世的井上靖所写的《孔子》一书,是1990年日本最畅销书。如果问起亚太地区发展的原因以及日本国发展的原因时,日本人大都认为他们国家经济的发展是因为受到中国儒学的影响。

孔子与意大利　在欧洲诸国中,可数意大利传教士走在最前列,"东学西渐",孔子说传入欧洲,主要与西方来华的传教士译作、著述和宣传有关,如利玛窦(1552—1610)在意大利被称为"沟通中西文化的第一人",他在儒学的研究和译著方面的成绩,使他获得"博学西儒"的雅号。他来华传教,为在华耶稣会士领袖,在华期间结识徐光启、李之藻、李贽等人。他认为孔子是中国最著名的哲学家,以著作、授徒和身教教育人们注重自身的德行,孔子远比世界各国过去所有被认为是德高望重的人更神圣。

利马窦儒冠儒服,钻研儒经,以儒家身份出现在中国,并开创了一条中国化的"合儒""外儒"的传教路线,他身为传教士,却又尊敬孔子,尊重儒学,并以儒学附会天主教义,将基督精神与中国儒家思想结合起来,因而又被称为"基督教的孔子"。1687年由利玛窦等翻译的拉丁文的《四书》《五经》在巴黎出版。这是孔子学说正式传入西方的一年。

明万历二十五年(1597),又有一位由耶稣会派来的传教士,他就是龙华民(1559—1654)。龙华民先在广东韶州传教,1609年奉在华耶稣会长利玛窦之命到北京,其后继任利玛窦的会长,在华传教五十八年,他不赞成利玛窦的"合儒""补儒"的传教路线。

此后,艾儒略(1582—1649)于1610年抵澳门,1613年至中国内地,曾在江苏、陕西、山西、福建传教。对儒学与天主教义采取调和态度。他拥护利玛窦以"合儒""补儒"释儒学的观点。被闽中人称为"西来孔子"。

殷铎泽(1625—1696),他在华期间,一面翻译儒经,一面以孔子及儒学为内容著书立说,他一手拿《圣经》,一手持儒家经书,传播天主教义,宣传孔子思想。当时由殷铎泽等合编的《中国之哲人孔子》一书,对欧洲文化界影响很大。书中有《孔子传》和孔子画像,像上还题着:"国学仲尼,天下先师。"此书为最初全部翻译《四书》及详细作《孔子传》之始,从此欧洲学者始尊孔子为天下先师。欧洲人的心目中从此将中国、孔子、政治道德三者合而为一。意大利学者利奥纳格·兰乔蒂说:"当1687年出现了《中国的儒家哲学》后,欧洲对孔子及其学说的颂扬达到了最高峰。"

孔子与法国 在欧洲受孔子思想影响最大的是法国,孔子学说传入法国略晚于意大利,但也是西方接触孔子思想较早的国家。法国资产阶级启蒙思想家崇拜理性,反对教会的运动也深受孔子思想的影响。尤其是孔子的"只诉诸道德,不宣传神怪"的观点,在他们面前展示出一个非基督的世界,据说在法国大革命中,孔子思想也起过积极作用。百科全书派和重农学派都受到孔子思想的很大影响。

伏尔泰(1694—1778)就是十分崇拜中国古代文化的欧洲学者之一。他在1756年出版的《道德论》的前两章对孔子推崇备至,他认为孔子的"己所不欲,勿施于人""以德报怨,以德报德"是超过基督教义的最纯粹的道德,他的寓所的礼堂里,悬挂着孔子的画像,并且朝夕对孔子礼拜。

霍尔巴赫(1723—1789)是德国人,他一生寄居巴黎,法国"百科全书派"的领袖之一。他与该派的其他代表人物,如狄德罗等人都高度评价孔子,赞扬孔子将教育与政治结合起来,通过政府大办教育,将教育权从僧侣手中收回。霍尔巴赫则主张"欧洲政府必须以中国为模范"。

风靡欧洲的中国文化，在法国还引起了重农学派的重视，其主要代表人物魁奈（1694—1774），是一位与伏尔泰齐名的"颂华派"。魁奈是通过来华耶稣会传教士的译作接触和了解孔子及其儒家的。他在研究孔子与儒家学派的经济思想后，极力称赞自孔子开始的儒家学派的重农抑商主张。其弟子认为他在公元1758年刊行的《经济表》是受孔子思想影响才完成的。魁奈还高度评价《论语》，"胜过希腊七圣之言"。他去世后，其弟子在悼念时称赞他一生致力的目标是实现孔子的教导和道德规范，故人称他是"欧洲的孔夫子"。

法国大革命中，雅各宾派的领袖罗伯斯庇尔在1793年起草的《人权和公民权宣言》中，就曾引用孔子的著名格言："己所不欲，勿施于人。"

20世纪初，在法国出现了一批著名的汉学家，他们对孔子与儒学有相当深入的研究。目前在巴黎大学设有中国学研究所，有的专门从事孔子与儒学的研究。

孔子与德国　在德国，孔子思想也是通过耶稣会为媒介传入的，并对德国的启蒙运动产生了影响。

莱布尼茨（1646—1716）早在1676年，就已经读过了儒家经典著作。1687年传教士殷铎铎等人《中国之哲人孔子》在巴黎出版。莱布尼茨在他的《致爱伦斯特的一封信》中说："今年巴黎曾发行孔子著述，彼可称为中国哲学者之王。"他十分推崇孔子和中国文化，他的孔子观对他的学生沃尔夫等发生重大影响。德国的大诗人歌德也很早便接触儒家经典，由于他对孔子思想的赞赏与尊崇，而被称为"魏玛的孔夫子"。

沃尔夫（1679—1754）是继莱布尼茨之后的一位儒家文化崇拜者，他在哈勒大学用德语讲授中国哲学。1721年7月21日，他在讲堂讲演《中国的实践哲学》时，极力赞美儒教，认为它是中国的传统精神，由古代国王兼哲学家的尧舜等创立的，由孔子发扬光大的思想，他赞美儒学的理性主义。他将孔子作为理性的代表，认为中国人尊崇孔子，恰如犹太人之于摩西，土耳其人之于穆罕默德，基督教徒之于基督一般。儒学是以自然和理性为基础，与基督的神启和信仰并不矛盾，两者相辅相成，要用儒家的道德原则补充基督教。这就不可避免地为保守的神学家所不容,而被国王下令驱逐出哈勒大学与普鲁士,这场西方哲学史上的风波,反而成全了沃尔夫,使其名声大振。对于一个思想家来说,没有什么能让自己的思想广为传播更令人愉快。学术界著书 200 多种,议论沃尔夫的学说,瑞典国王、彼得大帝纷纷向沃尔夫发出聘书。到 1739 年,腓特烈威廉一世已有反悔,表示让普鲁士大学讲授沃尔夫哲学。1740 年,腓特烈二世即位,请沃尔夫重返哈勒大学讲坛,从此他的唯物理论体系雄踞德国思想界,可以想见,他仍然在颂扬中国的孔子与儒学。

沃尔夫的再传弟子康德则完成了《纯粹理性批判》。即使是对中国和孔子了解甚少的黑格尔,他在《哲学史讲演录》中仍然写道:"孔子思想在莱布尼茨时代曾经轰动一时。"

第二次世界大战后,儒学研究在德国几乎处于停滞状态,直到 20 世纪 60 年代,德国的汉学研究、儒学研究又有了显著的进展。

孔子与英国 在英国,孔子思想传入英国较意大利、法国、德国要晚,在中英鸦片战争前,英国传教士研究中国文化,其目的是为了他们的殖民活动及商业需要。鸦片战争后,孔子研究在英国有所发展,但很缓慢。19 世纪 70 年代以后,因其殖民活动受到中国传统思想——孔子思想的抵制,英国才重视孔子及儒家的研究工作。比如著名的有英国汉学家理雅各、伦敦布道会教士韦廉臣等。

理雅各(1875—1897)年任牛津大学汉学讲座教授。他用二十多年的时间向西方翻译大量孔子及儒家经典,并附有注释和绪论,译文准确,被认为是标准译本,他崇敬孔子,认为他保存了古代文献,代表了人类最美好的理想。在理雅各的影响下,英国其他的传教士与学术界才对中国文化另眼相看,用力于孔子研究。

韦廉臣,1855 年来华,先后在上海、烟台等地传教。他主张把基督教教义与儒家思想相结合,以儒家经典附和基督教义。

第二次世界大战以后,英国改变了漠视研究中国的态度,加强了对于汉学的研究。特别应该提到的是英国皇家学会会员李约瑟博士,他在其

《中国科学技术史》中对孔子思想和儒家学说有着不少独到见解。他提出早在公元 2 世纪时,孔子及其儒学已经传入欧洲;绝大多数国家的汉学家认为孔子的学说是关于政治、哲学、伦理、教育的学说,而李约瑟则继德国莱布尼茨之后对儒经中《易经》与数学的关系做了研究,提出"在历法领域中,数学在社会上属于正统的儒家知识的范畴"。他又认为从《论语》可以认识到"儒家的学说是最富于社会意识和人道主义精神的;这个世界上任何地域的哲学思想所不能比拟的。"他对儒家思想长期统治中国也作了探讨,认为孔子也正因此才成为古中国的"无冕皇帝"。

在英国的孔子思想的研究领域里,应以《新不列颠百科全书》中的"儒学"条目为代表。这一条目参考了世界各国最著名的也是最具有代表性的关于孔子及其学说的著作之后写成的。该条目译成中文长达四万多字。对孔子及其家世、所处时代作了详细介绍,对孔子的政治、哲学、伦理、教育思想,孔子对中国与世界的影响,孔子的评价,儒学的发展以及儒学的经典均作了全面系统的论述。

孔子与美国　在美国,儒学传入约比欧洲国家晚两个世纪左右,因为它是一个后起的资本主义国家,据历史记载美国开往中国的第一艘商船是 1784 年在广州靠岸的"中国皇后号"。而第一位来华的传教士裨治文是在 1830 年 10 月到达中国的。美国最初研究孔子思想也是以资本的扩张为目的,以传教士的活动为媒介的。

鸦片战争后不久,1842 年美国的传教士与外交官成立了"美国东方学会",先后出版《美国东方学会杂志》《美国东方学丛刊》,介绍东方文化。1848 年卫三畏的《中国总论》发表,该书说:"孔子的著作同希腊和罗马哲人的训言相比,它的总旨趣是良好的,在应用到它所处的社会和它优越的实用性质,则超过了西方哲人,……四书五经的实质与其他著作相比,不仅在文学上兴味隽永,文字上引人入胜,而且还对千百万人的思想施加了无可比拟的影响。由此看来,这些书所造成的势力,除了《圣经》以外,是任何别种书都无法与之匹敌的。"美国学者艾默生在 1843 年得到了中国的"四书"译本,经细心研读后,对孔子及中国文化十分仰慕。艾默生认为

"孔子是中国文化的中心""孔子是全世界各民族的光荣""孔子是哲学上的华盛顿",并表示"对于这位东方圣人极为景仰"。

19世纪末到20世纪初,随着美国政府对华政策和国际形势的发展,美国对中国的研究不断加强,增加了研究机构与研究经费。1931年美国三藩市孔教月刊还专门出版了《孔教杂志》,并且纪年是以孔子降生为准。在大学方面,也有不少美国学者涉及有关孔子与儒学的课题。到第二次世界大战之前,美国已出现拉铁摩尔、恒慕义、赖德烈、韦慕庭、顾立雅、卜德、戴德华、林德贝克、杜勒斯等著名汉学家,他们对儒学都有一定的研究。这期间,也有对孔子持有偏见的汉学家如美国著名教育史专家孟录,由于他受侵华传教士仇华思想之影响,因此将孔子看成是中国"复古主义"的总代表,但他是以清末的教育状况来批评孔子的。但绝大多数美国汉学家对孟录的观点持有异议。如卜德就认为孔子学说的道德观孕育了中国文明的精神基础。而海思在他与穆恩·咸兰合著的《世界通史》中认为孔子所留下的著作是对中国人民最大的贡献。

第二次世界大战以后,美国的孔子研究又有了新的进展,其中尤以费正清、顾立雅为代表,他们充分地肯定了孔子在中国文化与世界文化中的地位。60年代以后,中美关系发生变化,1972年中美上海公报发表后,美国学术界对孔子儒家的研究形成了热点,对孔子的评价越来越高,有的学者还主张用孔子的伦理思想来维持世界和平。目前在美国有哈佛大学、耶鲁大学、哥伦比亚大学、夏威夷大学等30余所大学设有中国文化研究中心,其中研究中国文化的华裔学者有两千多人,陈荣捷、成中英、唐力权、窦宗义、林天民、林毓生、杜维明等人对孔子与儒学都很有研究。1982年为庆祝孔子诞辰2533周年,美国各界人士于8月27日在旧金山金门公园举行祭孔大典,由孔子77代孙孔德成主祭,美国总统里根还派代表在祭孔大典上宣读他的贺词;同时为纪念孔子,加利福尼亚州州长宣布8月23日至28日为"尊孔周"。美国的孔子信徒在纽约还建有孔子公园,内有孔子铜像。美国在1985年出版的《人民年鉴手册》列出的世界十大思想家中,孔子居首位。

孔子百问

一　孔子其人、其事

（一）　孔子先世知多少

　　孔子先世起于何代，源于何人，历来说法不一。据《左传》《史记》记载，孔子是殷人后裔，先世为宋国贵族。传至孔子曾祖孔防叔，因避"华氏之祸"才由宋奔鲁，孔子生于鲁，终成鲁人。孔子奉谁为始祖呢？有大宗族之祖和小宗孔氏之祖分别。

　　就大宗族而言。孔子系生于微仲之后，微仲名衍，一名泄，字仲恩，乃商代微子启之弟，微子启为商纣王同母庶兄。所以，《左传》昭公七年借孟子之口称孔子为"圣人之后也"。

　　武王伐纣后，封微子启于宋即今天的河南商丘市一带，微启嫡子早死，后来微启亦卒，只得传位于其弟微仲，为宋公。微仲死后，其子宋公稽继位，宋公稽卒后，其子丁公申继位，丁公申死，子潜公共继位，潜公共卒后，其弟炀公熙继位。根据商朝的制度，兄死后弟可以继承爵位，然而潜公庶子鲋祀，认为应立太子弗父何继位，于是，乃弑炀公熙，要让太子弗父何继位，但太子坚决辞让不受，于是鲋祀自立为王，称为厉公。因此后世有"孔子先祖弗父何,让位于其弟厉公"之说。由此可知,弗父何在孔氏家族中地位特殊,他"有宋"而让,颇有明德,在孔子先世中被视为圣人。因此,有人认为弗父何是孔氏小宗的开始,即是说弗氏为孔子的真正始祖。

就《潜夫论·志氏姓》《孔子家语·本姓解》《新唐书·宰相世系表》来看,从弗父何到孔子,共历十一世。具体为:弗父何生宋父周,宋父周生世子胜,世子胜生正考父。正考父一生很有明德,先后辅佐宋戴公、宋武公、宋宣公三公。唯命是从,忠心耿耿,有鼎铭记载:正考父"一命而偻,再命而伛,三命而俯,循墙而走,亦莫余或侮。饘于是,鬻于是,以糊余口。"正考父生孔父嘉,孔父嘉是孔姓的正式开始,所谓"五世亲尽,当别为公族,故后以孔为氏焉。"(《孔子家语·本姓解》)《阙里文献考》这样认为:"自弗父至孔父,五世亲尽,当别为公族,乃以字为孔氏。"孔父嘉辅助穆公为大司马,穆公临终托命孔父嘉扶其兄宣公之子与夷,与夷继位后,为殇公。孔父嘉有妻而貌美,被好色之徒太宰华督(戴公之孙)看中,为夺为己有,华督设计杀死孔父嘉强娶其妻,殇公亦愤怒,为鸣不平,华督遂弑殇公,而迎立穆公之子冯为国君,名为庄公。此事祸及孔氏三代。孔父嘉生本金父,本金父生睪夷(一作祁父),睪夷生防叔。孔防叔因畏华氏淫威,被迫挈子奔鲁避难,故孔子为鲁人。近年来,有人提出疑问,说孔防叔奔鲁另有他因,非为华督逼迫所致。如清人崔述《洙泗考信录》说:"且孔父为华督所杀,其子避祸奔鲁,可也。防叔,其曾孙也,其世当在宋襄、成间,于时华氏稍衰,初无构乱之事,防叔安得避华氏之祸而奔乎!"孔防叔生伯夏,伯夏生叔梁纥,纥乃孔子的父亲。

可是,《诗·商颂·那》孔颖达引《世本》记载,从弗父何到孔子只十世,无世子胜这一代。其实《世本》非信书,不足为训。《汉书·古今人表》录有世子土,清梁玉绳《古今人表考》认为即是世子胜。汉王符《潜夫论·志氏姓》亦记录从弗父何到孔子的世系,其第三世为世子,即世子胜。再往后,王肃《孔子家语》、杜预《春秋经传集解》、宋邢昺《孝经疏》《新唐书·宰相世系表》也同样记有世子胜,可见,世子胜确为孔子先世之一代。

（二）　孔子生于何时何地

相比先秦其他哲人，孔子生卒年及郡望没有那么复杂。如晚于孔子的庄子生于何时何地，争论颇多，有马叙伦说（前369—前286）、闻一多说（前375—前295）、吕振羽说（前355—前275）、范文澜说（前328—前286）等；对于籍贯之"蒙"更有多种解释。而孔子说法比较一致，一般认为是公元前551—前479年。即生于周灵王二十一年，卒于周敬王四十年，处于我国历史上之春秋时代，生于鲁国陬邑昌平，但是，关于孔子父亲的活动情况及其生卒过程尚需要作一交代。

孔子的父亲名叔梁纥，身长十尺，武力过人，为鲁国陬邑大夫。有其父必有其子，据《史记·孔子世家》记载，孔子"长九尺六寸"，不同于时人，"人皆谓之'长人'而异之。"盖圣人必有异象。叔梁纥平生有两事值得一提，充分表现其勇武超群，魄力非凡。鲁襄公十年，鲁国从晋兵进攻偪阳，偪阳乃西周时小国，在今山东峄县南五十里。鲁人主攻城北门，偪阳人里应外合，开城迎接各路诸侯军兵，待鲁人军马入城过半，偪阳人忽然又开始启阐闭门，悬门重达千余斤，徐徐下落，形势万分危急，若城门合上，各路诸侯军卒将留在城内，因寡不敌众，就会束手就擒。此时叔梁纥也在城门边，他奋勇上前，用双手托起悬门，让进城的诸侯士兵迅速退回来，此为一例。鲁襄公十七年秋，齐国军队入侵鲁国北部边境，齐国大夫高厚重兵围困鲁国大夫藏孙纥于防，鲁国迅速派兵增援藏孙纥，鲁军从阳关出发，至旅松，试图解鲁大夫之困，然而未能成功。当时，陬邑大夫叔梁纥顿生一计，与藏孙纥之弟藏畴、藏贾，率领三百名轻骑兵，在夜间奇袭齐师，齐军大乱，藏孙纥逞势攻击，而后回师固守防地，齐军一无所获，只得弃城逃走。

据称孔子是叔梁纥与颜氏女野合而生。此说最早见于《史记·孔子世家》，"纥与颜氏女野合而生孔子，祷于尼丘得孔子。"后人因孔子为圣人，若说"野合"似不太光彩，有损孔子形象，于是产生许多附会穿凿之说。其实，一个人的后天成就与其出生形式关系不大，相反，孔子诞生方式正好反映了圣人的与众不同,为圣人出世罩上了一层神秘的光环。叔梁纥在娶颜氏之前还与鲁国一施氏结过婚,共生九女而无一子,叔氏因此很不满意,看来,重男轻女,自古而然,尽管叔梁纥与妾生一子叫孟皮,字伯尼,但是伯尼先天跛足,也不能令叔氏称心如意,所以直到晚年还要娶孔子之母颜氏女。据载,叔梁纥娶颜氏,应在六十四岁那年。对"野合"一词,有一种解释认为,叔梁纥以年老之躯娶年轻貌美的颜徵在,属不合"壮室初笄"之礼,不能在正式祖庙中进行,不能名正言顺地成亲完婚,故曰"野合";今有人反驳说,孔子不能称作私生子,因为叔梁纥娶颜氏为明媒正娶,徵在也以父母之命而嫁,男女嫁娶虽年龄不合时宜,但亦非私奔苟合者可比。颜徵在归叔梁纥后,因丈夫年岁太大,担心不会生子,断了香火,不时去尼丘山祷祈,因之,孔子出生后名之曰丘,字仲尼。周灵王二十一年,即鲁襄公二十二年十月二十七日,周历十月,夏历八月,孔子生。也有人说孔丘之名得之于长像。孔子生有异象:口如牛唇,手似虎掌,肩像鸳鸯,颈背龟形,头顶呈反宇状,四周高中间洼下,《史记》上称为"圩顶",状如山丘,因之得名。种种提法皆为推测,并无史料确证。

(三) 孔子后人知多少

孔子距今已有两千四百多年,孔氏家族绵延繁衍,生生不息,至现居台湾的衍圣公孔德成,历时七十七代,其间计有多少后代已无法确考,现就孔子源头及各代孔氏著名后人略作介绍。

鲁昭公九年,孔子十九岁,娶宋国亓官氏为妻,一年后生一子,名伯鱼。据说,伯鱼刚出世,鲁昭公以鲤鱼赐予孔子,孔子为表示感激,取子名曰鲤,字伯鱼。伯鲤年五十,先孔子卒。"伯鱼生伋,字子思,年六十二卒。因曾困于宋,子思作《中庸》。子思生白,字子上,年四十七。子上生求,字子家,年四十五。子家生箕,字子京,年四十六。子京生穿,字子高,年五十一。子高生子慎,年五十七,尝为魏相。""子慎生鲋,年五十七,为陈王涉博士,死于陈下。鲋弟子襄,年五十七。尝为孝惠皇帝博士,迁为长沙太守,长九尺六寸。子襄生忠,年五十七。忠生武,武生延年及安国。安国为今皇帝博士,至临淮太守,早卒。安国生印,印生瓘。"以上据《史记·孔子世家》所载。在这十四世中,历史上产生影响的有:三世孙子思孔伋;七世孙子慎;十二世孙安国。其中尤以后者著名。汉代以降,尚有南北朝文人孔稚珪,唐代经学大家孔颖达,清初文学家孔尚任,民国要人孔祥熙,当代才女孔德懋及其弟孔德成。清代皇帝乾隆,尊孔倍至,几下江南,均拜谒曲阜孔庙。现在,孔府的诗礼堂仍贴着一张乾隆九年二月十七日的告示,告示规定,凡孔氏家庭都要按照历代皇帝赐给孔府的三十个字作为行辈数取名,如果不依此序而随意取名,则不准入孔氏家谱。这三十字实为一首五言诗:希言公彦承,宏闻贞尚衍,兴毓传继广,昭宪庆繁祥,令德维垂佑,钦绍念显扬。后来,衍圣公孔令贻,又续了二十个字:建道敦安定,懋修肇益常,裕文焕景瑞,永锡世绪昌。全国孔氏族人都是根据这三十字来取名的。这一现象在百家姓中,是绝无仅有的(包括孟姓、孔孟辈字相同)。在众多孔氏族人中,有三位值得一提:孔尚任、孔祥熙、孔德懋。

孔尚任以一曲《桃花扇》蜚声中国文学史。但人们未必知道他是孔子的六十四代孙。尚任乃曲阜城东南二十里湖上村人。他少年聪慧,曾努力追求功名举业,但屡试不第,后来遂不求功名,隐居曲阜城外的石门山中,清初康熙帝南巡江南,过曲阜,结识孔尚任,很赏识他的才华,乃授孔尚任为国子监博士。孔尚任离家赴京就职,眼界更加开阔,对社会了解更深,曾写下了不少反映民生疾苦的诗文。他花了九年时间写成《桃花扇》,轰动京门,一时间,文人学士争相传抄,大有洛阳纸贵之势。然而作者借戏寄怀之举,触怒了封建帝王,不久,孔尚任即被革职罢官。

民国历史上,孔祥熙算是一位显赫人物,一度左右国民党的经济命脉。孔祥熙曾屡屡自称自己是孔子的后人,对此,人们不以为然,因为孔祥熙乃山西太谷县人,与山东曲阜相距遥远。然而,据有关史料考证,明朝确有大批纸坊户从曲阜迁往山西太谷,孔祥熙的祖先就在这次迁移中来到了太谷。查孔氏家谱也有明确记载。看来孔祥熙的确是孔子的后代,从他祖先到孔祥熙历时十九代,也都是按照曲阜孔氏字系行辈取名的。

孔德懋女士乃孔子七十七代孙孔德成的姐姐。现任全国政协委员、中国孔子基金会副会长、中国和平统一促进会理事。孔德懋女士深受家学影响，自幼饱读诗书，承传"儒业"，是当时中国传统典型的大家闺秀。孔德懋女士是孔府七十六代衍圣公孔令贻之女，可谓正宗嫡传。

（四）　孔子弟子有多少

史称孔子弟子三千，其实未必尽然，从广义上说，曾听过孔子"布道"者何止这些，就狭义而言，与孔子朝夕相处，耳提面命者不可能达三千之众。《史记·仲尼弟子列传》云："孔子曰：'受业身通者七十有七人'，皆异能之士也。"此处显然是狭义而言的。而且，太史公曰："余以弟子名姓文字悉取《论语》弟子问"，此七十七人都是出现在《论语》论对中的，所以，孔子弟子七十多人，应当没有问题。

就目前资料看，孔子弟子地位影响也很有区别。据清孙承泽《天府广记》文庙载：庙主，自然是至圣先师孔子。下有四配：复圣颜子回，宗圣曾子点，述圣子思伋，亚圣孟子轲。此四位仅次于孔子。接下来是十哲：先贤闵子损，冉于耕，冉子雍，宰子予，端木子赐，冉子求，仲子由，言子偃，卜子商，颛孙子师。东西两庑从祀者各四十九位历代儒家先哲，只是大多数已经不能算孔子授业弟子了。下略述孔子著名弟子。

颜回，字子渊，鲁国人，少孔子三十岁。此人很有德行，孔子称曰："贤哉回也！一箪食，一瓢饮，在陋巷，人不堪其忧，回也不改其乐。"颜回二十九，头发尽白，早死。孔子为之恸哭曰："自吾有回，门人益亲。"可见颜回在孔子心目中之地位，难怪文庙将其牌位置四配之首。

闵损，字子骞，少孔子十五岁，亦赋德行。孔子曰："孝哉闵子骞！"闵子德行重大于孝。

冉耕，字伯牛，孔子也认为他有德行。

冉雍，字仲弓，曾向孔子问政。

冉求，字子有，少孔子二十九岁，任过孝康子宰。孔子认为冉求很懂得"仁"。

冉由,字子路,卞地人,为孝氏宰,少孔子九岁。性格刚烈,勇力过人,后入孔子之门,很见仁德。子路问孔子:君子尚勇乎? 于曰:"义之为上。君子好勇而无义则乱,小人好勇而无义则盗。"可见仁义之重要。

宰予,字子我,善言辞,口齿能辨,为临菑大夫。《论语》有宰我问礼乐,宰我昼寝,问五帝之行之事。

端木赐,字子贡,卫人,少孔子三十岁。孔子认为于贡"汝器也""瑚琏也",非常器重他。子贡亦善言辞,巧于口舌。做过鲁相、卫相,家资千金,最终卒于齐。在孔子弟子中,子贡可算官位最显,财富最丰的人了。

言偃,字子游,吴人,少孔子四十五岁,为武城宰。孔子以为子游尤善文学。

卜商,字于夏,少孔子四十四岁。孔子死后,子夏居西河,教书为业,为魏文侯师。

颛孙师,字子张,陈人,少孔子四十八岁。

曾参,字子舆,南武城人,少孔子四十六岁。

澹台灭明,宇子羽,武城人,少孔子三十九岁。

宓不齐,字子贱,少孔子三十岁。

原宪,字子思。

公冶长,字子长,齐人。

南宫括,字子容。

公皙哀,字季次。

曾葳,字皙。

颜无繇,字路。路者,颜回父亲,父子皆为孔子弟子。

南瞿,字子木,鲁人,少孔子二十九岁。

高柴,字子羔,少孔子三十岁。

漆雕开,字子开。

公伯僚,字子周。

司马耕,字子牛。

樊须,字子迟,少孔子三十六岁。

公西赤,字子华,少孔子四十二岁。

巫马施,字子旗,少孔子三十岁。

梁鳣,字叔鱼,少孔子二十九岁。

颜幸,字子柳,少孔子四十六岁。

冉孺,字子鲁,少孔子五十岁。

曹邺,字子循,少孔子五十岁。

伯虔,字子析,少孔子五十岁。

公孙龙,字子石,少孔子五十三岁。

冉季,字子产。

公祖句兹,字子之。

秦祖,字子南。

漆雕哆,字子敛。

颜高,字子骄。

漆雕徒父。

壤驷赤,字子徒。

商泽。

石作蜀,字子明。

任不齐,字选。

公良孺,字子正。

后处,字子里。

秦冉,字开。

公夏首,字乘。

奚容箴,字子皙。

公肩定,字子中。

颜祖,字襄。

鄡单,字子家。

句井疆。

罕父黑,字子索。

秦商,字子丕。

申党,字周。

颜之仆,字叔。

荣旂,字子祈。

县成,字子棋。

左人郢,字行。

燕伋,字思。

郑国,字子徒。

秦非,字子之。

施之常,字子恒。

颜哙,字子声。

步叔乘,字子车。

原亢籍。

乐咳,字子声。

廉絜,字庸。

叔仲会,字子期。

颜何,字冉。

狄黑,字皙。

邦巽,字子敛。

孔忠。

公西舆如,字子上。

公西蒇,字子上。

以上可见,孔子受业之广,不分老幼贫贱,不管地域远近,真正体现了孔子"有教无类"的思想。

（五） 孔子是如何对待物质生活的

作为中华文化奠基者,孔子的物质生活、精神活动、言谈举止都具有某种典范意义。就物质方面而言,从生活原则到生活细节都有明显特征。孔子对待物质生活态度,主要表现在日常的衣食住行之中。

孔子讲究衣饰的款式色彩,在不同场合着装有所不同。首先衣服颜色须正。孔于认为男子汉不宜穿绀緅色衣服,绀色为一种稍微带红的黑色,緅色是赤青色。他更反对着大红大紫之色,认为此为亵服,有损君子形象。同时,他也说衣服色泽要配合得体,不可一概而论,如羊皮裘衣即应以玄淄为好。其次,他还告诉人们不同时令季节衣饰要有所变化,所谓夏葛冬裘。再次,对于衣服款式,孔子认为应长短合时合礼。冬天裘衣,入寝睡衣应以长大为好,夏天单衣,秋天甲袄则应短小为上。复次,孔子特别讲究"事服"的规范性。吊丧时,不能穿裘衣、戴黑色帽子,这或许就是当今殡葬时戴白色衣巾的最初原因。斋戒时,应衣着鲜亮透明。逢良辰吉日应朝服而朝,乡人做傩戏时亦应朝服立于阶前,国君幸视时更应加朝服拖绅迎接。

孔子注重饮食卫生,节制食欲。《论语·乡党》中,孔子提出著名的"八不说":"食饐而餲,鱼馁而肉败,不食;色恶,不食;臭恶,不食;失饪,不食;不时,不食;割不正,不食;不得其酱,不食;……沽酒市脯,不食。"即是说,吃的饭菜鱼肉,日久变味了,就不吃;颜色变了,不吃;味道不好,不吃;没有经过烹调或半生不熟的,也不吃;食品(譬如果品)没有到成熟季节或不到规定时间的食品,也不吃;食物切得不规整,不吃;食物没调配好的,也不吃;买来的酒未必洁净,买来的肉不知何动物之肉,也不吃。可见,孔子对饮食特别讲究,包涵许多饮食文化的内容。孔子还说:"祭肉不出三日,出三日,不食之矣!"古人祭祀后,按等级分发祭品给祭者,若祭肉过了三日就会变味,不能食用了,这体现孔子对饮食卫生特别注意。孔子严格遵守"斋必变食"的古训,《庄子·人间世》载:"斋者,不饮酒,不茹荤。"斋戒是古人遇大事时为表虔诚,对自己的饮食要求:不喝酒,不吃荤。

孔子还注意饮食限量。所谓"君子食无求饱""食不过饱""宁饿勿饱",都符合现代饮食的卫生要求。孔子也认为吃饭时不能随便说话,不谈论问题,《论语》就有"食不语,寝不言"之说。另外,孔子在《论语》中还说到对饮酒的态度:"惟酒无量,不及乱。"古人宴乐,必要饮酒,孔子不反对饮酒,但他主张饮酒应适量,适可而止,不能过量,过量就会乱人性,做出违礼之事来。

孔子的居住怎样,《论语·乡党》篇没有记载,其他篇及先秦论述孔子之书均未详述,但是,孔子一向言行相顾,善始善终,可从其言谈推定其居住情形。孔子主张:君子的居住条件,不能过分追求安逸;他称赞大禹王的宫室就非常简单朴实,欣赏卫公子荆善居处就很一般化。然而,简朴之中,孔子追求起居的整齐清洁。他曾说:席不正不坐。古人席地而坐,坐垫放置不周正,孔子不坐。另外,对住所卫生孔子亦很重视,孔于曾与子夏论及打扫卫生之事,可见一斑。

孔子一生周游八国,行程数千里。每当出车,很有讲究。其一,必须弟子一道同行,一般很少单独远行,仆御中大多是弟子门人,如冉有等。升车之时,孔子一定正襟危坐,手执柄把。及至车中,孔子则"不内顾,不疾言,不亲指"。即是说,上车以后,孔子从不低头下视,不乱说话,也不是指手画脚,俨然一圣人姿态。

总之,孔子的衣食住行,非常淡泊简朴,有持有节,这与他终生追求的礼义廉耻思想互为表里,一脉相承。

（六） 孔子的养生之道如何

《吕氏春秋·慎大览》上说:"孔子之劲,举国门之关,而不肯以力闻。"这说明孔子有着非同常人的精力与强健的体魄。《淮南子》中则说,孔子的勇猛超过古代著名的勇士孟贲,其跑步的速度可以追上飞奔的野兔。古书上的这些记载可能有夸大的成分,但总透露出这样一个信息,即孔子是一位体格健伟,精力过人的人。

根据对孔子进一步的研究,孔子的这种健康强有力的体格,不只是因为遗传因素的作用,他的父亲叔梁纥就是一位勇武过人,力能托起城门的人,而且是因为孔子从年轻时就十分重视锻炼身体的缘故。孔子爱好体育运动,他对射箭、驾车、打猎、游泳、登山、郊游、钓鱼等运动都是样样精通的。即以射箭而言,这在古代是一种非常高超的技艺,《礼记·射义》上记载:"孔子射于矍相之圃,盖观者如堵墙。"孔子射箭时,围观的人那么多,可见他是一位著名的射箭高手!《礼记·射义》上又说:"孔子曰:'射者,何以射,何以听,循声而发',发而不失正鹄,其贤者乎?"据此可知,孔子对射箭之技艺研究极深。但是,孔子是一位极谦逊的人,据《论语·子罕》记载,有人赞美孔子的博学多艺,而惜其未能夺冠成名,孔子回答说:"吾何执? 执御手? 执射手? 吾执御矣。"看来,他还是一位驾车的能手。

孔子还喜爱登山、郊游、游泳、钓鱼的活动。相传孔子登上泰山平顶峰,曾发出"登泰山而小天下"的感慨,如今在泰山上还有"孔子小天下处"的刻石。泰山一天门的一座石碑坊上还存有"孔子登临处"的古迹。《论语·先进》上有一段记载,一次,孔子问子路、曾点、冉有和公西华四人:"如果有人问你们志向,打算做些什么? 你们怎么回答?"于是弟子们各自表白了自己的志向,最后曾点回答:"莫春者,春服既成,冠者五六人,童子六七人,浴于沂,风乎舞雩,咏而归。"孔子听了非常赞赏地说:"吾与点也!"可见孔子有多么热爱大自然,热爱郊游、游泳活动,在沂水里游泳,在春风里引吭高歌!《论语·述而》上说:"子钓而不纲,弋不射宿",于此可见他的钓鱼、射鸟也有着很深的内在道德修养。

孔子常说:"君子坦荡荡,小人长戚戚。"(《论语·述而》)孔子一生为了传道救世而周游列国,奔走不息,他受到了无数磨难,被斥于齐,逐于宋、卫,困于陈、蔡之间。他怀才不遇,遭受斥弃时,既不生气,也不怨天尤人,而以平静之心情对待之。他遇到悲哀的事,能够达到"哀而不伤"的境界(《论语·八佾》),取得成就时,能够做到"泰而不骄"(《论语·子路》)。他说过:"知者乐水,仁者乐山;知者动,仁者静;知者利,仁者寿"。(《论语·雍也》)认为有知识道德的人喜欢山水,动静自若,从中可以陶冶性情,从而获得快乐与长寿。

孔子的生活起居也有一定规定：他吃饭时不说话，入睡前也不说话。有一次，鲁哀公问孔子，"怎样才能长寿？"孔子说："寝处不时，饮食不节，劳逸过度者，疾共杀之。"（《说苑·杂言》）在两千五百年之前，孔子就懂得健康长寿的规律，实在是难能可贵的。

修身养性，仁者多寿。孔子认为只要修身养性，即可达到仁者不忧，心境坦荡，无欲无求，不贪求名利，富贵视同浮云，内心自然淡泊，故孔子提出"仁者寿"的观点，揭示了修身与长寿的内在联系。《论语·季氏》上记载，孔子说："君子有三戒：少之时，血气未定，戒之在色；及其壮也，血气方刚，戒之在斗；及其老也，血气既衰，戒之在得。"这些见解，时至今日，对人们的养生保健仍有很好的参考价值。

（七）　孔子精神生活有何特点

孔子的精神生活处处显现圣人的高尚和完美。某种意义上说，它概括了中华民族优秀的精神品格，孔子精神就是民族精神的代表。具体表现为以下几点。

其一，乐观奋斗。纵观孔子精神内核，始终涌动着乐观奋斗的生命品格。孔子为实现德治之世，大同理想，积极入世，"不怨天，不尤人"。（《宪问》）所谓"天行健，君子以自强不息"是也。圣人最可贵之处，就是"不滞于物"，不为外在环境轻易击败，相反能"与物推移"，即随外物变化而改变对策，故能万古常新，生生不息。孔子基本上是天命论者，但他不是放弃一切，听天由命，而是竭尽人力，当人力用尽仍不能如愿时，这才付诸天命，所以，孔子的天命论又包括积极奋斗的合理内核。《论语》说："知其不可而为之。""累然如丧家之犬。"这些话不仅没有丑化孔子形象，相反，正反映他"艰难困苦，玉汝于成"的奋斗精神。最能展现孔子奋斗不息品格的是周游列国。孔子平生游经八国，历时十四年，"干七十余君，莫能用"（《史记·十二诸侯年表》）。直到鲁哀公十一年，孔子以六十八岁的高龄归鲁，讲学洙泗,删定六艺,教授弟子,以先王之道留给后人,实乃不得已而为之。

其二,中庸之道。孔子对中国哲学思想史的伟大贡献是创立中庸思想。《说文解字》曰:"中,正也";"庸,用也";朱熹《四书集注·中庸》解释更清楚:"中庸者,不偏不倚,无过、不及。"中庸之道具有方法论意义。孔子将其用于社会自然历史各个方面。在政治上,主张要以"中庸"的态度方法实现"仁"道理想。经济上,孔子希望"惠而不费""使民以时"。(《论语》)文艺上,孔子强调"文质彬彬,然后君子"(《论语》)。他认为"质胜文则野,文胜质则史"(《论语》),两者皆不可取。自然观上,孔子也以中庸为准则。他指出注水(或酒)之"欹器""虚则欹,中则正,满则覆"(《荀子·宥坐》),非常赞赏此器做工之巧,可谓抓住"中庸"之本。在伦理和教育方面,孔子更是广泛运用"中庸"原则。《论语》中有"温而厉,威而不猛,恭而安""乐而不淫,哀而不伤""过犹不及"等都能体现孔子在德道、伦理教育诸方面的一贯立场。

其三,注意情感。孔子为人颇重感情,这首先表现在对弟子的关心爱护上。孔子弟子数量之多,地域之广,层次之别,就是今天的教育工作者亦难企及,孔子本着"博爱"精神对待每位求学者,无论躬耕瓜圃的曾参,贫病交加的原宪,衣不蔽体的仲由,还是后来做魏相的高足颜回,他都一视同仁,"有教无类"。其次,孔子为人极富同情怜悯之心。孔子用餐,若听到送葬者哭声,他总是食不甘味,"未尝饱也"。孔子经过卫国,遇到馆舍有人哭丧,他也进去为之吊丧,并且还让子贡脱骖相赠。孔子故友原壤,母亲去世,他知道后,为原壤母赠送一沐椁,用以殓葬,子路对此发问。孔子曰:"凡民有丧,匍匐救之,况故旧乎非友也,吾其往。"对丧者表示深深同情。孔子对待最得意弟子颜回早逝,更是极度悲恸:"噫,天丧予! 天丧予!"

其四,谦勉谨慎。孔子胸襟坦荡,虚怀若谷。子曰:"知之为知之,不知为不知,是知也。"《论语·为政》他强调对于学问应该虚心务实,来不得半点做作伪装。要能获得学问知识,务必能做到"温良恭俭让"。孔子并非一味态度严苛,严师一尊,有时又是慈父般和蔼与民主。他绝不刚愎自用,绝少责骂学生。即使是宰我昼寝,犯下如此严重错误,他也只是隐语微讽

"朽木不可雕也"而已。至于和学生服膺真理,相互讨论之场合更是屡见不鲜。子夏问曰:"巧笑倩兮,美目盼兮;素以为绚兮。何谓也?"子曰:"绘事后素。"曰:"礼后乎?"子曰:"起予者商也,始可与言诗已矣。"这是孔子与弟子探讨学问的态度,没有居高临下,没有以师压人,相反,只要是真理,孔子就信服,不管真理出于何人之口。《论语·先进》记载:"子曰:'何伤乎? 亦各言其志也。'曰:'莫春者,春服既成,冠者五六人,童子六七人,浴乎沂,风乎舞雩,咏而归。'夫子喟然叹曰:'吾与点也?"对于曾点描绘的人生图景,孔子交口称赞,凡事与理,只要正确,孔子就予以肯定。当然,《论语》中,还有学生和路人纠正孔子之误的事,他亦能谦虚接受,绝不师心自用。

另外,孔子为人师表,博学多识,谨慎勉力。子曰:"学而不思则罔,思而不学则殆。"(《论语·为政》)"吾十有五而志于学,三十而立;四十而不惑,五十而知天命,六十而耳顺,七十而从心所欲,不踰矩。"(《论语·为政》)前者表明孔子学习方法是思学结合,两者并重,后者则说明孔子从十五岁开始,终生从学,随着学习进程,知识丰富程度所达到的人生境界就不同。另外,孔子自感为学并非苦差,而是件快乐事情,所谓"学而时习之,不亦乐乎。有朋自远方来,不亦乐乎。"正因为苦学爱学,才使他无所不知,无所不识,无所不能。孔子身兼百家,实乃知识之武库。

当然,孔子的精神生活远不止这些,还有很多,如"仁礼"、通达、"乐天知命"思想,等等,都很重要,限篇幅,不再评述。

(八) 为什么说孔子是一位富有幽默感的人

孔子既是一位有着沉重历史使命感、一生始终是在背着十字架的救世圣人,也是一位无可无不可、多少还有一些超脱精神且富于幽默感的而又十分贴近生活常理的人。

孔子是幽默的。《论语》一书中,就处处可见他的一些幽默语言所体现的幽默人生。他的幽默的人生态度所体现的一副既超脱又悲天悯人的幽默形象。孔子是一个温而厉，恭而安，威而不猛的人，他无适，无必，无可无不可，由此而近于真正的幽默态度。他五十岁后，周游列国，几乎有十多年的时间，颠沛流离，游于宋、卫、陈、蔡之间，不如意的事，十居八九，但他总是泰然处之。他有伤世感时的话，在鲁国碰了季桓子、阳货这些人，想到晋国去，又去不成，到了黄河岸上，而有水哉水哉之叹。桓魋一类人想要害他，孔子说了"上天赋予我神圣使命，桓魋其如予何？"的话。大约在这时，晋国发生战乱，赵简子家臣，佛肸派人请孔子去中原，孔子有去的念头，子路反对，孔子说："我总该找点差事做做，我又不是挂在墙上的葫芦，可以不吃饭啊！"在陈绝粮，饭都没有吃了，门人口出怨言，唯有孔子弦歌不衰，不改他的安详幽默的态度。就是在这种困境中，他还用《诗经》上的话"不是犀牛也不是老虎，何以在旷野徘徊？"要弟子们谈谈大道不行的原因，颜回回答的好，孔子幽默地对他说："颜家小子说得好，哪天你发了财，我给你做管家会计吧！""微服过来"，孔子与门人相失于郑国的东门，孔子听郑人告诉子贡说他像一条丧家狗，他就笑道："至于说我像一条丧家狗，然哉！然哉！"孔子之幽默，在于他对挫折付之一笑，他善于调侃自己。

孔子待学生全无架子，他对围在他身边的学生说："你们以为我对你们有什么不好说出来的吗？我对你们毫无隐瞒，没有一件事不可以告诉你们！"孔子被迫在卫国与风流王后南子见面，子路为此很不愉快，孔子对天发誓说："我如有半点不光明处，上天惩罚我！上天惩罚我！"子贡问孔子："人死了以后，有知觉否？"孔子回答他说："等你死了以后，你就知道了。"

林语堂在《思孔子》中说："孔子之言行中，亦时透露其幽默态度，尤合温柔忠厚之旨，……我以为最能表现出孔子之幽默态度者，在于《史记》'温温无所试'五字。……此语非深达人情者不能说。……究孔子之所以温温无所试，而成其幽默之态度。……此乃孔子幽默之最特别处及出发处。"其言可谓得孔子幽默之要领。

（九）　孔子周游过哪些国家

　　孔子后半生开始周游列国,寻求明君,实现个人德治之世和大同理想。从五十四岁去鲁到六十八岁返鲁,历时十四年,经过八个国家,有卫、曹、宋、杞、郑、陈、蔡、楚。五过卫,两适陈、蔡。兹略述孔子游历过程,以见圣人之决心和坎坷艰难,几与欧洲圣人耶稣异曲同工。

　　离鲁去卫。孔子为鲁官司寇,不到三月,鲁国天下大治,道不拾遗,夜不闭户。齐人知道后,十分恐慌,鲁兴势必威胁齐国,因齐鲁紧邻。于是齐君主选国中好女子八十人,文马三十驷,载歌载舞,送予鲁国。鲁君及季桓子接受了齐国"礼物",从此三日不朝,政事怠废。孔子无奈何,"盖优哉!游哉!维以卒岁。"孔子慨叹,国祸至矣,不可以救,鲁定公十三年,孔子离开鲁国去卫。先居住于子路妻兄颜浊邹家中,后受卫君灵公接待,初始,卫灵公十分赐重孔子。按照孔子在鲁的俸禄,卫灵公如数致"奉粟六万"。然而好景不长,很快卫灵公便疏远孔子,不到十个月,孔子只得离开卫国。

　　被围于匡。鲁定公十四年冬,孔子计划去陈国,游说自己学说。去陈要经过匡人居地,不料,被匡人所拘。因为鲁定公六年,鲁人攻郑,阳货当政,由颜高驾车,入匡地,匡人印象很深。而今孔子过匡也是颜回驾车,且孔子貌似阳货,匡人产生误会,围攻孔子,匡人简子派甲士进攻孔子一行人,形势万分危急,弟子们十分恐惧,无计可施。孔子说:"文王既没,文不在兹乎?天将丧斯文也,后死者不得与于斯文也;天之未丧斯文也,匡人其如予何?"可谓镇定自若,处难不惊,很见圣人风范。子路性格暴烈,准备出战,孔子坚决制止,认为此举不合礼义,有失先王之法,不可行。后来匡人知道是孔子而非阳货,自动解围而去,孔子终于得脱。

　　经蒲返卫。孔子从匡地脱险后,二次返卫。经过蒲地,在蒲短暂休整后又回到卫国。此次,孔子住于蘧伯玉家。后来卫灵公夫人要见孔子,当孔子入门后,北面稽首,南子夫人隔着绤帷,审量孔子,珮环玉声灿然,子路对南子此举十分不满。孔子宽宏大量,"予所不者,天厌之,天厌之。"一日,孔子由卫灵公夫妇带领,招摇过市,孔子曰:"吾未见好德,如好色者也。"(《论语·卫灵公》)遂拂袖而去。

由曹过宋。孔子羞于卫灵公对自己的态度,离开卫国,本欲去陈。但是经曹过宋时,不幸遭宋司马桓魋陷害。桓魋欲杀孔子,孔子毫无惧色,说:"天生德于予,桓魋其如予何?"关于桓氏为何要害孔子,史料记述有二:《檀弓篇》认为因孔子曾对桓魋制造石椁之事有所批评,引起桓的愤怒;《孔子家语》认为孔子曾与宋君论政,很得宋君欣赏,招来桓魋嫉妒。后来孔子微服逃离宋国,躲过一劫。

经杞过郑。孔子微服离宋,行色仓皇,"累累然如丧家之狗。"取道杞地,往郑国去,时弟子皆散。孔子立于东门,被郑人姑布子卿发现,告诉了子贡。姑布子卿告诉贡曰:"东门外有一人焉,其长九尺有六寸,河目隆颡,其头似尧,其颈似皋陶,其肩似子产,然自腰以下,不及禹者三寸。累累然如丧家之狗。"可见孔子当时之惨状。

适陈。孔子离开郑国去陈,时已五十七岁。孔子居陈三年,与陈司败论礼施政,后晋楚争战,殃及陈国,孔子曰:"归与!归与!吾党之小子狂简,进取不忘其初。"于是离陈而去。

经蒲三入卫。孔子离开陈国,想再去卫国,然而经过蒲时,适逢公叔氏叛蒲,蒲人不许孔子入卫。后来学生公良儒智勇过人,与蒲人定盟,终让孔子入卫。孔子至卫国,颇受欢迎,然灵公老焉,政事懈怠,不重用孔子。时晋大夫赵简子之邑宰佛肸叛中牟,使入招孔子,孔子准备前往,子路反对,孔子发出"我岂匏瓜也哉?岂能系而不食"之叹,然而终于未去。

四次入卫。孔子不被卫君所用,因发现晋人不善,又没有接受晋大夫之聘,第四次返卫,再住蘧伯玉家,重于卫灵公谈论军事,企图实现鸿鹄之志。然而卫灵公"色不在孔子",敷衍而已,孔子非常失望,再次离开卫国。

二次适陈。哀公三年,孔子年六十,离开卫国后,二次来到陈国。然而被公子鱼所妒,也未能成就大事。

适蔡。哀公四年七月,孔子以六十一岁之躯由陈去蔡,因蔡昭为公孙翩射死,在楚人入侵蔡地时,孔子离开蔡国。

去叶。孔子闻听叶大夫沈诸梁颇有贤名,于是弃蔡去叶,之前蔡公向孔子问政,孔子对答如流,后蔡公问子路,子路不答。孔子闻之曰:"由尔何不对:'其为人也,学道不厌,诲人不倦,发愤忘食,乐以忘忧,不知老之将至云尔。'"揭示出深刻的为人治学之理。

困于陈、蔡。孔子周游列国中,陈、蔡之厄最为险厄,濒于绝境。哀公四年,吴人伐陈,楚军援救陈国。楚人闻听孔子困于陈、蔡之间,楚君派人延请,孔子将去楚。陈、蔡大夫合谋曰:"孔子贤者,……孔子用于楚,则陈、蔡用事大夫危矣。"因害怕孔子为楚人所用,与邦国不利,于是围孔子于陈、蔡之野。孔子受困七日,里外不通,腹中藜羹不充,弟子多病,情况危急,然越是危难越显圣人超脱不非,孔子与众弟子论对自如,若无其事,留下许多经典鸿论。

适楚。子贡为救孔子,去楚班师,楚昭王兴兵迎孔子,遂脱陈、蔡之厄。楚昭王以书社七百里封于孔子。可是令尹子西从中捣乱,昭王终不能用孔子。于是孔子又离开楚国。

五次入卫。孔于自楚返卫,因卫多孔子弟子,且有为卫官者,所以卫君亦相信孔子。这期间孔子与居卫学生论对尤多,并且非常赞赏学生在卫地的德治业绩,特别于子路仕卫功绩倍加称道,他看到自己平生追求的理想境界在卫国部分得到实现,万分欣慰。

终归鲁。鲁哀公十一年冬月,孔子应季孙氏之召回到久违的故乡——鲁国,结束了旷日持久的游历生涯,时年已六十有八矣。

（十） 孔子言谈有何特色

孔子的语言特色主要表现在两个方面。一是谈论的内容,二是说话的风格。

孔子与弟子论对中,涉及最早的是"诗书执礼"。翻开《论语》随处可见这些对话内容。略如:"学而时习之,不亦乐乎?""其为人也孝弟……孝弟也者,其为仁之本与?""礼之用,和为贵。"诗云:"如切如磋,如琢如磨。"

"为政以德,譬如北辰,居其所而众星共之。""诗三百,一言以蔽之,曰:思无邪。""温故而知新,可以为师矣!""人而不仁,如礼何!人而不仁,如乐何?""周监于二代,郁郁乎文哉!吾从周。""父母在,不远游,游必有方。""子所雅言,诗书执礼,皆雅言也。""仁远乎哉!我欲仁,斯仁至矣!"等等俯拾即是,体现孔子言谈的一大特色。《论语》中孔子论辩的中心话题就是诗书,格致修齐治平,仁义礼智信等,这些内容构成中华文化的基本内涵。

孔子罕言利。《论语》中谈利章节不多。最著名的两句话:"君子喻于义,小人喻于利。""见小利则大事不成。"既是孔子利义观的表现,又是君子小人的分水岭。另外从孔子淡泊物质,衣食简朴,"食无求饱,居无求安",可以想见孔子对义利的鲜明态度。

孔子也不言"怪、力、乱、神"。孔子以为"怪"者,即所谓稀奇古怪之事。一般人听了,可能以为有趣,其实往往是不近人情常理的。所以,孔子是不说的。"力"者,意即只凭气力压服别人。殊不知世上的人无穷无尽,你凭气压人,别人又凭气压你,所以以力压服人者最终有损无益,所以"力"字孔子也是不说的。"乱"者,一般释作犯上作乱,乱纲常伦理。乱用事理应绳之以法,教人作乱,固然不可,宣扬乱事,传给他人,可能造成不好影响,于社会家国无益,所以孔子根本不说。"神"即鬼神,孔子说过:"敬鬼神而远之。"因为鬼神是看不见听不着的,或说有或说无,莫衷一是,都没有凭据可证。议论它也无益于社会,无益于人生,所以还是不去说它。子路问鬼神之事,子曰:"未能得人,焉能得鬼?"(《先进》)对鬼神之事不以为然。以上为孔子谈话的内容。

孔子谈话方式上也颇有特色。首先,教诲学生,常常是循循善诱。这一点既是孔子教学方法,又是其说话风格。孔子很少严词厉声教训学生,总是和颜悦色,处处显示长者的仁慈。孔子曰:"不愤不启,不悱不发,举一隅不以三隅反,则不复也。"这段话几乎是孔子教育学生的说话原则。其次,孔子话语多趣,善用隐语。他经常话义含蓄,答对俱不明说,而是意在言外,让学生在反复思考中寻找答案。如:"吾未见好德如好色者也。""苗而不秀者有矣夫？秀而不实者有矣夫？""三军可夺帅也，匹夫不可夺志也。""三人行，必有我师焉！"此类话语合而不露，用意颇深。孔子用语隐含，特别在与学生问答中尤多。一日子路问孔子曰："请释古之道，而行由之意可乎？"子曰："不可。皆东夷之子，慕诸夏之礼，有女而寡，为纳私婿，终身不嫁。嫁则不嫁矣，亦有贞节之义也？苍梧娆娶妻而美，让与其兄。让则让矣，然非礼之让也。不慎其初，而悔其后，何嗟及矣？今汝欲舍古之道，行子之意，庸知子意不以是为非，以非为是乎？后虽欲悔，难哉。"孔子欲说服学生子路，并没有直接作答，而是取譬为喻，暗示何为"礼"，何为"节"，何为"古之道"。语言妙趣横生，充满机巧智慧，让人心服口服。诸如此类，《论语》中随手拈来，不胜枚举。

（十一） 孔子政治上有何业绩

　　孔子平生志向远大，然而"君子固穷"，郁郁不得志。但是只要稍有机会，孔子就会显示出政治上的非凡才华。

　　孔子三岁丧父，孤儿寡母，家境贫寒。二十岁为季平管理仓库，相当于现今一会计小官。接着又掌管牛羊牧畜、祭牲饲养之事。这就是孔子常说的"吾少也贱，故多能鄙事。"孔子从政后，获取第一任官是中都宰。

　　鲁定公九年，孔子已五十一岁，定公任他为中都宰，中都宰之职是掌握养生送死礼节小官。比如，长幼有分，强弱调任，男女有别，路不拾遗，雕器真伪，规定棺椁尺寸大小，坟场制理，不能封祭，不可植树等。不到一年，四方诸侯，都以孔子之行为法则，处治相关事宜。鲁定公因此问孔子"学子此法，以治鲁何如？"孔子慨然对曰："治理天也是可以的，岂止是治理小小鲁国啊。"第二年，鲁定公任孔子为司空，再由司空转升为司寇，司寇乃执军事之官。定公十二年，孔子对鲁定公说："家不藏甲，邑元百雉之城，古之制也。今三家过制，请损之。"孔子针对当时鲁国孟孙、叔孙、季孙三大夫势力过大，野心勃勃，提出用军权削弱三家势力的主张是正确的，孔子同时立即派仲由进攻孟孙、叔孙、季孙氏都城，这就是历史上有名的"堕三都"。孔子先用谋略堕掉叔孙氏都城郈。接着将堕季孙氏都城费,费宰公山不狃(又名公山弗扰)与叙孙辄率费人攻鲁,鲁定公率部全力反抗,费人终不能克城。同时,孔子命鲁大夫申句须、乐颀从背后夹攻,费军大败,费遂被堕。第三目标堕成,成宰公敛处父对孟孙氏说:"堕成齐人必至于北门。且成,孟氏之保障,无成,是无孟氏也。我将弗堕。"鲁定公不以为然,攻城,虽未破城,但是孟、叔、季三氏势力大减,实现了孔子强国家、弱大夫的政治目标。

孔子为政第二件事是整治鲁国社会风气。孔子入仕之前,鲁国风气腐败,奢豪淫乱随处可见。鲁有贩羊人沈犹氏,生意欺诈;有公慎氏其妻淫乱无治;有慎溃氏奢侈无度。孔子为政后,沈犹氏不得不越境逃走,从此,鲁人生意重信誉,以诚为本。男女同行于道,各守本分,寝不闭户,道不拾遗。男人讲忠守信,女人贞洁归顺;四方宾客,云集而来,鲁国一度呈出兴旺繁荣之势。

孔子入仕后,第三件大事是诛灭乱政大夫少正卯。事先学生子贡提醒孔子:少正卯乃鲁国名人,而今夫子要杀他,恐怕不妥吧!孔子理直气壮,告诫子贡曰:"天下大恶五,而窃盗不与焉。一曰心逆而险,二曰行僻而坚,三曰言伪而辩,四曰记丑而博,五曰顺非而泽。此五者有一于人,则不免君子之诛,而少正卯并有之。……此乃人之奸雄者也,不可以不除。"并且孔子认为诛少正卯,与殷汤诛尹谐,文王诛潘正,周公诛管蔡,太公诛华土,管仲诛付乙,子产诛史何,出于一理,都是属"是可忍而孰不可忍"一类。孔子施政不到三个月,鲁国政治清明,风俗淳化,天下大治。

(十二) 孔子有哪些外交才能

孔子在鲁,为官很小,时间亦短,外交才能未达到充分展现。然而一旦有机会,孔子外交是无往而不胜的,最著名范例乃"夹谷之会"。

孔子五十岁,公山不狃以季氏召见孔子,孔子欲前往,后因学生反对,未果。后不久,鲁定公授孔子为中都宰,一年后由中都宰迁为司空,接着授为大司寇。鲁定公十年,夏天,齐大夫黎鉏对齐景公说:"鲁用孔丘,其势危齐。"于是派使臣主动与鲁国联系,结为友好,预定会盟于夹谷。鲁定公乘车以往,孔子以司寇摄行相事,孔子曰:"臣闻有文事者必有武备,有武事者必有文备。古者诸侯出疆,必具官以从。请具左右司马。"鲁定公欣然允诺。鲁君到了会晤地所,设坛位、土阶三等,以会遇礼相见齐君,揖让而登。然后行献、酬之礼。结束后,齐国有司上进曰:请奏四方之乐。景公曰:好。于是旍旄羽袚矛戟剑拨鼓噪而至。孔子疾步上进,历阶而登,不尽一等,举袂而言曰:"吾两君为好会,夷狄之乐何为于此! 请命有司!"齐有司胆怯,左右视晏子和齐景公。景公心怍,遂免去四方之乐。过一会,齐有司又上前曰:请奏官中之乐。景公曰:好。于是优倡侏儒为戏而前。孔子又疾趋上前历阶而登,不尽一等,曰:"匹夫而荧惑诸侯者,罪当诛! 请命有司!"有司被迫加法,斩侏儒,手足异处。齐景公大惊失色,归后对群臣曰:"鲁以君子之道辅其君,而子独以夷狄之道教寡人,使得罪之于鲁君,为之奈何?"于是齐侯归还曾侵占去的郓、汉阳、龟阴于鲁国,以示谢过。

夹谷之会,展出孔子有勇有谋,有利有礼有节的外交风度。与秦赵之"渑池会"何等相似。不同之处,齐鲁会盟的关键人物不是蔺相如而是孔子。

(十三) 孔子删定过《诗经》吗

《史记·孔子世家》记载,公元前 505 年,孔子四十六岁,"不仁,退而修诗、书、礼、乐,弟子弥众,至自远方,莫不受业焉。"有人据此推测孔子对《诗经》做过筛选删定工作。学术界对此观点不一,颇有分歧。主要有两派相对立的看法。

其一,否定孔子"删诗"。"五四"时期,"疑古"学者钱玄同率先提出:"不把'六经'与孔丘分家,则孔教总不容易打倒。"他开始怀疑孔子没有删述过或创作过"六经"。李伯勋《否定孔子删诗说的几点补充意见》认为,孔子"删诗"应为大事,而其弟子皆未曾言及此事。先秦儒学大师孟子、荀子不曾提到,《诗经》作为儒学经典,此现象就很难解释。同时作为儒家论敌墨家、法家等也没说过孔子"删诗"事情,此为一。《左传·襄公二十九章》吴国公子季礼聘鲁国,请观周乐,乐工为他演奏的风诗与今本《诗经》内容次序基本相同。而从史料推断,孔子此时年方八九岁,根本不可能"删诗",由此可证明,在孔子出生之前,诗三百篇已基本定型了,此为二。据《左传》中引用诗的例子,亦可见,诗三百篇当时不仅通行中原,且流传至偏僻夷狄之邦,成为外交辩士们赋诗言志的主要依据,既然在孔丘生前,诗三百篇已在全国广泛传播,孔子"删诗"说自不能成立了,此为三。就《诗经》内容来看,某些诗与孔子一贯主张"礼义"及"放郑声"的价值标准不符。说明孔子不曾删诗,此为四。唐人孔颖达为儒学大师,他认为"案书传所引之诗,见在者多,亡佚者少,见孔所录,不容十去其九。司马迁言古诗三千篇,未可信也。"怀疑司马迁孔子"修诗"说的正确性,此为五。以上五点是否定孔子删诗的主要根据。

其二,肯定孔子"删诗"。历代治孔学者大多持此观点,他们认为"六经"与孔子关系密切。翟相君《孔子删诗说》一文中指出,季札观乐不足信,认为孔子自卫返鲁是鲁哀公十一年,当时孔子六十八岁,此年孔子才将《诗三百》中的雅颂整理好,可是《左传》所记季札观乐,时间在孔子整理雅颂之前六十年,显然,《左传》中所描写的季札观乐纯是杜撰。李欣复、吴传之《孔子编选(诗经)辩证》补充说,季札所观之乐为《周乐》与《诗三百》不是同一本诗集。所以,用季札观乐来否定孔子"删诗"是不可靠的。关于《诗三百》的成书年代,翟相君认为应在公元前516年以后,理由是《诗经·曹风·下泉》有曹人赞美晋大夫跞纳周敬王于王城的事,时在公元前516年,一般来说,诗歌成集年代不可能早于诗歌创作年代。所以,把《诗三百》成书年代定在公元前544年季札观乐之前不可信。至于《诗三百》中某些内容与孔子"放郑声"思想不吻合,论者又有不同解释,陈剩勇《重评孔子删诗之争》中说:"事实上,孔子主张放逐的淫而乱雅乐之'郑声'指的是春秋后期郑地流行的新乐,与三百篇中郑诗完全是两码事。"同时李欣复、吴传之也指出孔子斥责"郑声淫"是个音律问题,"淫"乃过分失当之义而非指淫乱。进一步说明孔子主张那种适度的，哀而不伤，中和悠悠的音乐，反对郑声乐调复杂，超越了古乐雍容平和界限。

尽管肯定派与否定派各执一词，陈述自己观点，但似乎皆没有充足理由使人信服，此种争论还将持续下去。

（十四） 《论语》一书有多少章节

考订《论语》章节，自然牵涉《论语》的真伪问题。现存《论语》不是肇始如此而是有一个成书过程。

《汉书·艺文志》记录："《论语》古二十一篇"，注曰："出孔子之壁中，两《子张》"；又录："《齐》二十三篇"，注曰："多《问王》《知道》"两篇；又录："《鲁》二十篇"。可见在汉代，《论语》至少有三种本子，《古论语》发现于孔子壁中，二十一篇，多《子张》一篇；《齐论语》多出《问王》《知道》。《鲁论语》与现存《论语》篇数相同。比较三个本子，文字不同达四百多处。西汉末期，安昌侯张禹是位经学大家，他潜心钻研《论语》，将当时流行的《齐》《禹》《鲁》本子，合而为一，形成《论语》新本子——《张侯论》。到东汉末，郑玄依从张侯本子，再参照《齐论》《古论》，作《论语注》，这就是古今通行的《论语》。而《古论语》汉景帝时鲁恭王刘余从孔子旧壁中发现后，就没有产生多大影响，"唯博士孔安国为之训解，而世不传"（何晏《论语集解·序》）。

《论语》真伪辨，是历代经学研究的难题，也直接关系到《论语》章节确定。及至晚近仍有不少经学家怀疑《论语》真实性。如崔述就是一代表，在《洙泗考信录》中，他明确指出，前十五篇基本可信，属孔子及其弟子言论，后五篇即《季氏》《微子》《阳货》《子张》《尧曰》大多靠不住。即便是前十五篇中，《雍也》《先进》《乡党》等也颇值得商榷。崔氏《论语余说》更有具体发挥。认为事实不可信有六章，后人续入未敢信者二节，事实有可疑者六章，意思无可疑而文体不类者有九章，文体大可疑者二章，门人于孔子前称夫子，而事亦可疑者二章，与孔子事无涉者二章，皆记盛时之事与时不合者二章,共三十一章零二节。《论语》几乎每章都有窜入。尽管崔述态度严谨,用力甚勤,但用怀疑一切来对待古籍,恐亦不可取,更难令人信服。事实上,《张侯论》基本能反映《论语》的全貌,可作孔子思想的主要根据。

现存《论语》各篇目是:

《学而》《为政》《八佾》《里仁》《公冶长》《雍也》《述而》《泰伯》《子罕》《乡党》《先进》《颜渊》《子路》《宪问》《卫灵公》《季氏》《阳货》《微子》《子张》《尧曰》。计二十篇,各篇侧重不同,分别谈及孔子的天命观、认识论、政治伦理思想、神鬼观和中庸哲学思想。

（十五） 《论语》一书由何人何时编定

《论语》一书作者和编撰时间,历来也是聚讼纷纭,莫衷一是。综合起来,约有以下几种说法:

1.为仲弓、于夏等撰定。汉代郑玄云:"《论语》及仲弓、子夏等所撰定。"此话出唐陆德明《经典释文·叙录》所引。相比《汉书·艺文志》所称为孔子"弟子各有所记"合而纂定说,更加具体,即为弟子们分别散记,然后终有少数人编辑而成。

2.为曾子及其门人所定。唐柳宗元《柳河东文集》卷四云:"吾意曾子弟子之为也。"宋人程颐、程灏附和其说:"《论语》之书成于有子。曾子之门人,故此书独二子以子称。"近人梁启超亦同意此说,梁氏认为:《论语》"出有子曾子门人之手。"持此论者,语焉未详,仅对曾子有子以子相称来做证据,太显单薄。

3.曾子门人述言,战国秦汉儒生增益而成。近人钱玄同《立论经今古文学问题》中说:"盖此书最初是曾子门里弟子所述孔子言行,历经战国以至秦汉诸儒各记所闻,时有增益。"显然,他认为《论语》成书于秦汉,但没有具体推断作者,厘定成集时间。

4.认为《论语》作于春秋末至战国初,是孔子弟子和再传弟子合编的。刘建国持此观点,他认为主要理由有:

（1）《论语》中有大量的材料反映了春秋末年的社会背景,因而反映春秋社会环境的材料不可能编成太晚,当然更不可能成书太早。

（2）他认为:《论语》是问答体,记载了孔子与弟子间或弟子与再传弟子间的问答。并且举例说《子罕》中有"牢曰"字样,牢是人名,姓琴,字子张,这里称名不称姓也说明参加编辑者是孔子弟子之间的称呼,可见也是弟子间的称呼。《泰伯》有"曾子有疾,召门弟子曰:……"《子张》有"子夏之门人问交于子张。子张曰:'子夏云何?'……"都说明曾子、子夏此时已收门人了。刘建国进一步证明;在《学而》《泰伯》《颜渊》《宪问》《子张》中有十三处记有曾子的言行,还有最年轻的曾子将死与孟敬子的对话,都说明有曾子门人参与。孟敬子是鲁大夫孟武伯儿子的谥号,死于战国初年,而曾子死于公元前436年左右,两人谢世年代相差不远,也就是公元前400年左右的事。由此,刘建国得出结论:《论语》当成书于前479元至前400年之间。

以上所述,有两点是肯定的。《论语》一书是由孔子弟子和再传弟子合编而成,非出于一人之手;另外,《论语》成书年代不可能迟于秦代。

（十六） 历代《论语》注本主要有哪些

《论语》作为儒家经典,也是中华文化精神之渊源,两千多年来,各朝各代,无论官方、私家都非常重视,特别是汉武帝独尊儒术之后,更是新注新疏辈出,不可胜举。主要版本、注解有:

1.版本。有不分卷、二卷、十卷本不同。

《论语》不分卷,清康熙中内府刻本,光绪九年癸未(1883)上海同文书局据康熙本影印本。民国十三年上海千顷堂据康熙影印《篆文六经四子》本。民国二十二年癸酉(1933)上海开明书店排印《十三经经文》本。

《论语》二卷,宋刻递修《九经正文》本。明崇祯十三年庚辰(1640)锡山秦氏求古斋刻《九经》本。清观成堂刻《九经》本。清秦氏重刻《九经》本。民国十五年丙寅(1926)武进陶氏涉园据宋刻递修本影印《宋刊巾箱本八经》本。

《论语》十卷,清康熙刻《古香斋鉴堂袖珍丛书》本。

2.注解。《论语》注解汗牛充栋,只将代表性著名解本分列如下:

汉唐。《论语郑注》十卷,汉郑玄注,清宋翔凤辑。清嘉庆二十五年庚辰(1820)刻《浮溪精舍丛书》本最佳。清抄《郑学十八种》本为善本。《论语集解》二十卷,魏何晏集解。何晏集解多注重训诂,较全较好。其中,民国八年己未(1919)上海商务印书馆初次影印《四部丛刊》本,民国十八年己巳(1929)上海商务书馆二次影印《四部丛刊》本,民国二十五年丙子(1936)上海商务印书馆缩印《四部丛刊》本最为流行。《论语集解义疏》十卷,梁皇侃义疏。皇侃《义疏》是为何晏《集解》补疏,有重要参考价值,其中,民国二十四年至二十六年乙亥至丁丑(1935—1937)上海商务印书馆排印《丛书集成初编》本影响较大。

宋代。《论语注疏解经》二十卷,宋邢昺疏。清光绪十八年壬辰(1892)湖南宝庆务本书局刻《重刊宋本十三经注疏附校勘记》本。光绪二十三年丁酉(1897)上海点石斋石印《重刊宋本十三经注疏附校勘记》本。民国十三年甲子(1924)上海扫叶山房石印《重刊宋本十三经注疏附校勘记》本。民国二十一年壬申(1932)上海锦章图书局石印《重刊宋本十三经注疏附校勘记》本。民国二十四年乙亥(1935)上海世界书局石印《重刊宋本十三经注疏附校勘记》本。1957年北京中华书局排印《重刊宋本十三经注疏附校勘记》本。上述《校勘记》清人阮元所撰,最好的数北京中华书局排印本。《论语集注》十卷,宋朱熹集注。此为朱熹哲学观的代表作,亦是宋代义理学最重要作品。版本有明经厂大字黑口《四书集注》本。民国三十年辛巳(1941)中华书局排印本较好。《论语纂疏》十卷,宋赵顺子小疏,此书专为朱熹《集注》而疏。此外,宋代还有张栻《南轩先生论语解》十卷,蔡节《论语集说》十卷,真德秀《论语集编》十卷,金履祥《论语集注考证》十卷,亦很有名。

明代,主要也有三种注本。《论语诠解》一卷,阙名,明棉纸写本。《论语详解》二十卷,郝敬撰,《郝氏九经解》抄本。《论语逸编》三十卷,钟照编。明万历郑心材刻本。

清代。主要有四种注本。《论语正义》二十四卷,刘宝楠撰,刘恭冕述。其中,1958年北京中华书局重印《诸子集成》本、1957年北京中华书局排印单行本最为著名。中华书局单行本即用世界书局《诸子集成》本纸型重印,所以最流行的仍是《诸子集成》本。此书集前人研究之大成,是何晏至清代《论语》注解中最好的本子。《论语补疏》三卷,清焦循撰。此本也属训诂著作。《论语注》二十卷,清戴望撰。《论语集解》二十卷,凌鸣喈撰,凌江增订。

近代,主要注本有七种。《论语注》,二十卷,康有为撰。此书反映康氏改良主义思想。《论语集注补正述疏》十卷,简朝亮撰,此书是朱熹《集注》的补正。《论语解注合编》十卷,姚永朴撰。《论语集释》程树德撰。《论语古义》杨树达撰。《论语疏证》二十卷,杨树达撰,此书是近现代注解中较好本子。《论语译注》杨伯峻撰,此书注译证三合一,适宜初学者选用。

诸多注本中有几部最为重要:其一,三国魏何晏《论语集解》;其二,宋邢昺《论语注疏》;其三,宋朱熹《论语集注》;其四,清刘宝楠《论语正义》;其五,杨树达《论语疏证》;其六,杨伯峻《论语译注》;其七,南怀瑾《论语别裁》。

（十七） 历代孔子年谱有多少

研究孔子生平,除《论语》《孟子》《左传》《史记·孔子世家》《史记·仲尼弟子列传》《孔子家话》等直接资料外,最重要参考材料当是历代孔子年表、年谱、编年。据不完全统计,历史上作孔丘年谱表类专著文章达一百五十多篇。秦汉以后,作孔子年谱、年表者很多,尤其宋元以降,更是不可尽数。据刘建国搜集主要有:

宋元时期。《孔子编年》,胡仔,嘉庆间金紫家词刻本;《孔子年谱》,程复心,清道光十一年六安晁氏本活字排印《学海类编》本。

明代。《孔子年谱》,张次冲,清光绪间《杭州府志》附刊本;《孔子年谱》,沈继震,清光绪间《杭州府志》附刊本;《孔子年谱纲目》夏洪基,清道光间夏氏刻本;《孔子事迹图谱》素本等,明刻本。

清代。《孔子年谱》,杨方晃,《仔仔参》刻本;《先圣年谱》,马啸,《体史》卷八十六附刊本;《先师孔子年谱》,徐域,查醴斋手抄《淑圣真诠》本;《至圣年谱》,李泂,《至圣编年》世纪一至卷十六附刊本;《孔子年表》,孔尚任,《孔子世家谱》卷附刊本;《孔子年谱》,顾震,清光绪间《杭州府志》附刊本;《至圣年表正伪》,姜兆锡雍正十一年刻《先圣遗书》附刊本;《孔子年谱辑注》,江永、黄永宜,清道光二十七年刻《孔孟编年》本;《孔子年谱》,郑环,清嘉庆七年郑氏自刻《孔子世家考》卷首;《孔子世家考》,郑环,清嘉庆七年郑氏自刻本;《孔子编年》,狄子奇,清道光十年安雅堂刻《孔孟编年》本;《孔子年表》,魏源,《古微堂外集》卷二附刊本;《先圣年谱考》,黄汝青,清同治间《广州府志·艺文略》附刊本;《孔子年谱》,宋长庆、宋济,清康熙间《清村草堂阙里广志》附刊本;《至圣先师孔子年谱》,孔维汾,清光绪间湘阴李氏重刻《阙里文献参》附刊本;《孔子世家补订》,林寿溥,清嘉庆咸丰间刻《竹柏山房十五种》附刊本;《孔子师弟年表》,林寿溥,嘉庆咸丰间刻《竹柏山房十五种》附刊本。

近代。《孔子年谱》,刘汝霖,《周秦诸子考》附刊本;《孔子年表》,吴心恒,《新亚细亚》第十卷,第二期;《孔子传》,王禹卿,1946年上海商务印书馆排印本;《孔子年表》,钱穆,1933年朴社排印《古史辨》第四册本;《孔子年表》,朱活,《山东省志资料》,1960年,第一期。

当代,匡亚明《孔子评传》,齐鲁书社1985年版;金景芳《孔子新传》,湖南出版社1991年版;高秉楠《孔子传》,吉林文史出版社1989年版;高专诚《孔子·孔子弟子》,山西人民出版社1989年版。

（十八） 《论语》成语、俗语有多少

《论语》既是一部哲学著作,又是一部文学著作,也是一部语言学著作,无论语言、音韵、训诂,《论语》都是不可或缺的范本。研究语言学必须深入认真学习《论语》。其中,汉语成语俗语的大量出现对我国古语言学、文学产生了深远的影响。

《论语》书中究竟有多少成语俗语呢?以下分章略作统计。

《学而》:学而时习之,不亦说乎;有朋自远方来,不亦乐乎;君子务本;巧言令色;使民以时;行有余力,则以学文;慎终追远;温良恭俭让;礼之用,和为贵;贫而无谄,富而无矣;如切如磋,如琢如磨。

《为政》:一言以蔽之;有耻且格;三十而立,四十而不惑,五十而知天命,六十而耳倾,七十而从心所欲;温故而知新;君子不器;君子周而不比,小人比而不周;学而不思则罔,思而不学则殆;知之为知之,不知为不之。

《八佾》:是可忍,孰不可忍;乐而不淫,哀而不伤;既往不咎;尽善尽美;临丧不哀。

《里仁》:朝闻道,夕死可矣;君子怀德,小人怀土,君子怀刑,小人怀惠;一以贯之;君子喻于义,小人喻于利;见贤思齐;父母在,不远游。

《公冶长》:朽木不可雕;敏而好学,不耻下问;三思而后行;斐然成章,各言尔志。

《雍也》:轻裘肥马;一箪食一瓢饮;足不出户;文质彬彬;知之者不如好之者,好知者不如乐之者;敬鬼神而远之;知者乐水,仁者乐山。

《述而》:述而不作,信而好古;学而不厌,诲人不倦;不愤不启,不悱不发;举一反三;乐在其中;不义而富且贵于我如浮云;发愤忘食,乐以忘忧;老之将至;生而知之;好古敏求;三人行必有吾师;择其善者而从之;君子不党;君子坦荡荡,小人长戚戚。

《泰伯》:战战兢兢,如临深渊,如履薄冰;鸟之将死,其鸣也哀;人之将死,其言也善;六尺之孤,临节不夺;任重而道远;死而后已;笃信好学;不在其位,不谋其政。

《子罕》:多乎哉?不多也;空空如也;凤鸟不至,河不出图;仰之弥高;循循善诱;欲罢不能;善贾而沽;君子居之,何陋之有;各得其所;逝者如斯,不舍昼夜;后生可畏;三军可夺帅也,匹夫不可夺志也;岁寒然后知松柏之后彫也;知者不惑,仁者不忧,勇者不惧。

《乡党》:缁衣羔裘;食不语,寝不言。

《先进》:未知生,焉知死;言必有中;升堂入室;过犹不及。

《颜渊》:克己复礼;己所不欲,勿施于人;非礼勿视,非礼勿听,非礼勿言,非礼勿动;死生有命,富贵在天;四海之内,皆兄弟也;无信不立;爱之欲其生,恶之欲其死;君君臣臣,父父子子;君子成人之美;察言观色;以文会友。

《子路》:名不正则言不顺;手足无措;其身正,不令而行,其身不正,虽令不从;欲速则不达;行己有耻;不辱君命;言必信,信必果;君子和而不同,小人同而不和。

《宪问》:有德者必有言;有言者未必有德;见利思义;君子上达,小人下达;不在其位,不谋其政;言过其行;夫子自道;以直报怨,以德报德;怨天尤人。

《卫灵公》:君子固穷;一以贯之;无为而治;志士仁人,杀身成仁;工欲善其事,必先利其器;人无远虑,必有近忧;君子求诸己,小人求诸人;群而不党;小不忍则乱大谋;当仁不让;有教无类;道不同不相为谋;辞达而已。

《季氏》:不患寡而患不均;既来之则安之;分崩离析;祸起萧墙;血气方刚;生而知之;学而知之;困而学之;不学诗,无以言。

《阳货》:怀宝迷邦;性相近,习相远;割鸡焉用牛刀;色厉内荏,道听途说;患得患失;礼坏乐崩;饱食终日,无所用心。

《微子》:往者不可谏,来者犹可追;四体不勤,五谷不分。

《子张》:学而优则仕;文武之道。

《尧曰》:四海困穷,天禄永终。

由此可见,《论语》几乎每章都有成语、俗语出现,成为我国成语俗语语言的重要源头,只不过定型成语或照搬《论语》原句,或对原文略作改装或反用或引申而已。

（十九） 《论语》中运用了哪些修辞方法

《论语》不仅是一部哲学文学著作，也是一部修辞学著作。书中运用了大量的修辞方法，堪称修辞学的范本。以下作一系统总结。

比喻

《论语》中比喻运用最多，具体为明喻、暗喻、借喻、反喻等。①明喻，即本体、喻体、比喻词皆出现。如"为政以德，譬如北辰居其所而众星共之"（《为政》），"不义而富且贵，于我如浮云"（《述而》），"夫子之不可及也，犹天之不可阶而升也"（《子张》）。②暗喻，即只出现本体和喻体，不见比喻词。如"子贡曰：'赐也何如？'子曰：'女，器也。'"（《公冶长》）"子曰：'……吾岂匏瓜也哉？焉能系而不食？'""文犹质也，质犹文也。虎豹之鞟犹犬羊之鞟。"（《颜渊》）"君子之德，风；小人之德，草；草上之风，必偃。"（《颜渊》）③借喻，即本体和比喻词皆不出现，只出现喻体。如"岁寒，然后知松柏之后彫也。"（《子罕》）"子之武城，闻弦歌之声。夫子莞尔而笑，曰：'割鸡焉用牛刀？'"（《阳货》）④反喻，即从正反两方面设喻，使正反两方面内容形成鲜明对照。如"他人之贤者，丘陵也，犹可踰也；仲尼，日月也，无得而踰焉。"（《子张》）"譬如为山，未成一篑，止，吾止也。譬如平地，虽覆一篑，进，吾往也。"（《子罕》）此例比喻，说明把握时机，急流勇退的道理。

借代

借代的形式多样，可借具体代抽象；借原因代替说明结果，借部分代整体，借专名代通名；还有事物与事物的特征、性质、产地相借代。如"方六七十，如五六十，求也为之，比及三年，可使民足"（《先进》）以方圆六七十、五六十里来代替小邦国。"四海之内，皆兄弟也"（《颜渊》）借"四海之内"代"天下之人"。"谋动干戈于邦内"（《季氏》），"干戈"代战争。"吾恐季孙之忧，不在颛臾，而在萧墙之内也"（《季氏》），借"萧墙之内"代鲁君哀公。

比拟

分"拟人"和"拟物"两种类型。"拟人"就是把物当人来描写;"拟物"就是把人当物来描写。如"子谓仲弓,曰:'犁牛之子骍且角,虽欲勿用,山川其舍诸?'"(《雍也》)"凤兮,凤兮,何德之衰?"(《微子》)等,皆属此例。

反复

就是重复多次使用某个词或句子。可分为"连续反复"和"间隔反复"两种。如"夫子矢之曰:'予所否者,天厌之! 天厌之!'"(《雍也》)"颜渊死。子曰:'噫! 天丧予! 天丧予!'"(《先进》)"子曰:'桓公九合诸侯,不以兵车,管仲之力也。如其仁,如其仁。'"(《宪问》)以上属连续反复例。"子曰:'贤哉,回也! 一箪食,一瓢饮,在陋巷,人不堪其忧,回也不改其乐。贤哉,回也!'"(《雍也》)此例属间隔反复。

引用

又分为明引、暗引、翻用三种类型。①明引,即指明所引用的词语内容的出处。如"孔子曰:'求! 周任有言曰:'陈力就列,不能者止。'危而不持,颠而不扶,则将焉用彼相矣?"(《季氏》)②暗引,即不指明所引内容的来源。如"子曰:'衣敝缊袍,与衣狐貉者立,而不耻者,由也与? 不忮不求,何用不臧'?"(《子罕》)暗引了《诗经·邶风·雄雉》里的内容。③翻用,即对所用的词语内容进行改造,翻出新意,如"子曰:'诗三百,一言以蔽之,曰:'思无邪'。"(《为政》)"思无邪"语出《诗经·鲁颂·驹》,"思"字本为句首助词语,无意义。而此地"思"字理解为"思想"更合适,孔子进行了改造。

双关

某些语句同时具有双重意义,分表层和深层两义,并以深一层寓意为主。如"子贡曰:'有美玉于斯,韫匵沽而藏诸? 求善贾而沽诸?'子曰:'沽之哉,沽之哉! 我等贾者也。'"(《子罕》)既是双关又是反复,两种辞格并用。

夸张

是用形象的语言对事物加以极度形容。如"颜渊喟然叹曰:'仰之弥高,钻之弥坚。瞻之在前,忽焉在后'"(《子罕》)即是一例。

互文

即互文见义,运用互文格可使文字简练,蕴含丰富,句法活泼。如"死生有命,富贵在天"(《颜渊》),意即"死生富贵有命,死生富贵在天"。

对照

即性质相反或相对的事物相比较,能使意义鲜明。如"君子上达,小人下达"(《宪问》),"贫而无怨难,富而无骄易"(同上),"古之学者为己,今之学者为人"(同上),"友直,友谅,友多闻,益实。有便辟,友善柔,有便佞,损矣"(《季氏》),"富而贵,是人之所欲也;不以其道得之,不处也。贫与贱,是人之所恶也;不以其道得(去)之,不去也"(《里仁》)。

排比

排比是《论语》中常用的修辞格之一。有单句排比,双句排比,三句排比之分。如"兴与诗,立与礼,成与乐"(《泰伯》),"知者不惑,仁者不忧,勇者无惧"(《子罕》)为一句排比,"上好礼,则民莫敢不敬;上好义,则民莫敢不服;上好信,则民莫敢不用情"(《子路》)为双句排比。"少之时,血气未定,戒之在色;及其壮也,血气方刚,戒之在斗;及其老也,血气既衰,戒之在得。"(《季氏》)则为三句排比格。

以上只列举一些有代表性的修辞方法及示例,此外,还有对偶、反问、设问、省略、复叠,回文、倒装、顶真等辞格。总之,后世总结出的各种修辞方法,《论语》中绝大部分已经出现。《论语》为我国修辞学理论和实践的宝库,不为过誉。

(二十) 历代京都孔庙是怎样建立的

孔庙是儒家文化的外在表征,是中华文明特有的文化景观。孔子殁后,立故里山东曲阜为本庙。汉武帝以后,历代孔庙从京都至地方相沿不绝,传承两千年,千年孔庙旧制处处能见,形成儒家文化的连绵不绝。孔庙文化可从京都的孔庙产生发展略见一斑。

帝京孔庙的产生实起于西汉。汉武帝接受董仲舒建议，在长安建太学，置五经博士，独尊儒学，孔子地位从此得以确立。汉昭帝、元帝进一步发展，大学弟子不断壮大。在汉平帝元始元年谥孔子为褒成宣尼公为标志，正式在太学立庙祭祀孔子。东汉定都洛阳，在洛水之南建太学，且修造明堂、辟雍，"皆祀圣师周公、孔子，牲以犬。"（《后汉书·礼仪志上》）这是现存关于辟雍、学校祭祀孔子的最早记载。汉永平二年（59）始，汉明帝、顺帝、灵帝皆幸临辟雍，改祭孔子，可见孔子在当时的地位。晋武帝太始三年（267），帝下诏太学及鲁国，四时备三牲以祀孔子，以后遂成定制。北魏都平城（山西大同）设太学于城外，置国子学于城内，内设孔庙及宣文堂。东晋六朝，建都建康（南京），晋明帝下诏四时祭孔。晋孝武帝太元十年（385）移建太学于秦淮河北太庙南，其西建夫子堂——孔庙。刘宋以后相沿袭。隋唐两代定都在长安，孔庙设在务本坊，位于皇城南面。孔庙自成一庭院，外有垣墙，开南、东二门。隋因旧制，庙内供奉先圣孔子，先师颜渊。唐代孔庙几经改制。唐高祖立庙，以周公为先圣，孔子为先师。太宗罢祀周公，仍以孔子为先圣，颜渊为先师。唐高宗永徽年间，复以周公为先公，孔子为先师，颜渊、左丘明以下为从祀。显庆二年（657），又恢复孔子为先圣。玄宗开元八年（720）改颜渊等十哲为坐像；开元二十七年（739），下诏封孔子为文宣王，溢颜渊为兖公。此时，孔庙规模不大，然装饰已趋于华丽，孔子身着王者冠服，两旁依次列配享及从祀画像，初显"素王"之态。

宋朝定都汴梁，在国子监和太学内，皆建有孔庙。国子监孔庙始建于后周显德二年（955），宋初重修，内有孔子及十哲像，画七十二贤及先儒二十一人像。宋太祖、太宗均三谒孔庙。太学内西部建孔庙，自成一院落，内中居孔子塑像。自元丰年间，配享，左为颜渊，右为孟轲。宋哲宗巡幸太学，拜谒孔庙，始兴"再拜"礼。宋徽宗崇宁元年（1102）建辟雍，徽宗下诏"辟雍文宣王殿以'大成'为名"（《宋史·礼志》），此为孔庙称大成殿之开始。南渡后，宋迁都杭州，称临安，建太学于城北御街，西部设孔庙，前为棂星门，后为大成门，正殿旁各东西两庑，殿悬宋高宗御书"大成之殿"匾额。入孔庙行跪拜礼上香。辽金沿用旧制，开建"孔子庙，北面再拜"。仪礼亦如汉人。辽金以后,元人继起,入主中原,建立元朝,在京都和广大行省建立孔庙。元太宗七年(1235)在国都和林城,"复修孔子庙及司天台"(《元史·太宗本纪》)。元世祖忽必烈即位,定大都,重修燕京孔庙,至大德十年竣工,规模格局与曲阜孔庙仿佛。

明初都南京,先以元集庆路学改为国子学及京都孔庙,后另在皇城西北鸡笼山建太学,太学之东建孔庙。大成殿建三间,洪武末年增至五间。成祖迁都北京,沿用元国子监及孔子庙。明成化十二年(1476)改乐舞为八佾,笾豆各十二,弘治九年(1496)增乐舞七十二人,如天子之制。对孔子的尊崇臻于极致。嘉靖九年(1530)毁弃庙中塑像,改为木制,增设圣公祠,供奉孔子父亲叔梁纥。

清代沿明制,顺治、康熙、雍正、乾隆皆亲临拜谒,行二跪六拜之礼。乾隆年间,恢复"大成殿""大成门"之称。光绪三十二年,定孔庙大成殿为"九楹、三阶、五陛"。直至民国五年(1916)告竣。皇帝亲临,入殿中三跪九拜,对祭孔祀典升为大祀,视为至高无上的荣誉。历代京都孔庙,以北京历时最久,保存亦最完整。

(二十一) 怎样理解《论语》中的"人民"

《论语》一书中,"人""民"共出现260多次。除《先进》篇"有民人焉,有社稷焉"一处人民联用外,其他处皆"民""人"单用。可见,"人""民"在《论语》中意义不同,不能照今天人民来理解,两者无论阶级地位,物质精神生活都有明显的对立性。

先说"民"。《论语》中"民"字共出现过50次,其意是指地位低下的庶族百姓,属被统治阶级。《颜渊》中有"孔子对曰:子为政,焉用杀? 子欲善,而民善矣。"《子路》中"子曰:小人哉樊须也,上好礼,则民莫敢不敬;上好义,则民莫敢不服;上好信,则民莫敢不用情。""民"与"上"对举,可证明"民"为下人,"上"是指统治者,百姓莫敢"不敬""不服""不(情)诚"。"民",作庶人解,也可从《春秋》等著作获得旁证:《春秋》桓公二年:"宋殇公立,十年十一战,民不堪命。"庄公二十八年:"民慢其政,国之患也。"昭公二十三年:"民弃其上。"哀公十四:"民遂叛之。"此处"民"皆是被统治的百姓。另外,《论语》中,言"民"的场合,都不提姓名,只在言"人"时,才提姓名。因为,"民"春秋时期多是同家畜一样是奴隶,本无姓名。而"人"相反。如《雍也》以澹台灭明为人。《宪问》以管仲子产为人。其次,《论语》中,"民"无发言权,唯"人"才有发言权。如《泰伯》曰:"人之将死,其言也善。"《子路》曰:"人之言曰。""南人有言曰。"《尧曰》云:"不知言,无以知人也。"等,可见"民""人"之差别。再次,《论语》中言"举"皆指"人"言,而"民"则无用"举"之例,即"民"不得参与"人"事。如《颜渊》云:"子夏曰:……舜左天下,选于众,举皋陶,不仁者远矣;汤有天下,选于众,举伊君,不仁者远矣。"《子路》篇中有"举贤才""举尔所知"皆对"人"而言,与"民"无关。以上可证,《论语》所言之"民"是指下等百姓,甚至奴隶。

再谈"人"。《论语》书中"人"共出现213次,是"民"的四五倍。意思与"民"亦不同。盖有三种含义。

第一,春秋时期的"人",一方面可以"举人"走上政治舞台。另一方面又可以被"举"走上政治舞台。即是说,"人"处于统治地位,拥有国家政权。凡"人"皆有"选举权"和"被选举权"。春秋时代,并非所有百姓都有"举人"和被"举"权,只有"人"的阶层才有资格。

第二,正因为春秋是"人"的阶层占统治地位,所以《论语》中"得人""知人"便成为谋取政治地位的方式。《雍也》曰:"子曰:女得人焉耳乎?"《颜渊》曰:"子曰:知人。"皆指实现政治抱负而言,不能简单认为了解知晓一般百姓。因此,《论语》中,如何对待"人知"己,如何求得己"知人",遂成为认识论的重要课题。《学而》:"人不知而不愠,不亦君子乎?""不患人之不己知,患己不知人也。"《宪问》:"莫己知也,斯己而已矣。"都是讲如何对待"人知"己。而《为政》:"视其所以,观其所由,察其所安,人焉廋哉? 人焉廋哉?"则是说己"知人"的方法。总上所举,在孔子看来,"人知"己,己"知人"都是重要的,是由于"人"的政治权力的需要。

第三,春秋时"人",除有"举人"及被"举"权以外,还有几种权利。其一，参政议政权。《学而》曰："子禽问于子贡曰：夫子至于是邦也，必闻其政。"《子路》曰："子曰：其事也，如有政，虽不吾以，吾其与闻之。"《八佾》："事君尽礼，人以为谄也。"《季氏》曰："天下有道，则庶人不议。"以上所引，就是"人"的阶层参与政治事例。其二，"人"才有裁决权。《颜渊》曰："听讼吾犹人也，必也使无讼乎。""片言可以折狱者，其由也与？"其三，"人"有指挥军队和教练权。《子路》曰："善人教民七年，亦可以即戎矣。"《子罕》曰："天之未丧斯文也，匡人其如予何？"此两段中"善人""匡人"均指能指挥"甲士"的军队指挥，属上层社会。其四，因为"人"所处统治地位，"民"不敢不"敬礼孝忠"。如《学而》曰："为人谋而不忠乎？"《公冶长》曰："晏平仲善与人交，久而敬之。"《卫灵公》曰："己所不欲，勿施于人。""君子求诸己，小人求诸人。"现在的理解与春秋时期理解是有差别的。

此外，由于"人"在春秋时代为统治者，所以"人"还有"民"所不具有的物质和精神享受。譬如"游泳歌唱"享受。《先进》中有"冠者五六人，童子六七人，浴乎沂，风乎舞雩，咏而归。"非常自由。"人"还有"学《诗》、饮酒"权利。《阳货》曰："人而不为《周南》《召南》，其犹正墙面而立也马！"是说"人"不仅能学《诗》，而且需要学《诗》。《为政》曰："有酒食，先生馔。"《乡党》曰："乡人饮酒，杖有出斯出矣。""唯酒无量，不及乱。"春秋时，饮酒亦非"民"能享受，都属"人"的特权。综上所述，《论语》中"民"与"人"是完全不同的两种概念，不可混淆。

（二十二） 孔子学说、学派何时被专称为"儒家""儒学"的

孔子本人从来没有以"儒"自我标榜过。他对子夏说："女为君子儒，无为小人儒。"（《论语·雍也》）在孔子看来儒者不会全部是孔门弟子，孔门弟子也不代表所有儒者。孟子也一样，一部《孟子》，只出现两次"儒"字。一次是孟子说："逃墨必归扬，逃扬必为儒"（《尽心下》）；另一次是夷子说的"儒者之道"（《滕文公上》），可见孟子也未自称为"儒"。

倒是稍早于孔子的晏婴将孔子称为"儒者"（见《史记·孔子世家》），

但晏婴所说的"儒者"不是"仁者"之儒,而只是原来的襄礼的儒者。稍晚于孔子的墨子也将孔子称为"儒者",《墨子·非儒》就是批评孔子的,仅在《非儒下》一文中,孔子、孔某自名字就出现过 20 次,可见墨子是将孔子当作儒者来批评的。但是墨子的《非难》所批评的"儒者",也不是主张"仁的学说"的儒者,而是别的形象的"儒者"。《庄子》一书中有 52 段文字提到孔子,有的篇章和段落也把孔子称为儒者,如《盗跖》篇,前面说"仲尼、墨翟"如何如何,后边又接着说"儒者伪辞,墨者兼爱",这里的儒者就是仲尼了。庄子心目中的"儒者"是否就是"仁者之儒"呢? 也不太明确。

到了战国末期,荀子明确了儒家学说就是孔子仁的学说。《荀子》一书中,将"儒"分成"大儒""雅儒""俗儒""小儒""贱儒"(见荀子《儒效》和《非十二子》)。他明确地将孔子为代表的学说和学派,称作"儒"或"儒者"。《荀子·儒效》上说:"秦昭王问孙卿子曰:'儒无益于人之同?'孙卿子曰:'儒者法先王,隆礼义,谨乎臣子而致贵其上者也。……仲尼将为司寇,沈犹氏不敢朝饮其军……居于阙党,阙党之子弟……孝悌以化之也。儒者在本朝则美政,在下位则美俗。……何谓其无益于人之国也!'昭王曰:'善'。"接着说:"先王之道,仁之隆也。"这里,荀子将儒、儒者、孔子看成是三位一体的,孔子是儒,儒也就是孔子,而且将孔子看成是创导仁学的孔子,而不是原来的儒者之孔子。荀子是称颂孔子的大学者,是稷下学宫的祭酒,是有影响的人物。从此,孔子所创立的仁学也就被称为儒家学说,由孔子创立的学派,也就被称为儒家学派。

(二十三) 孔门学派有多少

孔子殁后,其弟子及再传弟子,各持所学直线师传,分衍出许多流派,构成我国学术的诸多源头。总结起来,有如下几派。

传礼派。"礼"和"仁"乃孔子学说的核心,也是儒家思想的纲领。抓住"礼"实得孔学之关键,孔子弟子中子游悟其理,为孔子衣钵真传。《史记》曰:子游善文学。而礼则见之于文。文与礼互为表里。子游独标礼学,沾溉历代公卿大夫、士庶平民,奠定中华"礼仪之邦"之特质。自古士大夫凡于"礼仪"不知可否,皆以子游之言为圭臬。历代阐发子游礼学思想著作颇多,代表作如邵懿辰《礼经通论》、黄以周《儆季文钞》等,皆奉子游为礼派正宗。

传经派。西汉以降,经学大昌。各经学大家,以先秦著作为经,大事阐发。特别是汉武之后,儒学独尊,孔子及其儒家学说著作奉为经典,如《易》《书》《士丧礼》等皆称经书。孔子弟子中商瞿专攻《易》,漆雕专习《书》,而子夏兼通众经,实为经学之大宗。所以,汉儒研习经学必沿荀子、毛公、谷梁,而推子夏为鼻祖。汉代而下,经学繁衍,由唐宋而明清,绵延未绝,成为我国学术之一正宗,实肇始于子夏。

传道派。孔子在世,常言道学,不过《论语》述道,朴素单一,道的内涵,随后渐复杂。虽有歧说,但言道一派,至今不绝,至宋明两代为之盛极,形成宋明理学之根本。传播孔子道学思想最力之人,乃曾子,曾子以忠恕为本,影响子思、孟子,遂成儒家道学之滥觞。

传史派。史学至司马迁成一学派。究其学术源头亦由孔子首创。《史记》首篇"五帝本纪"载有"宰我问五帝德"从"帝系姓"事,可见孔子弟子宰予实传史派先人,冯云鹓《宰子年谱》记述更详。

传兵派。此派以子路为宗主。《论语》中子路自许"以千乘之国,摄大国之间,加之以师旅,因之以饥馑,而能使民有勇知方。"可知子路很有治兵之方,领军作战,非子路莫属也,子路开兵家之先声。

使食派。孔子得意弟子冉有,尝以能安民出业自许。《论语》中孔子曾先之以场无贫,和无寡,安无倾之理。孔子民生思想由冉有得以传承。

纵横派。春秋战争时期,诸侯纷争,辩士兴起,邦交之事多凭言语纵横捭阖,产生纵横一家。而子贡、宰予最善辞令,为首批纵横义士。孔子屡屡告诫弟子,外交之则在于有耻不辱,此为往来之要道。

坚白派。精于"坚白"之说乃战国时代庄子和公孙龙。然而早在春秋时期,孔子就以正名之语告之子路,并且责备宰予名与义不相配合,此为坚白说之肇始。

孝友派。孔子弟子有于尝言孝悌之语,开孝友派之先河,《晋书·孝友传序》,称曾闵尚孝悌,为孝友派的典型代表。

循良派。孔子及众弟子多为从善循良之人,无论出仕任官,还是贫居陋庵,皆持独善和兼济之本。形成中华民族人格心理中温良恭俭让、进退有据的共性。

游侠派。梁启超《中国之武士道》一文,简述中国游侠之源,称孔子为其祖,漆雕为其宗。

货殖派。司马迁《史记·货殖列传》激赏于贡,认为:"子贡废著鬻财于曹鲁之间,使孔子名布扬于天下。"可想,孔子名扬四海,始于商贸,可见儒学之初并不耻笑商业,只是后来妄加摧抑,致使儒学与商业、儒生与商人对立,形成几千年来,正统思想上重仕轻商的不良风习。

独行派。司马迁认为孔子弟子季次、原宪读书言志,是独行君子,两人死后,四百年来弟子怀念不倦,形成独行一派。

躬耕派。孔子生活方式简朴、自然,弟子多有效仿,自成一派。如子路、巫马期、樊迟、许行,皆心力兼劳,并耕不辍,影响深远。

此外,还有"小康派""大同派""射御派""天人合一派"等。由上可知,孔子及其儒家学说实乃中华学术大树之根。

(二十四) 孔子创办私学与春秋末期"学术下移"有何关系

殷商、西周的文化典籍掌管在作为王官的祝、宗、巫、卜、史的手里,那时只有贵族与贵族子弟拥有垄断与接受文化的特权,这就是所谓"学在官府"。但是西周的宗法制度本身就造成一种"学术下移"的必然趋势。西周各级贵族如天子、诸侯、大夫,只有"大宗"的下一代可世袭上一代的地位。而"小宗"的支庶则逐代递减,下降为诸侯、大夫、士的地位,于是一批一批有文化的贵族被降落到士的阶层中去。到了春秋末期,由于生产关系的迅速变革,阶级关系的急剧变动,更加速了这种"学术下移"的进程。《左传》昭公三年上记载:"栾、郤、胥、狐、续、庆、伯降在皂隶,政在家门,民无所依。"一部分贵族没落了,流落到社会上,降为出卖知识的平民,甚至降为"皂隶"。

《论语·微子》上记载:"大师挚适齐,亚饭干适楚,三饭缭适蔡,四饭缺适秦,鼓方叔入于河,播鼗武入于汉,少师阳,击磬襄入于海。"这一批在周王室里的司乐的王官也流落四方,同时也将文化知识散播到民间。据《史记·孔子世家》上记载,孔子就曾向击磬的襄学过琴。与此同时,处于上升地位的新贵族则迫切要求掌握文化,而平民也希望通过学术取得"士"的地位。这就为孔子创办私学提供了需要与可能这两方面的条件。

孔子本人的祖先就是宋国的贵族,先祖就是在宋国的动乱中逃到鲁国避难的,他本人的身份则是"士",他常以"士"的历史使命感来勉励自己。"士志于道,而耻恶衣恶食者,未足与议也"(《论语·里仁》),他的学生曾参也说:"士不可以不弘毅,任重而道远。"(《论语·泰伯》)加上鲁国是当时文化中心,保存了大量文化典籍,孔子在年轻时就精熟《诗》《书》《礼》《乐》,为其创办私学准备了良好条件。

《史记·孔子世家》记载:"孔子以《诗》《书》《礼》《乐》教,弟子盖三千焉,身通六艺者七十有二人。"孔子在鲁国创办私学其规模是空前的,这与他提出的"有教无类"的办学思想有关。他的门人中有贵族也有平民,甚至贱人,这样做,的确是扩大了教育对象,促使先进的中原文化向边远传播开去,使"学术下移"更加落到社会底层。他在创办私学中,创立了儒家学派与儒家学说,对此后的百家争鸣与古代文化的发生发展产生了重大影响。

因此,我们认为,是春秋末期的"学术下移"造就了孔子这样一位伟大的教育家;而孔子的创办私学又大规模地推进"学术下移"的历史潮流。

(二十五) 怎样理解孔子关于十五岁至七十岁的学习自白

《论语·为政》篇有段孔子学习的自述,略云:"吾十有五而志于学,三十而立,四十而不惑,五十而知天命,六十而耳顺,七十而从心所欲,不逾矩。"此章是理解孔子治学的关键,可见圣人成德立身,始终本末;而且为孔子自言,语言简明扼要,历来学者都极重视。然因文字理解不同,人言人殊。下面分述之。

"吾十有五而志于学",有字,音又,十有五,即十五岁。此句分歧较大的是"学",孔子之言"学"内容是什么?泛指还是确指,说法不同。王肃在注"学而时习之"句曰:"时者,学者以时诵习之。""以时诵习"如后世人读书一般,那么"学"被释为学习文章、文学,但是,孔子时代,文章、文学均为末业,并非要务,"行有余力,则以学文"。将孔子之"学"理解为学文学、文章、读书,显然不能圆通。朱熹《集注》曰:"古者十五而入大学。心之所之谓之志。此所谓学,即大学之道也。"王淄尘《广解论语读本》曰:"孔子所说之学是'学做人',也即是'学礼'。"笔者认为,王肃之说太狭,不合孔子思想,朱子观点太泛,不够具体,董文解释较为恳切,务实。联系孔子思想、时代背景及《论语》文本,"学"的内涵实在丰富,然"学礼"确为其中心内容。

"三十而立"。何晏《集解》曰:"立,有所成也。"朱熹《集注》谓:"有以自立,则守之固而无所事志矣。"两者意思相近。张载曰:"强礼然后可与立。"强调"礼"与"立"之关系为前因后果,有"礼"自然会"立";相反,无"礼"则无法"立"身。

"四十而不惑"。何晏《集解》引孔安国语曰:"不惑,不疑惑。"朱熹曰:"于事物之所当然,皆无所疑,则知之明而无所事守矣。……知此,则知极其精,而不惑又不是言矣。"苏辙曰:"遇变而惑,虽守不固,四十不惑,可与权矣。"孔安国语过简括,惟朱子领悟颇深,阐述亦透,苏辙从反面论证,不惑之要在于"遇变"不乱。

"五十而知天命"。释意颇多,孔安国曰:"知天命,知其终始。"意为通晓"天"之始终,但何为"天",未作详解。邢昺曰:"孔子学《易》,至五十,穷理尽性,故曰知天命。"是从物理天性上阐述天命内涵。朱熹曰:"天命,即天道之流行而赋予物者,乃事物所以当然之教也。"朱子认为"天命"不仅是自然规律,而且也是社会人生之规律,见解要完整、全面得多。

"六十而耳顺"。对此句,郑玄云:"耳顺,闻其言而知其微旨。"皇侃曰:"顺,谓不逆也。"前者谓,圣人对人,只要一闻其言,就自然明了说话者的真伪,后者是讲圣人所听之事,没有什么不觉得自然的。即达到朱熹所言的"声入心通,无所违迷,知之之至,不思而得也"的境界。

"七十而从心所欲,不逾矩"。马融解释说:"矩,法也。从心所欲,无非法者。"朱熹亦有类似注解:"从,随也。矩,法度之器,所以为方者也。随其心之所欲,而自不过于法度,安而行之,不勉而中也。"两者意思相近,而朱子分析详尽,鞭辟入里,深得孔学精华。董文则认为:"矩亦礼也。圣人到了此时,随便什么地方,凡一言一动,一视一听,不必注意,无不悉合乎礼也。……到此时可不必注意留心一切,视听言动都不逾越礼的规矩,故曰'不逾矩'。""礼"尽管为孔学之根本,但仍不能说是全部,故完全落脚于"礼"亦失之偏颇。

（二十六）　《孔子家语》是一部什么样的书

研究孔子思想,除了《论语》之外,还有一些史料值得重视,如《左传》《国语》《史记》《孔子世家》《仲尼弟子列传》等。其中《孔子家语》就是一部非常重要的参考资料。但是关于此书,历来说法不一。有认为是伪书,如颜师古、朱熹、姚际恒、范家相、孙志祖、刘汝霖、张心澄都认为《孔子家语》是王肃伪撰,尤其孙志祖《家语疏证》考辨至详,逐条疏证,定为王肃伪作。关于《孔子家语》的真伪问题,有两点要说明。其一,认为《孔子家语》实有此书,但早已亡佚,现行《家语》为王肃伪托,非《汉书·艺文志》上提到的《家语》。其二,认为本无《家语》一书,为王肃杜撰。

但是,笔者认为《孔子家语》是记录孔子及其弟子言行事迹的重要资料。就目前所知,如下材料可印证,《孔子家语》似乎确有此书,非王肃伪作。1973 年河北定县、1977 年安徽阜阳出土的汉简有许多内容类似于今天的《孔子家语》,这说明《家语》原型早在汉代就已经存在。因此,我们不能轻易否定它的真实性。

《孔子家语》共十卷四十四篇,内容远比《论语》丰富,涉及孔子先世,孔子生平,日常生活,政治活动及思想主张,是孔子和早期儒家思想的重要文献。随着其真伪问题达到解决,它的影响会越来越大。尽管受伪书之说的负面作用,历代注述《家语》之书比《论语》注述少了许多,但仍有不少注疏家,热衷此书。下面略作整理。

《孔子家语》二十七卷,阙名。《孔子家语注》二十卷,王肃。《题标句解孔子家语》三卷,王广谋。《新编孔子家语章句》十卷,刘祥卿。《孔子家语注》八卷,何孟春。《校订家语》三卷,汤克宽。《校订孔子家语》十卷,黄鲁曾。《家语类纂》一卷,沈津。《校订孔子家语》十卷,陆治。《孔子家语粹言》,陈继儒。《孔子家语图》一卷,吴嘉谟。《校定孔子家语》十卷,吴勉学。《孔子家语衡》二卷,周宗建。《家语简》五卷,张鼎。《新楔台阁清伪补孔子家语》五卷,郑德溥。《校补宋刊孔氏家语》十卷,毛晋。《校宋本孔氏家语》十卷,毛晋。《孔子家语宪》四卷,陈际泰。《校正孔子家语》三卷,孔讴。《孔子家语评》十卷,何棠。《孔子家语校本》,邵泰。《家语本义》十卷,姜兆锡。《家语正义》十卷,姜兆锡。《评阅孔子家语》,陆度。《家语伪证》十一卷,范家相。《何注家语校补》八卷,卢文弨。《家语外集》,卢文弨。《校订孔子家语原注》十卷,李容。《家语述记》任兆麟。《孔子家语疏证》十卷,陈士珂。《家语疏证》六卷,孙志祖。《家语选》四卷,张道绪。《家语颜谈》,江有诰。《复校孔子家语》,萧穆。《家语集注》四十卷,张铖。《孔子家语正本补注》十卷,姜国伊。《家语文粹》一卷,李宝洤。《景宋蜀本孔子家语》十卷,刘世珩。《孔子家语札记》一卷,刘世珩。《家语佚文》一卷,王仁俊。《孔子家语注》十卷,陈厚耀。《校明本孔子家语》,潘景郑。《孔子家语管见》,金其源。

另外还有满、女真、日、英、法、德诸种文字的注疏本,这里就不一一列举。仅就以上所列,足可见《孔子家语》影响之巨。

二　孔子与儒学

（二十七）　孔子的天道观是什么

春秋末期的天道观占统治地位的虽然仍是认为"天"是主宰万物的唯心论的思想，但认为"天"是无知觉、无意志、不能主宰万物的朴素唯物论思想已经出现。这也包括孔子注重人事的思想。孔子注重人事，他的天道观亦即"天人"关系这对范畴，在他的哲学思想中占有特殊重要的地位。他的"天"的含义，根据文献记载基本有三：一是自然之天。也指客观发展规律为天。他说："春致其时，万物皆及生；君致其道（按照客观发展规律，行仁道），万人皆及治。"（《说苑·君道》）否则就会像曾子所说的"上失其道，民散久矣"了。孔子又说："获罪于天，无所祷也。"（《论语·八佾》），意即行为违反了客观自然规律性，必然招致失败或危害就是祷告也无济于事。这就是孔子认识自然界规律之后所说的自然之天。二是表示他自己对自然界、社会以及人生的某些问题认识不了，也无可奈何的慨叹。如说："天之将丧斯文也"（《论语·子罕》）便是他在遭到匡人围困时，对之无可奈何，一面为弟子壮胆，一面也哀伤自己遭遇不好的叹息之词。三是愤激和悲恸时感情激动的表现。例如,他"见南子,子路不悦",他发誓说:"予所否者天厌之!"(《论语·雍也》)颜渊死了,他悲恸地伤叹说:"噫!天丧予!天丧予!"

这三种天,在孔子的哲学思想中,前一种是比较科学的,它具有的实际意义是:客观规律是事物发展变化的必然性,不是以人的意志为转移的,顺应这个规律办事,才能避免失败或危险。孔子所讲"天道"的正确成分,主要是"人道",是人们的行为合乎客观规律。战国时期崇孔的荀况解释得很清楚,他说:"道者,非天之道,非地之道,人之所以道也。"(《荀子·效儒》)"楚昭王有疾,卜之曰:'河为崇'。大夫请(用)三牲(祭河禳灾)。"昭王说不用,"祸福之至,不是过也",遂不祭。孔子听到后说:"昭王可谓知天道矣,其不失国宜哉。"(《说苑·君道》)由此可见,孔子所讲的"天",已不是主宰世界的"天"。他说"昭王知天道",所以"不失国宜哉",主要是看到昭王不相信天可以主宰自己国家的安危,知道国家的安危决定于人民的向背,而重视人道。正如管仲答齐桓公问"王者何贵"时说的"贵天"。"所谓天者,非苍苍莽莽之天也。君人者以百姓为天,百姓与之则安,辅之则强,非之则危,背之则亡"(《说苑·建本》)。这又可知,孔子所讲的"天道",既是人道,也是治道,即治国、治事的合乎客观规律之道。

孔子所说的后两种"天",是没有实际意义的,也是受传统习惯的影响,而流露出的口头语。在气愤或无可奈何时呼天的这个传统习惯,至今也还存在,这也不能说人们都是迷信天对人事的作用。

(二十八) 为什么说孔子所谓的"天命"是指客观规律

孔子之所谓"天命",是一个很大的概念。孔子从天体运行、四时交替、万物生长等现象中看到默默无言的自然界有不为人所见。更不为人所左右的规律存在,他把这规律叫作"天命"。这是孔子"天命"概念的一方面含义。孔子不只看到自然界,他同时也注意到人类社会历史的变动往往与人的主观意愿不一致,似乎在人类社会历史的变化中也有一种人们看不见的东西在起作用。它究竟是什么,孔子讲不具体,他把它也叫作"天命"。这是孔子"天命"概念的又一方面含义。由此看来,孔子讲的"天命",是指整个客观世界的规律而言,它既包括自然界的规律,也包括人类社会历史的规律。自然界与人类社会的规律究竟是怎样的,孔子实在不知道,他只是觉察到客观世界有它自身的规律存在,人的主观愿望无法改变它。

但是在孔子看来,人固然不能改变"天命",却可以认识"天命",适应"天命",调整自我与"天命"的关系,用现在用语说,就是克服主观世界与客观世界的矛盾。可以说,孔子一生都在为实现这一目标而学习、奋斗。

孔子在概括自己一生走过的道路时说:"吾十有五而志于学,三十而立,四十而不惑,五十而知天命,六十而耳顺,七十而从心所欲,不逾矩。"(《论语·为政》)有人说"五十而知天命"是说人到五十岁才能领会上帝的旨意,这是说不通的。事实上,孔子因为在五十岁之前遭遇坎坷,为推行他的政治理想,栖栖惶惶,奔走东西,结果四处碰壁,没人买他的账,这使他感觉到客观世界有一种看不见的东西在起作用,它不以个人的意志为转移,人只可顺应它而不可漠视它。孔子把它称作"天命",也就是我们今天所说的规律或者客观必然性。只有这样理解"五十而知天命",其他五句才将是具有实在意义的、可以理解的。总括说,孔子这六句话的基本含义是表述他一生如何认识客观世界、适应客观世界的历程。

《论语·季氏》载孔子语说,君子"畏天命"。人们往往据此而断定孔子之所谓"天命"是上帝的旨意。其实"畏天命"与"知天命"是两个相互关联的命题。"天命"系指客观规律而言,"知天命"是认识客观规律,"畏天命"是因已知客观规律不可抗拒性而对它产生审慎戒惧的态度。"知"是"畏"的前提,"畏"是"知"的结果,两者相互关联。所以孔子接着说:"小人不知天命而不畏也。"由此又可得知一点消息:君子"知天命""畏天命",小人不知天高地厚,恰恰说明"天命"是难知的。若是上帝的旨意,有什么难知? 况且在古人看来,君子并不相信上帝相信神,只是小人才信以为真。荀子谈到雩祭等迷信活动时说"君子以为文,而百姓以为神"(《荀子·天论》），就是证明。

总之，孔子之所谓"天命"是指客观规律而言，绝不是什么上帝的旨意。

（二十九） 孔子之"道"与老庄之"道"有何区别

《论语》中，提到"道"字多处，如"先王之道""道之以政""道千乘之国""不以其道得之""朝闻道，夕死可矣"等。其中有两处声明："吾道一以贯之。"这是读《论语》时，最重要的一点，它既是孔子思想的直接宣言又是儒家学说的论纲，一切儒家之书都不外乎此。可见孔子之"道"对于儒家，对于孔子，对于《论语》都是至关重要，必须首先澄清。

孔子之"道"与老庄之"道"迥然不同。大家知道，与孔子同时或稍早的老子以倡"道"闻名。"道可道，非常道"，继而经庄子发挥，形成中国古代哲学的主要流派——道家。孔子之"道"与老子之"道"，虽同为一个"道"字，但是本质上截然相反。孔子所倡之"道"是指人类社会的纲常伦理，即维护人际社会关系的仁义礼智、孝悌忠信等种种做人的道理，此为儒家之"道"的实质，亦是孔子在《论语》中言"道"的具体内容，孔子终生恪守的行为规范。老庄所说之"道"是指自然界万事万物的变化，这种变化是不以人的意志为转移的，人们无法控制自然的变化，不如听其自然，此为道家之"道"。显然，儒家之"道"是具体的，可实践的，是人之"道"；而道家之"道"是抽象的，不可实践，甚至不可想象的，是天之"道"，自然之"道"。换言之，儒家以为既然作为一个人，就不得不讲人道，服从人道，积极勇敢地实现人道；而道家以为人不过天地间一微小之物，只得听任自然摆布，人没有力量去改变自然之道，只能消极地去体悟道的存在。儒道两家之"道"，毫无瓜葛，不可混淆。

因此，孔子之"道"，通俗而言，就是做人之"道"。就《论语》二十篇看，几乎句句是做人的道理，这些道理许多已成为中华民族做人准则。所以要了解孔子思想，了解《论语》这本书，需首先明白这一个"道"字。作为一个人,就需遵守人道,讲究做人之道。而且,孔子还强调,做人之道,应当"一以贯之",不可一日废弃。何谓"一贯"呢?因为,做人之理丰富复杂,千头万绪,条分缕析起来,虽千言万语亦难穷尽。乍一看仿佛各有不同,其实就本源而论都同出一辙,在言语上、形态上虽有不同,然而在理论上是完全相通的,所以称之为"一贯"。"一贯"者相通也,譬如,一株大树,抽条发芽,开花结果,各有不同,但它都来源于大树之"本",即使由此繁衍出更多大树,以至无穷,追本穷源仍株株相通,皆由一株发脉,属源和流的关系。正如《易经》所言:"天下同归而殊途,一致而百虑。"途虽殊,虑虽百,但本原是一致的。因此,只要抓住"一以贯之"之"道"条主纲,再研读《论语》章句,就会领悟孔子及其儒家思想精髓。

(三十) 孔子讲的"天何言哉"的"天"的含义是什么

《论语》中的"天何言哉?四时行焉,百物生焉,天何言哉"(《阳货》)一段话,是判断孔子在天人关系上是有神论者还是无神论者的关键,无论持哪种观点的人都很重视它。但是孔子讲的"天何言哉"的"天"的含义是什么,《论语》本身未有提供更多的说明,仁者见仁,智者见智,理解各有不同。有人说"天何言哉"的"天"是具有精神意志的最高主宰,四时运行,百物生长,是天意的体现。有人说这个"天"不是宗教的上帝,它是一种抽象的精神,是人的理性和主观精神的绝对化。有人说这个"天"指的是自然界,"四时行焉,百物生焉"是自然界有规律的生息变化。究竟哪一种认识反映了孔子的真实思想,只要把《易传》同《论语》对照起来看就清楚了。

《周易》本是卜筮之书,经孔子为之作传,其中蕴含的思想被阐发出来,成为一部可以理解的哲学著作。《周易》的哲理反映在筮与卦之中。它包括两方面内容,一是反映关于自然知识的所谓"天之道",一是反映关于社会知识的所谓"民之故"。《周易》中对于天的认识,没有丝毫上帝鬼神的意识。只有《系辞传》中"天垂象,见吉凶"一句带有宗教观念的痕迹,但它与整个《易传》的思想体系格格不入,很可能是汉人羼入的,与孔子无涉。例如,《序卦传》说:"有天地然后万物生焉,盈天地之间者唯万物。"这里的"天",指的是自然根本,未给上帝鬼神留下一点位置。

总之,孔子在《易传》中表达出来的"天之道",毫无人格化的神或者有意志的上帝的影子,也不见抽象精神或者人的理性与主观精神的绝对化。《周易》蓍与卦中体现的"天之道",并没有任何神意可言。孔子在《易传》中讲的"天",其含义就是自然。那么,《论语》中"天何言哉"那四句话中的"天",其含义当然也是自然。《论语》的那四句话,实际上正是《易传》中"天之道"的简明概括。

（三十一） 孔子对鬼神是持什么态度

鬼神,是孔子哲学思想的一对范畴,是孔子对鬼神与人事、形体与精神或身体与灵魂关系的看法和态度。中国商代宗教唯心论的哲学思想,认为鬼神掌管吉凶,要知人事吉凶,须问鬼神,"卜筮"就是那时向鬼神问吉凶的办法。至于鬼神,西周所指的是:一是统治阶级的祖先;二是平民百姓的祖先。这都是属于唯心论的鬼神观,是以超自然存在的人格化的形式看待鬼神的。

孔子对鬼神的认识,是由先存疑而后否定的。就对鬼的问题来讲。孔子说:"祭神如神在,吾不与祭,如不祭。"他示意所谓神,是不存在的一种设想。孔子答"樊迟问知"时说:"务民之义,敬鬼神而远之,可谓知矣。"从这些答词看,孔子是否定了宗法传统的神权观念的。那么他为什么又要人们"敬鬼神而远之",这不是自相矛盾了吗?主要原因是殷、周之际,所敬拜的神也包括有功于人类生存和生活的古人,对这些古人的敬拜既是表达追念之情,也是借以启发倡导人们为人类社会做好事。为这样的目的敬拜,自无不可;但是为祈福、禳灾而沉溺于迷信的敬拜,在孔子看来则是愚蠢的。中国两千年的封建社会里,唯物主义思想家根本不承认存在有超自然的主宰世界的所谓"神",追本溯源,可以说也受到孔子的影响。孔子从外部对传统的神学给以冲破,又从躯壳内抽空它,进而填充了许多朴素唯物主义和无神论的内容。

再就对鬼的问题来讲。孔子所说的"敬鬼"主要是敬奉祖先,既包含有追念、继承祖先正确言行的因素,更包含有一定的重视现实教育的意义,一句话,所考虑的是社会效果。孔子幽默有趣地对子贡问鬼的答词,即说明了他的这个思想。子贡问"死人有知无知也?"孔子说:"吾欲言死者有知也,恐孝子顺孙妨生以送死也;欲言无知,恐不肖子孙弃不葬也。赐欲知死人有知将无知也,死后自知之,犹未晚也。"(《说苑·辨物》)在中国思想发展史上,不讲灵魂不灭问题,而着重探索人生问题;亦即不求死后和所谓来世安福尊荣问题,而在生活上追求真理和原则,以冀有补于造化不足的思想,可以说主要开始于孔子。而在古代许多思想家中,能有这样清醒的理性和理论头脑的,孔子也是突出的第一人。

孔子既不迷信鬼神,也不主张以卜筮向鬼神问吉凶。孔子认为祸福皆出于人事的得失,主张致力于人事以致福、防祸,所以在人们集会迎神、驱鬼的时候,他只衣帽整洁地在一旁观看,尊重群众的习惯,而不参与其事。孔子对自然灾害的看法,也挣脱了迷信鬼神的束缚,不相信星命、休咎说教。中国在漫长的封建社会里,始终存在"阴阳""堪舆"(看风水)迷信思想,早在两千多年前,孔子就认为它是荒诞无稽的,例如鲁哀公问孔子:人们说"东益宅不祥,信有之乎?"孔子回答说:"世间不祥有五,而东益不与焉:夫损人而益己,身之不祥也;弃老、取幼,家之不祥也;释贤用不肖,国之不祥也;老者不教,幼者不学,俗之不祥也;圣人伏匿,天下之不祥也。故不祥有五,而东益不与焉。"(《新序·杂事第五》)孔子做鲁国的中都宰期间,倡行死人埋葬时"因丘陵为坟,不封不树",都是从经世济民出发的,与"阴阳堪舆"看风水无关。

综上所述,孔子是力求以实事求是的态度来否定鬼神的作用。

(三十二) 孔子仁学的主要含义是什么

在孔子的思想体系中,"仁"的含义是多重的,孔子从不同角度对"仁"

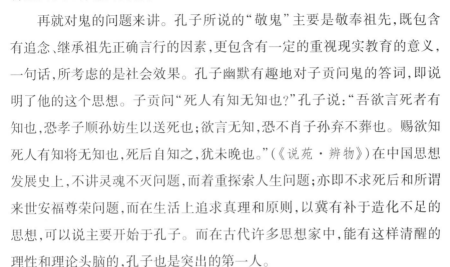

作过多种阐释,其主要含义是:

1.爱人。《中庸》说:"仁者,人也。"就是说,只有仁者才为人,不仁之人不成其为人。作为仁者,首先要爱人。孔子在神学观念迷雾笼罩的时代,发现了人,因而爱人。他把爱人看成是人生的一种美德。他十分爱惜人、关心人。"厩焚。子退朝,曰:'伤人乎?'不问马。"(《论语·乡党》)要做到"仁",就必须同情人、关心人,同情、关心的重要因素是"爱"。不具有"爱人"的思想,就不可能达到"仁"的标准。所以说"爱人"是"仁"的本质、核心和第一要义。

2.忠恕。孔子认为,要做到真正的"爱人",就要实行忠恕之道。因此,他把"忠恕"作为体现、实现"仁"的两个方面加以规定。孔子所讲的"忠",既是端正思想、态度,求其在我,搞好己与人的关系,极力把事情办好,不要自欺而欺人,又是以己为人、成事、成人的奉献精神;孔子的"恕"是"推己及人",即以己之心去推度人心,一方面推己所欲,给人之欲,一方面己所不欲,不强加于人,要设身处地为别人着想。"忠恕之道"最能体现"仁"的内涵和"仁"之本质的。做到了"忠恕",便是行仁道了。这是处人、处事和自处的一种尺度,基本原则。

3.修己。孔子认为,"仁人"是修己、克己,不要强调客观条件,而要从主观努力上修养自己,为仁由己不由人,求仁、成仁是一种自觉的、主动的道德行为。孔子说:"克己复礼为仁。一日克己复礼,天下归仁焉。为仁由己,而由人哉?"(《论语·颜渊》)"仁"是依靠本人自己努力追求所要达到的一种高尚的精神境界,求仁而得仁,欲仁而仁至,为仁由己不由人,所以要修己以求仁。

4.志向。孔子认为,人生的意义在于实践人伦道德,实现人生理想,完善人生价值,做一个"志士仁人",所以人要有志向。所谓志向,就是"成仁"。在《论语·里仁》中,孔子多次讲到这个问题,如:"仁者安仁,知者利仁""苟志于仁矣,无恶也""士志于道,而耻恶衣恶食者,未足与议也""朝闻道,夕可死矣"。孔子又说:"志士仁人,无求生以害人,有杀身以成仁。"(《论语·卫灵公》)一个人可以杀身成仁,可见孔子对志向的重视。孔子强调人的志气、骨气、节操，"三军可夺帅也，匹夫不可夺志也。"（《论语·子罕》）他推崇"士可杀而不可辱"的精神，称赞伯夷叔齐"不降其志，不辱其身"的品格。

（三十三） 孔子仁学的政治主张是什么

孔子生活的春秋后期，奴隶主贵族政治腐败，民不聊生，他悲天悯人，思有以救之。他一方面要改变动乱的社会现实，一方面又要为后世立法，企图在奴隶等级制的旧框子内，注入充满道德精神的新内容，以期重建社会秩序，改善民生，重开太平。那么他的政治主张是什么呢？是礼治、德治、贤治。

首先，孔子政治主张的基本倾向是要求恢复周礼。所谓礼，即统治者赖以治国保民，合乎情理和道德的社会典章制度、仪式节文和行为规范。奴隶社会的礼当然渗透着奴隶等级制度精神，孔子拥护周礼，表现了其思想保守的一面，但孔子思想的主流却不是落后的、保守的，而是在周礼的框子内注入仁的精神，充实德治和举贤的内容，这实际上是对原来意义上的周礼按封建制方向的改革。例如，在经济制度方面：孔子鼓励有国者以德治和信义招徕劳动力，认可百姓摆脱人身依附，自由流徙。在政治制度方面：晋国立县制，魏舒选贤者为大夫，孔子极表赞许，这是赞成对分封制的改革。孔子主张"举贤才"，不论出身，唯贤是用。要求统治者在用人方面"近不失亲，远不失举"，不因避嫌而失亲中之贤者，不因偏私而疏远于己之贤者，惟义所在。孔子主张"为政以德""道之以德，齐之以礼"，用礼下庶人代替"礼不下庶人"，用上下双向尽义务，代替上对下的单向要求，借以减轻等级压迫，这是对奴隶等级制的一种改革。孔子还要求统治者尊重人民的意志："三军可夺帅也，匹夫不可夺志也"，要求实行惠政、德教，以身作则，杜绝滥杀和人殉，表现了对人的尊严和价值的重视。

孔子对周礼的改革有一定自觉性。他说："殷因于夏礼，所损益可知也；周因于殷礼，所损益可知也。其或继周者，虽百世可知也。"（《为政》）

其"好古敏以求之"不过是重视研究传统，而非照搬古代的一切，其基本态度乃是宜因则因，宜革则革。故孔子仁学不等于政治观和历史观上的保守主义。

其次，孔子政治主张中具有现实意义的精华。孔子的礼治、德治、贤治思想中，确有许多精华。第一，富而且教，这是德政的基本内容。孔子要求富民，又要求在富民的基础上进行道德教化，反对专靠行政命令和刑罚、杀戮。认为统治者的高明不在于善"听讼"，而在于"使无讼"。这就必须靠德教使人们"有耻且格"。只重教而不求富，则民生困苦，无暇治礼义，教必不成；重富而轻教亦不能保证社会的稳定、生产的发展和人民的安全。富而且教的思想，对当今社会也有重大的战略指导意义。

再次，立身中正，以身作则。孔子认为要进行教化，统治者必须立身中正，以身作则。"其身正不令而行，其身不正，虽令不行。""苟正其身矣，于正人何有？"要立身中正，以身作则，就要身先士卒，不辞劳苦；严以律己，宽以待人；无私心，无贪欲；容许人们议论，勇于改过从善。这是在当时历史限度内最大的民主和平等思想，虽比不上现代的民主平等观念，但决不会对人无所启发。

（三十四）　为什么说"孝"是孔子仁学的心理基础

仁作为道德修养，还有一个坚实的心理基础，这便是孝。《学而》篇载：有子曰："其为人也孝弟，而好犯者，鲜矣；不好犯上，而好作乱者，未之有也。君子务本，本立而道生。孝弟也者，其为人之本与！"孔子讲仁，也非常重孝，这段话，指明了仁和孝的关系。此外，《管子》："孝悌者，仁之祖也"；《孟子》："仁之实，事亲是也。"这就是说，孝是仁的基础，一个人，如果没有孝，就根本不可能有仁。这个基础，主要是指心理基础。

什么是孝？孔子说："今之孝者，是谓能养。至于犬马，皆有能养。不敬，何以别乎？"（《为政》）这即是说，孝不只是单纯的赡养行为，更重要的是对父母的情感，这是人比动物高出一筹之所在。因此，孔子论孝，总是着眼于两点:一是强调对父母的深厚感情,二是强调对父母的敬。他说:"父母之年,不可不知也。一则以喜,一则以惧。"(《里仁》)基于这种忧虑,他又提出,"父母在,不远游,游必有方。"(《里仁》)他认为,父子之间的这种亲情是超越一切的,是人间第一原则。"君子之于天下也,无适也,无莫也,义之与比。"(《里仁》)但在父子之间,正义便让位给了感情。由此可以看出,孔子强调的孝,与以后发展的"孝道"是有区别的。它不是道德教条,而首先是一种自然感情、天然之爱,因而它是平易亲切的,极易为人们所接受的。

有了爱自然也就有了敬。对父母的敬,主要表现为对其意志的遵从。"父在,观其志;父没,观其行,三年无改于父道,可谓孝矣。"(《学而》)敬与爱一样,是孝的又一个重要标志。碰到己志与父母之志发生矛盾的情况时,孔子说:"事父母几谏,见志不从,又敬不违,劳而无怨。"(《里仁》)即使父母不接受,也不能改变对他们敬的态度。爱和敬这两个基本特征是紧密关联的,前者是基础,正因为如此,有子才把它强调为"仁之本"。

再从仁的基本精神来看,仁者爱人主要是从社会个体出发,讲个人对他人的基本态度。在个人与他人的关系中,与父母兄长的关系是每个人都会接触到的最基本、最直接的关系。一个人,从出生到长大成人,这一段时间,主要是接受父母的哺育和爱抚,成人以后对父母的孝,实际上是对这种哺育和爱抚的一种自然回报。孔子特别强调这种感情的回报,因为它标志着文明人类所独具的精神境界。杜维明先生说:"仁者人也,人是在天地万物中感情最敏锐,也就是感情最丰富的存有。人的不忍之情,人的忠恕之道,不是抽象的说教,而是体之于身的一种自然涌现的感情。"反之,一个深爱父母的人,"老吾老以及人之老,幼吾幼以及人之幼",也便是很容易做到的了。在这方面,孔子认为统治者的表率作用也相当重要:"君子笃于亲,则民兴于仁"(《论语·泰伯》),这样,孝就不仅仅是一般社会成员克己复礼的心理基础,也成了统治者树立权威的一个重要精神基础。

（三十五） 孔子提出仁学的客观标准是什么

孔子所提的"仁"，主要是指人的内在的道德修养。但是，一个人是否有道德修养，是否达到仁的标准，用什么来衡量呢？有的认为仁是"忠恕之道"（刘节《唯仁论》），有人认为仁是一种"牺牲自己为大众服务的精神"（郭沫若《十批判书》）；有人认为仁是一种"君子的属性"（侯外庐《中国思想通史》）。在《论语》中，仁这个字一共出现了一百多次，其中较为外在的、客观地提出仁的准则当是孔子对颜渊的回答："颜渊问仁。子曰：'克己复礼为仁，一日克己复礼，天下为仁焉。为仁由己，而由人乎哉！'颜渊曰：'请问其目'。子曰：'非礼勿视，非礼勿听，非礼勿言，非礼勿动'。"（《论语·颜渊》）

礼之所以被孔子定为仁的客观准则，是由其本身的价值所决定的。首先，所谓礼，无论是指政治制度，还是具体的礼仪习俗，都是约定俗成的，具有明确的规定性，因而为公众接受，被公认为仁的客观准则。第二，礼是社会的整体文明，是社会正常生活秩序的经纬，能否自觉地遵守它，既是个人对社会规则的尊重，也是个人道德水平的体现。第三，礼又随着社会的发展而不断损益变化，人的道德修养也是如此，绝不是什么永不变动的。事鬼敬神是殷礼的主要特征，也是殷人的最高道德准则。孔子谈礼，正是提出了一个随着时代而发生了变化的新准则，如果没有这样一个准则，仁的修养就会出现偏差。

孔子说："恭而无礼则劳，慎而无礼则葸，勇而无礼则乱，直而无礼则绞。"（《论语·泰伯》）恭、慎、勇、直均为具体的道德素质，属于仁的范畴，但不用礼作为准绳加以约束，则会误入不仁的歧途。

以礼作为仁的客观准则，早在孔子以前就被肯定了下来。《左传·昭公十二年》上记载："仲尼曰：'古也有志，克己复礼，仁也'。"孔子只是重新强调了这个准则，并按照礼的准则规范自己的视听言动。以礼作为仁的准则不仅为人的基本修养的内在逻辑性所规定，而且是客观的、外在的，即仁

传记读库

的内在价值只有通过外化，才得到社会的承认。在仁与礼的关系上，礼首先是外在的，仁是内在的，礼是文，仁是质，"文质彬彬，然后君子"，两者可以说是互为表里的。

（三十六） 如何理解孔子的仁学思想

孔子的"仁学"，既是他的政治思想，又是他的伦理学说。"仁"是孔子思想的核心，也是他的伦理学说的根本。孔子把"仁"作为最高的道德原则，"仁"的主要内容是"爱人"，"爱人"的命题，是以抽象的形式出现的，故孔子的"仁"学从总体上说，具有两方面的意义：一方面，重视人的作用，注意人的内心修养；另一方面，以"仁爱"的原则协调人与人间的相互关系。这两方面，构成了孔子伦理学说的基本内容。

在"仁者爱人"的口号下，孔子提出了"博施于民而能济众"（《论语·雍也》）的主张，并把它作为调整统治者和被统治者之间关系的原则。所谓"仁者爱人"的思想，既有要求统治者减轻对劳动者剥削的意思，又有提倡爱民、养民、利民、富民、教民、安民等内容。同时，孔子的"仁者爱人"的原则，已经在一定程度上超脱了奴隶社会以族类亲疏作为确定各级统治者社会地位的标准，而明确提出以"爱人"与否这样一个道德标准来确定人们是否应该受到尊敬和重用。因而，他主张按照"仁"的标准"举贤才"。

从"仁者爱人"总原则出发，孔子还阐发了他的"忠恕之道"。所谓"忠"就是要"己欲立而立人，己欲达而达人"（《雍也》）。这是"爱人"的积极方面的意义。所谓"恕"就是"己所不欲，勿施于人"（《卫灵公》），就"恕"的内容来看，包含着"宽恕""容人"的意思。孔子的"忠恕之道"是一种推己之心以爱人的精神。"忠"者，有诚恳为人之心也。"恕"者，无丝毫害人之意也。

在"仁"的统率下，孔子创立了一系列道德规范。但他又重视"智"和"勇"这两种道德品质，并把"智、仁、勇"三者统一起来。他说："智者不惑，仁者不忧，勇者不惧。"（《子罕》）在《论语》中，还包含着温、良、恭、俭、让、义、直、信、敬、宽、敏、惠、笃等道德条目,这些都是孔子伦理思想的组成部分。这些道德条目,在孔子"仁学"思想以前就有了,孔子的功劳在于把其系统化、理论化,把它们置于"仁"的统领之下,形成庞杂的仁学道德规范。

在孔子以"仁"为核心的伦理学说中,还有一套道德修养的方法。他十分重视人的内心自觉和主观努力。既然"为仁"依靠各人自己的努力,所以孔子提倡"躬自厚而薄责于人。"孔子在道德修养上非常注重"言行一致"。他说:"先行其言而后从之""君子耻其言而过其行"。他强调要"志于学",要求学生做到"笃信好学,守死善道"。孔子懂得人是会犯错误的,要加强道德修养,必须经常作自我反省,及时改正错误。他说:"过,则勿惮改""过而不改,是谓过矣。"

通观孔子的思想,"仁"既是政治伦理学说的核心,也是最高的道德理想和道德准则。孔子的仁学,是由个人伦理归宿到社会伦理的,由个人的道德自觉达到循礼的目的。这种以"仁"为核心的伦理学说,是我国伦理思想史上第一个完整的体系,它对后世的伦理思想,以至整个思想文化发生过重大的影响。孔子仁学思想充满着革新与守旧,进步与落后的矛盾。仁学思想中重视处理好个人与国家、社会的关系,强调个人应尽的社会责任。在中华民族的漫长历史发展中,许多仁人志士勇于为国家和社会的利益捐躯献身,这不能不与他们深受这一思想的熏陶、潜移默化有关。孔子把"仁"视为人与社会关系和社会交往的根本标准,这样,便给后世留下了重视处理人际关系的良好风气,创立和睦相处的社会心理环境。今天,孔子仁学思想对于增强民族凝聚力,振奋民族精神,还将继续发挥它的积极作用。

(三十七) 孔子仁学对后世有什么影响

孔子的仁学在他在世时虽未能贯彻,未能挽救当时的混乱局面,但在后世,特别是在知识分子中间的影响是巨大的,这点决不可忽视。

孔子之仁的理想目的是"博施于民而能济众",因此他视尧、舜、禹为古代圣王。为了救世，孔子栖栖惶惶奔走于各国，"知其不可而为之"（《论语·宪问》）。他说："三军可夺帅也，匹夫不可夺志也。"（《论语·子罕》）所以仁在孔学中不只是一个道德名词，而是表明他的不顾一切来救世的志愿。这只有大仁、大勇者才能做到。孟子说："富贵不能淫，贫贱不能移，威武不能屈，此之谓大丈夫。"（《孟子·滕文公下》）这话正是发挥了孔子"志于仁"的深义，表达了仁的含义不只是空洞的爱的精神。管仲能尊王攘夷，使华夏人民免于被发左衽，有救世之功，故孔子许他为仁人。比干不畏暴君，敢于犯颜直谏，以致被杀，真是威武不能屈，孔子也许他为仁人。孟子、荀子都说，纣是独夫，赞成汤、武革命；孟子甚至说："民为贵，社稷次之，君为轻。"（《尽心下》）《易传》说："天行健，君子以自强不息。"（《乾卦·象传》）又说："天地革而四时成，汤武革命，顺乎天而应乎人。"（《革卦·象传》）这些话都发挥了孔子的仁的学说，为秦以后的人所不敢说的。

在我国历史上，历代王朝都有不少敢于同皇帝、外戚、宦官等做斗争的人，这些人都是受过儒家教育或熏陶的知识分子。他们关心生民的疾苦，国家的兴亡；懂得什么叫仁义，什么叫邪恶。他们讲"先天下之忧而忧，后天下之乐而乐"；在必要时，敢于赴汤蹈火，视死如归。文天祥被元兵捉到北京，就义前作《绝命词》说："孔曰成仁，孟曰取义，而今而后，庶几无愧。"这清楚地表明儒家仁学思想对后代知识分子的影响多么深远。不只在封建王朝里，辛亥革命前，多少革命志士为推翻帝制献出了生命。甚至于在新民主主义革命时期，无数革命先烈在共产党的领导下，抛头颅，洒热血，英勇献身，义无反顾。他们这种牺牲精神，除了为共产主义的信仰而奋斗外，也多少受儒家仁学思想的影响，因为共产党员中也有不少这样的知识分子。由此可见，儒家仁学思想对后世的影响是不可低估的。

（三十八）　孔子对仁的改造与创新主要表现在哪里

仁，原指一种道德品格。在春秋，经孔子的改造与创新，成为一种仁学体系，远远超越了原有的内容。孔子对仁改造与创新，主要表现以下两点上：

1.孔子从伦理学的角度，把仁改造成为包括和统率各种道德品质的最高道德品格和道德境界，从而创立了以仁为中心的伦理学体系。在孔子的仁中，有许多德目，包括"恭""宽""信""敏""惠""勇""智""孝弟""刚""毅""木""讷""敬""忠""恕""直""义""逊""好学"等。它们与仁的关系，都是统率与被统率的关系，受以仁为中心的整个体系的制约。所以就孔子仁学体系的性质而言，应该是一个以道德为本位的伦理学体系。这个体系的基本特征是强调道德的主导作用。如在论证政治与道德的关系时，它主张"为政以德"；在论证经济与道德的关系时，它强调"君子谋道不谋食""君子喻于义，小人喻于利"；在论证教育与道德的关系时，它要求"君子学以致其道"；在论证文艺与道德的关系时，它的标准是"思无邪"，不仅要尽"美"，而且要尽"善"，道德的善重于形式的美；在论证人与道德的关系时，他提出人要"志于道，据于德，依于仁，游于艺"（《述而》）；在人物的择才和评价的标准中，孔子也表现重德轻才的倾向。总之，在一切社会关系中，道德成为占主导地位的价值观念和行为准则。

2.孔子"引礼入仁"，从而使仁学体系具有鲜明的政治倾向性。在孔子的学说体系中，礼对仁，也就是对整个道德系统，有着限制作用和政治指导作用。如《颜渊》篇中孔子说："克己复礼为仁。一日克己复礼，天下归仁焉。为仁由己，而由人乎哉？"孔子又说："非礼勿视，非礼勿听，非礼勿言，非礼勿动。"而在《泰伯》篇中孔子则说："恭而无礼则劳，慎而无礼则葸，勇而无礼则乱，直而无礼则绞。"这里，"克己复礼为仁"讲的是礼对仁指导作用；而以上《泰伯》所说和《颜渊》所说"非礼勿视勿听勿言勿动"，讲的则是礼对仁限制作用。此外，礼对仁的渗透作用，还表现在它使仁成为一种有差等、多层次，有着鲜明宗法特色和政治意义的人类之爱。这样，仁大致可以分为三个层次：第一层是"孝弟"，即所谓"孝弟也者，其为仁之本与"（《学而》）。这是仁的核心内容，也就是"亲亲"之道。第二个层次是"忠恕"。忠即"臣事君以忠"（《八佾》）和"事君能致其身"（《学而》）。这是下级事奉上级的道德。恕即"己欲立而立人，己欲达而达人""己所不欲，勿施于人"。这是同阶层的人相处的道德。以上为"尊尊"之道。第三个层次是"惠"。即"其养民也惠"(《公冶长》),其功能不过是"惠足以使人",这是"仁民"之道。

概而言之,孔子对仁经过上述两方面的改造与创新,使之成为内容丰富的仁学系统。

（三十九） 孔子的中庸之道是什么

中庸之道,是孔子在研究历史和实践观察中,经过多方面对事物发展变化基本原因的分析、综合而得出的一条基本规律,是儒家倡导的一种宇宙观、方法论和道德境界。《说文》:"中,正也。"正,也是恰当、妥当,合乎客观实际的意思。"庸,用也,从用,从庚;庚,更事也。"更事亦即经历事物,与经事同义。据此,中庸的概念就是正确、妥当地处理事物;也是处理事物的正确而不能变易的总的法则。孔子说:"中庸之为德也,其至矣乎。"(《论语》)这就是说,中庸作为人们本着仁的行为和处理一切事物的总的法则,是最正确而不能变易的。孔子说:"视其所以,观其所由,察其所安。"这样就不致被别人混淆是非、为错误所迷惑,自己便可以正确地对待事物或处理问题了。孔子所说的"视""观""察"都离不开"权"。权就是权衡,有比较才能权衡。权衡过程中的关键是分析、综合,《尚书》上说:"惟精惟一,允执厥中"(《大禹谟》),"精"即分析,"一"即综合,只有通过分析综合才能掌握中庸规律,即达到正确的程度,适当的分寸、火候,把事情办得恰到好处。

怎样才算做到中庸,也就是怎样才算做到正确的程度、适当的分寸、火候和恰到好处呢? 朱熹说"中庸也,不偏,不倚,无过,不及"(《中庸》第二章注)。可以理解,中庸作为正确地对待一切事物的态度,处理一切事物的总的法则,自然应用于实践就必然不至于有所偏、倚和过与不及了。两千多年以前孔子就发现了这个道理,创立了中庸这个概念,既说明中华民族文化的古老和璀璨,也说明孔子中庸思想是人类文化的瑰宝。

　　有些人认为,中庸之道是折中(折衷)之道,或折中主义,这是误解。孔子中庸之道所本的是"仁","仁"是矛盾的统一,是不能折中的;否则中庸之道在逻辑上讲不通,也违反了孔子以仁"一以贯之"的思想体系。孔子所以说"中庸之为德也,其至矣乎"(《论语》),把中庸与道德等同起来,主要就是把中庸作为体现其"仁"道的基本原则或总的法则来看待。中庸的实用价值是多方面的,在政治、经济、文化、科技、伦理道德和教育领域都具有一定的积极意义,从《论语》与有关文献记载看,孔子自己对中庸之道应用于社会生活的这些方面,作了如下论证:

　　1.在政治上:孔子说:"君子之于天下也,无适也,无莫也,义之与比。"所用以辨别是否合于义的法则就是中庸之道。《左传》哀公十一年、十二年记载;孔子说"施取其厚,事举得中,敛从其薄。"可以看出,孔子所依据的也是中庸之道,孔子说:"其身正,不令而行;其身不正,虽令不从。"这两个正字的含义,都是做合于中庸之道来讲的。他还说:"苟正其身矣,于从政乎何有?"

　　2.在经济上:孔子是主张"因民之所利而利之"的,其原则是"惠而不费",这都是合乎中庸之道的法则。孔子赞赏公叔文子"义然后取"(《论语·宪问》),反对"出纳之吝"(《论语·尧曰》),所本的也是中庸的法则。

　　3.在文化上:孔子认为"质胜文则野,文胜质则史,文质彬彬,然后君子",孔子这里的意思,从更积极方面理解,当是各去所短,各取所长,这样才尽善尽美。这一理论基础,既是中庸之道,也是概括文化生活与文化建设的一条带有普遍意义的原则。

　　4.在伦理道德上:孔子不赞成"爱之欲其生,恶之欲其死"那样主观、片面、感情用事。因而也以中庸为困惑的弟子指明了前进的道路——中道而行。孔子在评价别人的道德情操时,不"毁"不"誉",主张"直道而行"。

　　5.在教育上:孔子的中庸之道是执中而教。所以他答公西赤问时说:"求也退,故进之,闻斯行之"。"由也兼人,故退之,有父兄在,如之何其闻斯行之?"孔子在治学上主张"学""思"兼顾。他教学生考虑为政设施时,要从实际出发,但又要考虑到长远利益。孔子还主张执中而察善恶,不要偏听偏信,而要实事求是,听、察结合,才能不流于片面犯错误,也就是可以做到中庸了。

孔子中庸思想的实践意义是极为广泛的。

（四十）　为什么说中庸之道是仁的实践原则

仁作为一种修养,最终要贯彻到人们的言行中去,所以,它又是极富实践性的。怎样去实践呢? 从孔子关于仁的许多论述中可以看出,仁的基本实践原则便是中庸。"中庸之为德也,其至矣乎? 民鲜久矣。"(《雍也》)这是《论语》中关于中庸的唯一的一段话,但它却明确地显示了中庸与仁的关联,即它作为一种德,是包括并体现在仁之中的。

首先,孔子把中庸作为德的最高境界,并突出其实践性。孔子的"德"在内涵方面是指人的情感和行为的综合,中庸,则是对情感和行为的最恰当的处理。《说文》:"中,正也。""庸,用也。"故"中庸"可直接解释为"正确的运用"。这些观点与古希腊哲人亚里士多德如出一辙。亚里士多德说,"一切德行的活动,都涉及手段",这手段便是中庸。"善德就在行于中庸——则适宜于大多数人的最好的生活方式就应该是行于中庸。"(《政治学》)同时,亚里士多德和孔子都认为,对情感和行为的恰当处理是德的最高境界,又不是高不可攀的,而是每个人只要努力就能做到的。

其次,在对情感和行为的处理中,中庸意味着掌握好过度与不及的界限,有一种恰当的分寸感。《论语·先进》:子贡问:"师与商也孰贤?"子曰:"师也过,商也不及。""然则师愈与?"子曰:"过犹不及。"这就是说,过度与不及都不好。因为在人的情感和行为的处理方面任何过与不及都会产生品德上的缺陷。孔子称赞的一些美德,如"惠而不费,劳而不怨,欲而不贪,泰而不骄,威而不猛。"都是对情感的一种适度的把握。亚里士多德具体分析说:"关于金钱的适度的取与舍是乐施","关于荣誉和耻辱,其适度是适当的自豪","关于某些快乐和痛苦(不指一切苦乐皆如此,特别是苦痛)的适度是节制”如此等等。从这里可以看出,中庸的无过无不及的境界,不是折中调和,而是人们在处理情感和行为时把握的一种恰到好处的分寸感。这种分寸感能使人在可能的情况下最大限度地把事情做得完满成功。这种无过无不及的境界从孔子的一些具体论述中也能得到印证。

再次,中庸也不意味着在好与坏之间择其中,无过无不及的适度本身便是一种最佳境界,而过与不及相对中庸来说,则都是恶。孔子说:"唯仁者能好人,能恶人。"(《里仁》)因为仁者把握着适度的原则,也就掌握了好的标准,所以无论是爱和憎,都能做到恰如其分。由于中庸不是好与坏的折中,而是相对于两恶的极端,所以,它本身就是一种不可动摇的原则。"当仁,不让于师"(《卫灵公》)。在这一原则面前,即使是老师,也不讲情面。

总之中庸作为方法论,既是仁的实践原则,也是仁的最高体现。它在东西方思想界几乎同时出现,并不是偶然的,表现出社会文明发展到一定阶段,人类对自身的一种理性把握。其核心是以适度的分寸感处理各种问题,以使事物朝着最好的方向发展。

（四十一） 孔子人性思想的内容是什么

一提起孔子的人性思想,不少学者就以为孔子所说的"性相近也,习相远也"(《论语·阳货》)这一句话代表了孔子的人性思想和人性理论。其实这还有待进一步研究。

在《论语》中,紧接这一句话的还有"唯上智与下愚不移"一句,于是有人认为这是孔子的一句关于人性的说法,即上智和下愚的人之本性是不可改变的。汉王充就持这种看法,他在《论衡·本性篇》中说:"夫中人之性,在所习焉。习善而为善,习恶而为恶也。至于极善极恶,非复在习,故孔子曰:'惟上智与下愚不移。'性有善不善,圣化贤教,不能复移易也。孔子道德之祖,诸子之中最卓者也。"北宋程颐则认为孔子的"上智下愚不移"指的是人的才智,当弟子向他请教时说:"上智下愚不移是性否?"答曰:"此是才,须理会得性与才所以分处。"(《二程集》卷十八)朱熹在注"唯上智与下愚不移"时说:"或曰:'此与上章("性相近也,习相远也")当合为一,子曰二字,盖衍文耳。'"(《四书集注》)。

历来诸家不同的看法反映了他们对孔子人性思想的不同认识。孔子关于人性的上下两句话,分开来看,上句是讲人性问题,下句是讲人们的智愚关系或讲社会政治地位的判别问题,这样看上下两句不存在内在联系。但若将这上下两句合为一章看,即可理解为:一般人的本性是相近的,只是由于社会的习染不同才相距甚远,只有上等的智人与下等的愚人的本性是不变的。

由此可见,孔子认为人性是可以变的,但不是一切人的本性都是可以变的。他认为"性相近也,习相远也"只适用于介于"上智"与"下愚"中间的那一部分的人。他说:"生而知之者,上也;学而知之者,次也;困而学之,又其次也。困而不学,民斯为下矣。"(《论语·季氏》)孔子认为在他所举的四种人中,只有"学而知之者"和"困而学之"者才可以通过后天的习染而改变自己的本性。这就是他所说的"中人"。孔子又说:"中人以上,可以语上也;中人以下,不可以语上也。"(《论语·雍也》)所谓"语上",即对他们可以传授高深的学问,教给那些仁、义、礼、智、孝、悌、忠、恕的大道理,至于"中人"以下的"下愚"之人的本性是不可改变的。

总之,孔子将人性分为上、中、下三等,而以"上智""下愚"为人性之两端,一端是"生而知之",不可企及;另一端是"困而不学",为人所恶。因此,只有"中人"之性,才有很多优点,一是它的现实性,二是它的可移性。孔子对人性的这种认识为后世探索研究人性提供了有益的思想资料,他的这种中人之性是可变的,后天习染是造成人性变移的根本原因的观点,具有朴素的辩证法和唯物论的积极意义。

(四十二) 孔子人论思想是怎样的

孔子是中国乃至世界史上最早提出有系统的人论思想的伟大思想家

之一，孔子的伟大正在于他以炼石补天的救世主自居，通过对春秋时代人心世道大裂变的思索，提出了欲救世必先救人，欲救人必先救心的人论思想学说。

孔子从古老的人本主义理论出发，强调所有的人都具备人类所固有的优点，只要将人性从鬼神迷信中解放出来；从牛马禽兽中区别开来；从"过犹不及"中端正过来，人就会成为天地间的精英，成为一个光明的、完整的、大写的人。

孔子从"性相近"的认识论出发，明确提出了"仁者爱人"的命题，认为只有会爱别人的人才是真正的人，他的这一仁学人论思想，实质是从人本主义出发来论人，极大地摆脱了殷商以来天命鬼神的影响，确立了人的存在价值，由此奠定了中国古代人文主义的人论思想理论基础。这种从社会论人的思想，从人的本性本质论人的思想，可以说是古今哲人共同思考的问题。

如何才能做到爱人呢？孔子提出了一个正反相合的命题，即："己欲立而立人；己欲达而达人"，你自己要想站得住，先得让别人也站得住，你自己要想得到什么，先得让别人也得到什么。反之，"己所不欲，勿施于人"，自己不想干的，切莫强加于人。总之，人人都得为他人着想，将心比心，这就是孔子的人论思想的基础。

孔子的伟大正在于他肩负着那个时代的黑暗的闸门，苦苦思索着人的问题，他无比向往古先圣王的伟大人格，他"祖述尧舜，宪章文武"，胸中涌起尧、舜、禹、汤、文、武、周公的形象，他始终思索着如何认真做人、论人，加上他的博学、聪明以及对于他那个时代的贤人君子的向往、学习，他终于提出了具有某些超越时空价值的人论思想学说。同时他又为仁人君子规定了一整套修养原则和美好品德。其核心就是"忠""恕"二字。孔子的"忠"是以"泛爱众"为基础的赤诚之心，这与后来历代所讲的下级服从上级、臣子服从君上的"愚忠"有所不同，他说"与人忠""为人谋而不忠乎"都没有什么阶级与等级属性的。"恕"就是宽容和理解别人。这种以"忠恕"为核心的人格，展开来便是温、良、恭、俭、让、宽、信、敏、惠、无争、自省、慎言、慎行……

孔子所提出的这种以"忠""恕"为基础的人论思想,是基于人人平等的原则,其行为规范是一个以"礼"或"道"为准则的互动体系,故孔子十分重视人的个性独立的问题。于是,在温良恭俭让的背后,有"人能弘道,非道弘人"的主观能动性;有"君子求己,小人求人"的独立精神;有"道不同不相与谋"的人格意志;有"大德不逾闲,小德可出入"的灵活性;有"当仁不让于师"的处世原则;有"三军可夺帅,匹夫不可夺志"的坚贞品质;有"杀身成仁"的勇气。

孔子的这一系列对于人的高贵品格的设定;可以说是他对中国乃至世界史上古典人论思想的伟大贡献。历史可以作证,孔子的人论思想哺育出一代又一代中华优秀儿女、志士仁人,使之成为祖国的脊梁和民族的脊梁!

（四十三） 何谓"礼"

"礼"和"仁"是孔子思想的主要范畴。《论语》中出现"礼"字有四十余章。孔子非常重"礼","礼"渗透于孔子生活的各个方面。一般认为,孔子竭力维护之"礼"实为"周礼"。所谓"述而不作""吾从周""梦见周公",即是明证。那么,"礼"是如何表现的。

首先,"礼"为孔子学说之纲领。表现为三个方面:其一,为"礼"的本质是:仁、义、忠、信、俭。子曰:"人而不仁如礼何?"孔子讲"仁"是为了释"礼","礼"是对人的行为规范的外在要求。"义"乃君子之本,"君子义以为质",失去义将不为君子。忠信是成"礼"的条件。"节俭"是"礼"的外在表现。其二,"礼":的外在表现为:和、敬、让。子曰:"礼之用,和为贵。"行礼之中,和睦、和谐最为重要。"敬"乃行礼之先决,不可少,"为礼不敬……吾何以观之哉。""礼"之行离不开"让",说话做事成"礼"必先"让"。其三,孔子终生钻研用"礼",形成一套研究理论:由博返约,因事而问,择善而从,鉴往知来。孔子认为,君子应博学多识,然后以"礼"为标准,由博而约。同时要人们本着知之为知之,不知为不知的态度,不耻下问,所谓"入太庙,每事问,是礼也"。当然,对待外物应"择善而从",而且"己所不欲,勿施于人"。另外,研究借鉴前代"礼"的成果非常重要。

其次,"礼"的种类繁多,表现为人生的各个方面,有:克己、事亲、教子、事师、诲人、与人、居乡、为国、事君、使臣、使民等。孔子曰:"非礼勿视,非视勿听,非礼勿言,非礼勿动。"以"礼"来规范人的行为,要求甚为严格。对待亲友之生死按礼的标准来做,包括生之敬养、侍奉、劝诫,死后举行葬礼、祭祀等,依礼而行。孔子教子亦尊礼,人若不学礼,则不能成人。事师是孔子"礼"学的重要内容,初见先生应行束脩之礼,学生不可与先生并肩行走,与先生对话,不可草率放言。此说匡定了几千年中国教育伦理学。孔子认为君子当"诲人不倦",言谈宜雅,应对应和而冲,与人相处需相互尊敬,恭而有礼,此种训练要从小做起,不可轻废。乡居生活亦当以礼为先,如乡人饮酒长幼有序,乡人傩戏,应朝服而立于阼阶,非公事不入官署等都是"礼"的要求。君臣之礼,更是谨严,君君、臣臣、父父、子子,不可越雷池一步。对待平民百姓,"礼"为治国上策,孔子曰:"上好礼,则民易使。""上好礼,则民莫敢不服。"意思是说国君以礼为范,百姓不治而安。

再次,孔子还总结了无礼之弊端。即所谓"恭而无礼则劳""慎而无礼则葸""勇而无礼则乱""直而无礼则绞"。这里强调,尽管恭慎勇直,若不以礼来协调都将发生危机,可见礼在整个社会国家,日常生活中之重要性。

（四十四） 何谓"义"

"义"字《论语》里出现过十多处,各处意思不尽相同。主要解释有二,其一与"利"相对,如"君子喻于义,小人喻于利""不义而富且贵,于我如浮云。"其二,与"仁"为邻,仁义相互发明,彼此补充。

关于"义"的内涵,历代注释人言人殊。黄以周《经训比义》认为:"《中庸》:'义者,宜也。'《祭义》:'义者,宜此者也。'《乐记》:'义以正之。'《表记》:'义者,天下之制也。'贾子曰:'行充其宜谓之义,反义为懵。'案,义者,宜也,心能裁断其是非,而措之得宜也。曰正,曰制,谓义之能裁断也,此义之正诂也。"温裕民《论语研究》说:"欲明义之真谛,须先明了义与礼之界限。礼也者,施于一定之名,或一定之事之规范者也。但人事变幻纷纭,有流动之体,不能加以定名者,有变幻之事,不可加以定名者,有些末之事,不胜加以定名者,此种事实,非礼所能统辖,不能不倡一义字,以为此等事务之准则;故礼为守常,义为应变,此礼与义之分也。"

这两段文字,既引证阐述"义"的内涵;又区别义与礼的界限。人们通常礼义合用,殊不知"礼""义"有别,"礼"是为可定名规范行为准则,而"义"则是变幻尚未定名的行为特征,前者为"守常"之名,后者为"应变"之需。此见解很有代表性。

孔子认为"义"表现在具体日常生活之中,在生活境遇上,义是先决条件,贫穷而不失义,值得称道,相反,因不义而获取富贵,君子当不齿。所谓"不义而富且贵,于我如浮云"也,孔子一生积极追求功名,实现政治抱负,自然同时亦获得相应丰厚待遇和政治地位,但他从不以失义节而换富贵,致使他狼狈不堪,周游列国。义为取舍原则,所谓"义然后取,见得思义"。符合"义"的要求,才可以要,自己收获的事物先应看是否符合"义"的规范。言谈举止符合义,孔子曰:"信近于义,言可复也。"就是说言谈也要以义为参照,同时,事君使民更要以义为上,孔子曰:"君子之仕行其义。"是说君子入仕上至管理国家大事,下到一般公务都不可忽视"义"这一条。孔子又云:"上好义,则民莫敢不服。"如果说上句是孔子对国家一般统治者的要求,那么,这一句,就是对最高统治者——国君的要求。一个国家,只要国君自上而下多行义事,那么老百姓就不会不服从,此为治国之根本。以上为孔子关于"义"的基本内容。

(四十五) 何谓"廉"

孔子在《论语》中有一处讲到廉,但与后来儒家政治思想中的廉,在含义上不一致,但其中的思想已存有后来儒学中廉的内容。"子曰:'古之矜也廉,今之矜也忿戾'"(《论语·阳货》)根据杨伯峻先生的解释,廉,"廉

心通孔子

187

隅"的"廉"，本义是器物的棱角，人的行为方正有威也叫"廉"。译成现代话就是说，古代矜持的人还有些不能触犯的地方，现在矜持的人却只有一味老羞成怒，无理取闹罢了。《论语》中记载："崔子弑齐君，陈文子有马十乘，弃而违之。至于他邦，则曰：'犹吾大夫崔子也。'违之，之一邦，则又曰：'犹吾大夫崔子也'违之。何如？子曰：'清矣'曰：'仁矣乎？'曰：'未知，焉得仁？'"(《公冶长》)陈文子的不与统治者同流合污，洁身自好的行为，孔子认为是"清"，其中就含有后儒对于"廉"的理解。又如《论语》中有"虞仲、夷逸，隐居放言，身中清，废中权。"(《微子》)杨伯峻先生解释说："虞仲、夷逸逃世隐居，放肆直言、行为廉洁，被废弃也是他的权术。"在《论语》中，孔子思想中廉的另一层含义，是在他通过论述"耻"时表达出来的。"子曰：'道之以政，齐之以刑，民免而无耻。道之以德，齐之以礼，有耻且格'"(《为政》)孔子的意思是说，只有用德、礼来教化百姓懂得耻辱，才能在吏治中达到廉洁的境界。孔子还说过："士老于道，而耻恶衣恶食者，未足与议也"。(《里仁》)这是就士的俭朴生活来说明廉的另一层含义。"邦有道，贫且贱，耻也；邦无道，富且贵焉，耻也"。这是说在国家有道时，你贫且贱，在国家无道，政治昏乱时，你既富又贵，这都是可耻和不廉洁的。

廉，其解为正直，不贪暴，廉洁，《玉篇·广部》："廉，清也"；其义为节俭，节省，《广韵盐韵》："廉，俭也。"又解为收敛，引申为拘束，《释名·释言语》："廉，敛也，自检敛也。"在先秦提出"廉"这一政治吏治思想的，除了孔子，还有墨子、庄子、管子。墨子主张："贫者见廉，富者见义。"(《墨子·修身》)庄子主张："人犯其难，我享其利，非廉也"(《庄子·让王》)管仲主张："何谓四维？一曰礼，二曰义，三曰廉，四曰耻。礼不踰节，义不自进，廉不蔽恶，耻不从枉。"(《管子·牧民》)

在先秦典籍中，从吏治的廉洁之德、以廉为本这一廉政思想加以阐发的，当首推儒家经典。《周礼·天官·小宰》中说："以听官府之六计，弊群吏之治。一曰廉善，二曰廉能，三曰廉敬，四曰廉正，五曰廉法，六曰廉辨。"可见廉洁之德几乎贯彻到整个政治领域，在官吏必须遵守的诸德之中，是以廉为首要的。又《礼记·乐记》上说："廉以立志。"于此可见廉政思想是孔子及其后儒家学派提倡的重要的吏治思想,要求官吏以廉德律己,克己奉公,不贪污,不受贿,不知法犯法,从而真正建立一个廉洁的政府,从根本上消除导致社会动乱的病根。

（四十六） 何谓"耻"

"礼、义、廉、耻"称之"四维"。它是治国安邦,修身齐家之基石,它具有认识论和方法论的双重意义。儒家思想就是建立在这四根支柱上的。前三点已分节阐述,下面谈谈"耻"。孔子所谓"耻"有何内涵,具体表现在哪些方面。

《论语》书中多处讲到"耻"字。如"远耻辱也""有耻且格""耻躬之不逮也""不耻下问""丘亦耻之"等。以上所引,意思比较明确,就是要求人们说话做事,必须参照伦理法度,依照伦理规范行事,不可违背,不可跨越伦理之界。所谓"远耻辱""有耻""耻之"就是此意。同时,孔子也认为,只要符合伦理,就应大胆去做,无所顾忌。譬如,学习知识,提高自身修养是正当光彩的事,不必害羞退缩,孔子这样说也这样做,他曾两次问礼于老子,拜老子为师,不以为耻,相反,他大胆倡导这种学风。

"耻"的表现是多方面的。其一,行己有耻。磨砺意志要有不耻精神,孔子曰:"志于道,不耻,恶衣恶食。"是说立志求道的人,不要在乎衣食之困。又言慎言笃行为有耻。孔子认为,有耻不仅表现在语言上,更体现于行动上,所谓"君子耻其言而过其行。"立身方面,亦讲廉耻。颜元《四书正误》曰:"邦有道,不能致君泽民,至治唐虞,而徒食谷禄。邦无道,无以济难扶危,保安社稷而徒食谷禄,是深可耻也。"认为处有道之时,不能辅助国君治国惠民,而只贪图享乐,与处无道之时,不能共赴国难,拨乱反正,而逸隐以鸣高,都是深为可耻的,君子所不为也。其二,与人相处,以耻为原则。子曰:"恭近于礼,远耻辱。"是说人的态度始终近于礼,就会远离耻辱。又曰:"巧言令色足恭""匿怨而友其人""丘亦耻之"。他认为,花言巧语,极尽谄媚,对朋友虚情假意,都是可耻行为。其三,化民邦交亦以廉耻为节。孔子曰："道之以政，齐之以刑，民免而无耻。道之以德，齐之以礼，有耻且格。"认为国君以德感人，让百姓一齐遵礼行动，大家以作恶为羞耻，自愿收起恶行，一同做好事，此乃化民之道。同时，又曰："使于四方，不辱君命。"对于外交使臣，处理国与国之间关系，要以不损君荣，不辱君命为耻。在此原则范围内，可灵活掌握策略方法。总之，"耻"作为一条伦理原则贯串于孔子思想的每一细小环节，成为儒家精神的重要内容。

（四十七） 什么是孔子的德礼之治

孔子的"德礼之治"包含着"德治"与"礼治"两方面的内容，现分别加以解释。

"德治"的主要内容有三个方面：第一，孔子要求统治者应以宽厚的态度来治理国家和对待人民。孔子提出以"仁"的胸怀对待人民。他所说的"仁"就是"爱人"（《论语·颜渊》）。孔子说："居上不宽，……吾何以观之哉？"（《论语·阳货》）。孔子劝说统治者要从积极和消极的两个方面去爱人民，积极方面是"己欲立而立人，己欲达而达人"（《论语·雍也》）；消极方面则要"己所不欲，勿施于人"（《论语·颜渊》）。第二，统治者应该推行"教化"的政策，用德去诱导、教育老百姓，使人向善，使每一个人都能养成孝、悌、忠、俭等美德。第三，孔于还要求上层统治者努力修行自己的品德，端正自己的行为。只有自己的品德端正了，才能领导、号召、感化下级领导和老百姓，而使之向善，才能提高教育人民的效果。孔子说："政者，正也，子率以正，孰敢不正？"（《论语·颜渊》）"苟正其身矣，于从政乎何有？不能正其身，如正人何？""其身正，不令而行，其身不正，虽令不行。""上好礼，则民莫不敢用情。"（《论语·子路》）又说："君子笃于亲，则民兴于仁，故旧不遗，则民不偷。"（《论语·泰伯》）为什么会这样？孔子说："君子之德风，小人之德草，草上之风必偃。"（《论语·颜渊》）

孔子不仅主张对国内老百姓实行"德治"，也主张将"德治"推行到对外关系上去，他反对武力征服，他说："远人不服，则修文德以来之，既来之，则安之。"(《论语·季氏》)他主张实现华夏的大统一,通过"修文德"达到中国的统一。

所谓"礼治",在孔子看来,就是用礼来约束老百姓的行为。"礼"就是被全社会所公认的人们在生活中必须遵守的行为规范,它没有法律上的强制性,只依靠人们的自觉遵守。在孔子之前,"礼"只通行于贵族中间,庶民是被排除在"礼"之外的,对庶民来说,只是用刑罚来加以制裁,这就是所谓"刑不上大夫,礼不下庶人"。孔子提倡用"礼"来约束人民,他说:"道之以德,齐之以礼,有耻且格。"(《论语·为政》)认为刑罚只能使老百姓不敢犯罪,德礼才能使老百姓知耻且自觉地来遵守,不需要外部的强制。这正是孔子的人文主义精神在"德礼之治"方面的体现,表现为一个好的政府,在本质上是对老百姓的人格给以尊重,突出了人的价值,人的尊严,提高了人的地位,这也正是孔子富有理想主义、人道主义的重要表现,在中国古代,这种人道、人权、人文主义精神在孔子那里早就被提出来了。

(四十八) 孔子的仁学义利观是指什么

第一,不同的义利观是区别"仁"与"不仁"、"君子"与"小人"的重要标准。孔子认为,"修己"是仁的修养中最重要的,一个人在义利、得失问题上的人格修养,如果达到了"欲仁""求仁"的境界,那么,他对待利益的"得",能够做到"欲而不贪",对待利益的"失",也能做到没有怨悔。孔子还认为,能否以"仁"的修养对待个人之利,乃是区分"仁"与"不仁"、"君子"与"小人"的标准。孔子说,"君子喻于义,小人喻于利""君子怀刑,小人怀惠""君子坦荡荡,小人长戚戚"(《论语·述而》),"君子忧道不忧贫,谋道不谋食"……这些话正是作为君子与小人在"仁"上的分野而提出来的。

第二,孔子仁学义利观是一种积极的社会本位的义利观。孔子认为,君子"修己"的目的在于外用,体现在义利关系上就是要为国家和百姓做出贡献。一个以求仁为目的的君子,不但在这一问题上要做到"君子之于天下也,无道也,无莫也,义之与比"(《里仁》),而且要"见义勇为"。在这里,义与利两者是完全统一的。利之所欲,义之所取,利之所否,义之所舍。这种内修外用,下学上达思想代表了孔子所有学说的核心。因此,孔子对一个人只关心个人的物质利益,只为个人生活打算,持"不义"的否定态度。

第三,孔子仁学义利观不以小义小利的结合为特点,而以大义大利的统一为旨归;同时,赞赏在为国家和百姓做出贡献的条件下为自己谋得正当利益。春秋政治家管仲由于有条件帮助齐桓公实现"王道",而他却帮助实现"霸道",被孔子讥成"器小"(《八佾》),但当子路、子贡否认管仲的仁时,孔子又说:"管仲相桓公,霸诸侯,一匡天下,民到于今受其赐。微管仲,吾其被发左衽矣。岂若匹夫匹妇之为谅也,自经于沟渎而莫之知也。"(《宪问》)可见,孔子在处理国家利益与个人利益的问题上是何等的开放、积极、有气魄!

总之,孔子仁学义利观是一种积极的社会本位的义利观,它的最高境界是仁、义、利三者的统一。对国家、百姓的根本利益的追求乃是最大的义,实现了这个义,也就达到了仁。这是孔子义利观的核心和本质的内容,也是孔子仁学思想的根本。这种以仁为最高境界的义利观造就了中华民族积极向上,追求完善的民族心理与民族素质。

(四十九) 孔子是怎样对礼加以改造和发展的

首先,孔子将"天下庶人"的周礼,改造并下到"庶人"中去。他主张对人民要"道之以德,齐之以礼"(《论语·为政》),即对人民也要实行礼教,使人民懂礼。这是对西周原来的礼进行了很大的变革。为此,他也就将教育的对象扩大到庶人中间去,在教育中实行"有教无类",他收的弟子不少是庶人出身的,也同样对他们施行"六艺"之教,"六艺"是指礼、乐、射、御、书、数,其中对弟子们进行的教育首先就是礼教。

孔子又将礼与德结合起来,运用到政治上去。孔子说:"为政以德"

（《论语·为政》）。孔子制礼的本旨是实行"德治"，同时，他又将礼的内容加以扩大。如《论语·子路》上记载："子适卫，冉有仆，子曰：'庶矣哉!'冉有曰：'既庶矣，又何加焉？'曰：'富之；'曰：'既富矣，又何加焉？'曰：'教之。'"他认为不仅要使老百姓富庶起来，更要对老百姓施以礼乐文明的教育，这也是原先周礼所不能比的。

孔子又将礼作为仁人君子的重要的修养方法，同时将仁与礼相结合，将仁者作礼的内容，将礼看作仁的表现形式，他说："克己复礼为仁。"仁是礼的精神实质，离开了仁而言礼，则礼只成为形式，所以孔子又说："礼云礼云，玉帛云乎哉？乐云乐云，钟鼓云乎哉？"（《论语·阳货》）"人而不仁，如礼何？人而不仁，如乐何？"（《论语·八佾》）在仁人君子的个人修养上，孔子提出了以仁为最高的道德标准，以礼为体现仁的方法和形式，这就比周礼有了更重大的发展和进步。

孔子对周礼的突破，还体现在他不仅将礼视作仁人君子的修养，不仅重视对老百姓实行礼治，而且将礼发展而为一套完整的社会理想。这就是《礼运》篇所记的与子游讲的"天下为公"的"大同之道"。过去曾有人怀疑孔子不可能有大同思想，《礼运》篇不代表孔子的思想。但我们从《论语》里也可以看到孔子确实说过"老者安之，朋友信之，少者怀之"（《论语·公冶长》），还有"不患寡而患不均，不患贫而患不安"（《论语·季氏》）。可见《礼运》篇即使非孔子所作，但仍可代表孔子的思想。

综上所述，孔子确实对周礼加以重要的改造和发展。孔子虽然赞美周礼、周公，但这不说明孔子志在复古，他在许多方面对周礼做了改造，注入了春秋时代的人文主义的精神。

（五十） 何谓"现代新儒家"

历史进入 20 世纪，随着"五四"新文化运动的蓬勃开展，"打倒孔家店"的口号响彻神州，儒家思想似乎经历着空前的劫难。"十月革命"一声炮响，马列主义传入中国。从此，20 世纪中国，在哲学思想及整个意识形态领域,主要是马列主义在各方面的凯歌猛进,随着政治斗争的强大优势和最后胜利,马列主义占据了整个历史舞台的中心。

但是,几千年的传统儒学并没有至此断流,以熊十力、梁漱溟、冯友兰、张君劢、唐君毅、徐复观、牟宗三、钱穆为代表的"新儒家"(亦称新儒学),以复兴儒学为己任,结合近代西方哲学思想,如杜威、罗素、康德、柏格森、黑格尔、马赫等创造性地发展儒家思想,在现代中国思想史和哲学史上,构成一条亮丽的风景线,在东方文化圈中引起强烈反响,韩国、日本、新加坡以此为理论基础,产生了良好的社会效益和经济效益。尽管"现代新儒家"比起马列来,无论力量、影响、作用确乎渺小而不足观。但是,正如伽尔达默所说:"一个人需学会超出迫在咫尺的东西去视看——不是为了离开它去视看,而是为了在更大的整体中按照更真实的比例更清楚地看它……在希望与恐惧中,我们总是被最接近我们的东西所影响,从而也就在它的影响下去看待过去的证言,因此,始终必须力戒轻率地把过去看成是我们自己对意义的期待。只有这样,我们才能以这样的方式来倾听过去:使过去的意义成为我们所能听得见的。"(《真理与方法》)我们要能听一听过去的意义,所以"现代新儒家"是不容忽视的。

何谓"现代新儒家",目前尚难准确定义,不过可以描述一下它的基本特征:大体可以说,在辛亥、五四以来 20 世纪的中国现实和学术土壤上,强调继承、发扬孔孟程朱陆王,以之为中国哲学或中国思想的根本精神,并以它为主体来吸收、接受和改造西方近代思想和西方哲学以寻求当代中国社会、政治、文化等方面的现实出路。其中真正具有代表性的有四人:熊十力、梁漱溟、冯友兰、牟宗三。

熊十力,为"现代新儒家"的第一人。主要代表作《新唯识论》。熊十力直接承继王阳明,参之王夫之的学术思想,推崇《周易》为极致。他着重发挥《易》的生生不息的动态过程,把它与刚健进取的人生态度融为一体作为心性本体。他的宇宙本体论不再是程朱僵硬的外框,而是活生生的生命力量。他超越了宋明理学,以"人本""动态""感性"为儒学基本精神,同时他也超过了近代谭嗣同和章太炎等人的理论。谭嗣同重动反静,不主故常,接受佛宗,视世界为空幻,缺乏熊的重感自觉的人本精神。章太炎的哲学思想则没有这种活泼、乐观的积极精神,但是,由于熊十力对现代自然科学以及与之密切相关的近代西方文明缺乏了解,致使其本应向外追求和扩展的、动态的、人本的、感性的哲学仍然只得转向内心,转向追求认识论中"冥悟证会"的直觉主义和"天人合一"的传统境界。

梁漱溟,代表作《东西方文化及其哲学》,他从文化角度立论讲哲学,为中国人设想,反对盲目西化主张。在梁看来,中西文化根源不同,这根源在于由意欲的不同行进方向而造成的生活的不同。这生活不同又表现为理知与情感,直觉关系的不同,表现为它们处理人生态度的关系的不同。梁认为,"西洋人近世理知的活动大盛太强……人对人也是划界线而持算账的态度,成了机械的关系。……至于精神生活一面,也是理知压倒一切"(《东西方文化及其哲学》,下同)。"然而他们精神上也因此受了伤,生活上吃了亏"。"西洋人风驰电掣地向前追求,以致精神沦丧苦闷,所得虽多,实在未曾从容享受"。现在看来,这些论断确实点到了西方世界的某些本质特征。他要求中国人只有在复兴"孔颜乐处"的人生态度时,才可以去学习西方。"只有踏实的奠定一种人生,才可以真正吸收溶取了科学和德谟克拉西两精神下的种种学术、种种思潮而有个结果。否则我敢说新文化是没有结果的。"在当时打倒传统,全面推行西化的浪潮中,梁勇敢地"逆天下潮流而动"还是颇有勇气的。现在看来,他的思想还是颇值得深思的。

冯友兰,代表作《中国哲学史》、"贞元六书"等。冯友兰不同于熊十力和梁漱溟,熊梁并不是研究哲学的"专门家",而冯却是受过正规训练的,从事哲学研究是他的"专家之业",他也因推出自己的哲学体系而获得广泛的世界声誉,成为公认的中国现代哲学家。冯友兰也以程朱理学为先驱,并把自己的哲学命名为:"新理学"。"在新理学的形而上学的系统中,有几个主要的观念,就是理、气、道体及大全……,这四个观念是没有积极的内容的。"(《新理学》,下同)所谓"理"就是各个事物之所以为各个事物的依据。"气",就是事物的存在。"气"不等于"理",但客观现实就是

"理"与"气"的结合。"新理学"的任务就在提出这四组逻辑命题，四个形式观念，从而继承并纠正中国传统哲学："易传所说的道，近乎我们所谓理，而又不纯是理。道家所说的道，近乎我们所谓气，而又不纯是气。……它们所表示的还不是'物之初'。此所谓'物之初'不是就时间说，是就逻辑说，理与气是'物之初'，因为理与气都是将事物分析到最后所得的。"当然，冯的"新理学"宣扬的还是内圣外王之道，从最不落实际、扔开任何现实具体内容的形式的、逻辑的观念开始，最终却结束在这非常具体、实际的结论中。这就是"新理学"的基本特征。

牟宗三，与冯友兰一样，牟宗三也是大学讲堂上的专业哲学家。代表作有《心体与性体》，牟以大量哲学史研究来阐述自己的哲学观点。他将宋明理学一分为三：以《论语》《孟子》为主的陆王系，以《中庸》《易传》为主的胡刘系，以《大学》为主的程朱系。他认为宋明理学家讲的是"性理之学"即"心性之学"，也就是"内圣之学"。他以现代存在主义感受在中国哲学史上深刻地分辨出程朱与陆王的根本差异，借鉴康德哲学的实践理性高于理论理性的精神，发展了陆王心学的道德主体性。牟宗三高扬道德主体性，以之为本体，不但公开反对冯友兰的"理世界"，也不满于其老师熊十力的宇宙论的本体观。他认为道德本体（性体心体）呈现在个人实践中就足够了，不再需要更多余的东西。

现代新儒家虽以哲学为研究课题，但其深层背景与近现代中国各派哲学一样，都有着对中国民族往何处去，传统如何能连接现代化，如何对待西方传来的民主、自由、科学的基本价值等社会文化问题的深切关怀。但是现代新儒家强调的道德主义如何与西方科学、民主及个体主义相关联，还有很多课题要研究，未来的路还很漫长。

三　孔子思想诸方面

（五十一）　孔子是哲学家吗？　他在哲学上有何贡献

　　孔子不仅是我国古代伟大的教育家、政治家,也是一位著名的哲学家。孔子的教育思想和政治思想是同他的哲学思想密切相关的,他的哲学思想支配着他的政治和教育实践,他的政治学说和教育思想是他的哲学思想的具体运用和发挥。他作为中国古代最早的哲学家对中国哲学的形成和发展做出了重要的贡献。

　　首先,在哲学的本体论上,春秋时代存在着两种天道观的争论,当时占统治地位的是唯心主义的天命论。但是,孔子比同时代的其他人看得远,他对传统的天命观进行了"损益",提出了不少无神论和唯物论的思想。在解释自然界四时变化与百物生长时,他说;"天何言哉? 四时行焉,百物生焉。"(《论语·阳货》)他认为社会的变革也不是由神意决定,而是靠人的力量,如他认为"桓公九合诸侯,不以兵车,管仲之力也"(《宪问》)。在讲到他自己何以多能多艺时,他说,"吾少也贱,故多能鄙事"(《子罕》)。

　　在思维能否反映存在的问题上,孔子是可知论者,他虽说过"生而知之"，但更多的是强调"学而知之"，提出"多闻""多见""择善""识之"，即由感性认识提高到理性认识。他认为认识须从"学"开始，但又不能停留在"学"上，要做到学思结合。他说："学而不思则罔，思而不学则殆。"(《为政》)又说："吾尝终日不食，终夜不寝，以思，无益，不如学也。"(《卫灵公》)这些唯物的辩证的观点，在孔子的认识论中居主导地位。孔子坚持实事求是的原则，要求学生做到"知之为知之，不知为不知"(《为政》)。提出"毋意、毋必、毋固、毋我"(《子罕》)。在处理"学"与"行"的关系上，主张"行有余力，则以学文"(《学而》)。主张用"行"的效果来检验"学"的好坏，他说："诵《诗》三百，授之以政，不达；使于四方，洋能专对；虽多，亦奚以为？"(《子路》)

孔子又提出了丰富而宝贵的辩证法思想。他认为世界万物处于永恒的运动变化中，他曾站在河边指着日夜奔流的河水说："逝者如斯夫！不舍昼夜。"(《子罕》)新旧社会的礼仪制度在变化交替中有所损益，他说："殷因于夏礼，所损益可知也；周因于殷礼，所损益可知也。"(《为政》)即使是人的品行习性也在变化："性相近也，习相远也。"(《阳货》)他还接触到了对立统一的思想，认为"不知"与"知"，"不善"与"善"，"不贤"与"贤"，在一定条件下可以互相转化，他说："不知为不知，是知也。"(《为政》)他也初步接触到质与量的辩证关系，提出了"过犹不及"的辩证法命题，认为事物的质是和一定的量相联系的，超过了一定的量和达不到一定的量一样，都会破坏质的规定性。

由此可知，孔子作为哲学家，他提出的许多哲学观点并不亚于古希腊唯物主义哲学家赫拉克利特，就其对后世特别是对东方社会的影响，可以说是超过了赫拉克利特。

（五十二）　怎样理解孔子的"中立"思想

孔子在创立以"中庸"为内涵的哲学方法论同时，又首倡作为政治范畴的"中立"学说。"中庸"是孔子学说的核心和理论基石，也是中华文化的精神实质,它集中体现华夏民族的思想精髓,是我国古代思想的珍贵遗产。而"中立"思想则是孔子政治观的哲学范畴,"中立"与"仁"相配套构成孔子完整的政治思想学说。两者既有联系又有区别,不可混同。"中庸"前文已谈,这里专说"中立"。

"中立"一词,在先秦含义有所不同。西周时是言居中而立,听取别人意见,《大戴礼》有"成王中立而听朝"即此义。《左传》记载"中立其免乎",则是身处矛盾双方之中间,以求幸免。孔子"中立"概念有具体内涵,就是站在"仁"道的立场上,坚持以"中庸"为原则,"中立而不倚""和而不同""国有道不变塞焉""国无道,至死不变"。具有此种精神理念者,才算掌握"中立"内涵。可见,孔子的"中立"充满着强烈的斗争品质,敢于同一切违反"仁"道的思想行为做斗争,从不"求生以害仁",坚持"杀身以成仁"。显然,孔子"中立"观,不可理解为明哲保身的乌龟哲学。

孔子的"中立"学说充分发挥古代《易》学的辩证法思想。一般认为,孔子删定过《易经》,他的思想深受《易经》的影响,非常自然。《周易正义》曰:"知进退、存亡、得丧而不失其正"在进与退、存与亡、得与失面前,君子内心应始终不忘中正,把握适当的分寸,即度。《周易正义》又曰:"以柔顺而为不正,则佞邪之道也""以刚健而居人之首,则物之所不欲。"指出,"柔顺"与"刚健"这对矛盾,应当适度,太柔顺易走"佞邪之道","刚健"过头逞强凌人则与事理所不容。可见孔子"中立"观直接导源于《易经》思想。以后,亚圣"孟子"进一步发扬光大之,他说:"中天下而言,定四海之民,君子乐之"(《孟子·尽心上》)。明确指出"中立"乃治国安邦之道,是对孔子政治观的集中概括与弘扬。

《论语·微子》曰:"逸民:伯夷、叔齐、虞仲、夷逸、朱张、柳下惠、少连。子曰:不降其志,不辱其身,伯夷叔齐与?谓柳下惠、少连、降志辱身矣!言中伦,行中虑,其斯而已矣!谓虞仲、夷逸、隐居放言,身中清,废中权。我则异于是!无可,无不可。"既然,孔子"中立"观具有鲜明的辩证色彩,那么,如何理解他的"无可,无不可"呢?有人就字面理解,说孔子政治观上是滑头派,不能坚持原则,作为一代圣哲,孔子思想不会如此简单。其实,孔子此言是针对古之"逸民"而发的,非常具体准确,伯夷叔齐"不降其志,不辱其身"太刚太直,不能实现自己的理想;柳下惠、少连"降志辱身",甘为小人,自不能成大事,而虞仲夷逸,"隐居放言",隐居于乱朝,保持节操可嘉,但是徒有空谈,孔子表明自己观点:圣人不一定主张一味激进,也不一定主张一味后退,而是可进则进,可退则退。他是没有什么可以,没有什么不可以的。这是一条颇具辩证思维的自处与处世之道。结合孔子一生的奋斗历程,任鲁"中都宰""司空""司寇",周游列国,颠沛流离,宣扬"仁"道,"德治"理想,最后"道不行"还想"乘桴浮于海","欲居九夷"实现"仁"道来看,孔子政治观上积极进取精神是极其鲜明的,丝毫没有模棱两可,不坚持原则的迹象。

孔子的"中立"思想对后世影响深远。就积极方面看,为历代君王、志士仁人提供为政处世的借鉴。历代君王若能领悟孔子"中立"说的精神内涵,"中天下"而"定四海之民",就能赢得百姓最终赢得江山基业。相反,则危机四伏,土崩瓦解,难逃覆灭之灾。从消极方面说,孔子"中立"思想,为后人推衍引申,成为明哲保身,游戏人生的理论根据,实际上,它歪曲了孔子"中立"学说的原有本质,理应加以唾弃。

（五十三） 孔子的美学思想主要体现在哪些方面

孔子的美学思想极为丰富。由于历史的局限,虽然他没有、也不可能科学地阐明什么是美以及与审美活动有关的一系列问题,进而建立起完整的美学理论体系,但是他从仁学理论出发在自己的审美活动实践中提出了许多有价值的见解,对古代美学理论的建立和发展做出了重要的贡献。他的美学理论内容,主要体现在他论乐、说《诗》上。

孔子有很高的音乐审美能力,他能品评音乐,又能作歌、奏乐、度曲。孔子欣赏音乐提出了美、善结合的原则。这里"美""善"对称,"善"指对音乐情感的道德评价。有时孔子也把"善"和"美"作同一概念使用,如"里仁为美"(《里仁》),"美"也就是"善","美"和"善"都是美好的意思,侧重在思想内容。当"美"与"善"同时使用又各有所指,"美"则专指付诸感观的形象形式。他说过:"不有祝之佞,而有宋朝之美,难乎免于今之世矣。"(《雍也》)"祝鮀之佞"指口才好,"宋朝之美"指容貌好,把"美"看成是外在的形貌和色彩。由此可见孔子把审美活动中付诸感观的形象、形式作为"美"的含义;而把蕴含在内部的思想情感等道德伦理内容作为"善"的概念。这种"善"也就是符合"仁"的思想的美。他着重以"善"为主,"美""善"结合,这是他审美的最高标准。

孔子没有明确的提出真的概念,更没有把真、善、美作为他的审美标准,这是历史的局限所致。但不能认为孔子不懂或排斥真从而否定、贬低其美学理论价值。孔子确实没讲到真的问题,但从他对仁学含义的阐述来看,他强调行为实践,提出了大量的诚信、情实的要求,如说:"主忠信,毋友不如己者,过则勿惮改。"(《子罕》)"贤贤易色,事父母能竭其力,事君能致其身,与朋友交言而有信。"(《学而》)这里都是要求对己、对人、对事要诚实,讲信义、有真情。凡涉及言行、表里、人际往来,都表现出重行、重实、重信的倾向,这是他仁学理论的特色,也是他审美理论的重要内容。

有人以为在审美理论的建设上孔子不如庄子更有助于人们审美活动的发展,这倒值得商榷。庄子的哲学思想对后世的美审理论确有深远影响,尤其在魏、晋玄学兴起之后,经过玄学家们的引申发挥并注入了新的内容,但《庄子》书中直接阐述的关于美的言论却是消极的,他否认人具有审美能力,美也没有客观标准。道家重自然的思想自有其美学理论价值,但就人对审美活动的认识来说,孔子重人事的思想倾向更具有积极意义。

孔子论诗的美学思想比论乐更为充分,只是论乐是泛指一切音乐艺术,而论诗却专指《诗》三百篇。他论诗也和论乐一样,是从人的立身、行事、求知的实用目的出发,但也不忽视诗的形容性和抒情性的审美特点。

孔子强调诗具有陶冶性情、增进道德以及事功和求知的作用。他为什么如此重《诗》呢?因为诗的自身特点使它具有广泛的功能。

"小子何莫学夫《诗》?《诗》可以兴,可以观,可以群,可以怨;迩之事父,远之事君;多识于鸟兽草木之名。"(《阳货》)这是孔子论诗最全面、最重要的一段话。对"兴、观、群、怨"的诠释，历来说法不一，但其基本含义还是可以理解的。这段话是从诗歌的艺术特点阐述诗的社会功能；包括在位者以诗设教，也包括读者的赏诗学诗。

本于诗的艺术特点及其功效，孔子特别重视"诗教"，并把"诗教"看成推行王道、德政的重要手段，实际"诗教"也就是美育，它通过陶冶、感化的作用焕发主体意识的觉醒，从而达到精神境界的净化、升华，取得道德的自我完善。

孔子论乐、论诗所体现的美学思想，是在其仁学理论基础上形成的。在长达两千多年的封建社会里，孔子的美学思想始终占据统治地位，对古代文化、文明建设及整个民族心理素质的形成，都具有深远的影响。中国光辉灿烂的古代文学艺术成就，无法与孔子美学思想割裂。

（五十四）　孔子有哪些逻辑思想

孔子是中国历史上较早对逻辑问题进行自觉考察的一位学者，他提出的一些逻辑思想，对后世有重大影响。

1.对思维的发现和初步探索。尽管人具有思维能力，但是人们对自己的这一特点具有自我意识，并进而自觉地研究思维的规律，以便于更好地认识和改造世界，这还是一个极其漫长的历史过程。在中国历史上，孔子较早意识到了人的思维能力，并初步探索了人的思维形式、规律和方法。"学而不思则罔，思而不学则殆。"（《论语·为政》）是人们广泛引用的孔子的话。意思是说，只读书，得到了许多材料，如果不加思索，分辨其是非曲直，那么就会受欺骗；而思虑也不能离开学习，即光思索不学习也会疑虑不定。孔子从教育的实践中领悟到思和学这两个对立面相反相成的道理，在中国历史上第一次提出思学并重的辩证命题，实开后人对认识过程和思维规律探索的先河。

2.对名和正名的探讨。名，相当于语词或概念，是中国古代逻辑中一个非常重要的范畴。孔子在中国历史上提出名这个逻辑术语，并初步讨论了"正名"(把名搞正确)的问题,提出了一些有价值的理论见解。首先,孔子第一个提出名的正与不正的问题。孔子所谓"名正"(名词概念正确)主要就是要求名称与实际一致,名实相副,即语词、概念与其所指对象一致。这实际上是纠正语义,保持语词意义的确指性、确定性的语义学要求。而所谓"名不正",即语词与其所指对象脱离,语义转换,名不副实。虽然在孔子那里,与"名"相对的"实"的概念还没有提出来,孔子还没有对名、实关系做出理论上的概括,然而我们可以说,孔子实际上已接触到了名实关系的问题。此外,与"正名"有关的,孔子还在教学实践中比较自觉地运用了定义的方法,用来区别和规定一个"名"(语词,概念)。孔子的"正名"思想虽有政治保守主义和哲学形而上学的局限,但仍对中国古代逻辑的酝酿和建立具有开创的意义。

3.对语言和思维关系的讨论。在中国古代逻辑史上,语言和思维的关系,或者说语言同它所表达的思想内容的关系,是经常讨论的问题。孔子最早对这个问题发表了意见。《卫灵公》记载孔子说:"辞达而已矣。"即言辞(语言、语句)能够表达意义就可以了。辞、意关系即语言同思维关系的讨论,推动了逻辑学、语言修辞学的发展。

4.知识和推理。孔子根据丰富的教学实践经验,探讨了知识和推理的关系。孔子说:"温故而知新。"即温习原有知识,可以从中推演出新的知识。孔子又说:"回也闻一以知十,赐也闻一以知二。"(《公冶长》)闻一知十,闻一知二,都是依据原有的有限的知识进行推导引申,从而扩大知识面,增加新知识。所有这些,都说明了孔子已看到了推理对形成知识的作用。

另外,孔子还对与逻辑学有密切关系的言辞说话艺术及证明的作用问题进行了有意义的探讨,成为中国古代逻辑思想的重要成果。

总之,孔子的逻辑思想是多方面的,在中国古代逻辑发展史上占有重要地位。

（五十五） 孔子"正名"说在逻辑学上有何贡献

孔子对我国古代逻辑学的主要贡献就在于提出"正名"说。《论语·子路》云："子路曰：'卫君待子而为政，子将奚先?'子曰：'必也正名乎！……子曰：'野哉，由也！君子于其所不知，盖阙如也。名不正，则言不顺；言不顺，则事不成；事不成，则礼乐不兴；礼乐不兴，则形罚不中；刑罚不中，则民无所措手足。故君子名之必可言也，言之必可行。君子于其言，无所苟而已矣'。"由上可见，孔子"正名"思想不是从逻辑学角度提出的，而是就社会政治伦理来谈的。"正名"是"为政"的需要。孔子之所以标榜"正名"学说，是对当代社会秩序混乱，"礼坏乐崩"的不满。认为国君要治好国家"必先正名"，强调"正名"的重要作用。他要求以周礼为标尺去正名分，人们所作所为都必须符合世袭传统的政治地位、等级身份和权利界限，君臣父子各守其道不得越雷池一步，只有这样，才能恢复"郁郁乎"周礼，才能实现政治清明，国泰民安，即孔子所谓的"小康"和"大同"社会。这是孔子"正名"思想的主要精神。值得注意的是，孔子不局限于强调政治伦理方面，而且已经初步揭示了正名的逻辑学意义。他从逻辑方面辨析了"名"与"言"的关系，提出了"名不正，则言不顺"的命题。"名"指事物的名词和概念，"言"则是指由名构成的语句或判断。"名正"是指词语和概念正确，就是说名称与实际一致，名实相符。"言顺"指由名构成的语句或判断恰当，合情合理，顺畅通达。而所谓"名不正"即指语词与其所指对象脱离，名与实不一致，或是名不能确切指示相应的实，由此导致"言不顺"，即由名构成一命题不能进行有效推论，亦即不合情理。在上文中，孔子运用充分条件假言连锁推理回答子路的提问，具体就是：如果名不正，则言不顺；如果言不顺，则事不成；如果事不成，则礼乐不兴；如果礼乐不兴，则刑罚不中；如果刑罚不中，则民无所措手足，所以，如果名不正，则民无所措手足。可以看出这个推理是比较复杂的，孔子把它表述的如此完整准确，由假设条件"名不正"到得出结论"民无所措手足"，一气呵成，足见孔子逻辑思维的严密性和连贯性。

孔子是我国古代最早提出"正名"的思想家。自孔子提出"正名"的逻辑原则后，先秦诸子各派，纷纷效法，虽然他们思想观点各异，但采用的逻辑方法是一致的，一时间"名辩"之风大兴，直至形成战国时期的百家争鸣局面。如墨家创始人墨子受其影响也主张名实必须相符，且重在知其"实"，墨家后期继承此说形成"以名举实"的一整套理论。

孟子继承孔子的正名思想，为实现"道性善，言必称尧舜"的政治理想，他企图通过正名的方法来"正人心，息邪说，距诐行，放淫辞。"(《孟子·滕文公下》)最终达到正人心，以仁义王天下，行先圣之道的目的。孟子时代，杨朱、墨翟之徒倡言充盈海内，纵横辩士周游列国。孟子不甘示弱，积极参与角逐，不得不磨砺词锋，研习孔子"正名"学说。时人称孟子为"好辩"之士，可见其对孔子逻辑正名思想的传承。

如果说孔子的"正名"说还不是专言逻辑，那么，战国时代的公孙龙则真正从逻辑学的高度提出并系统阐述了"正名"问题。他在《名实论》中，从朴素唯物主义本体论出发，提出："夫名，实谓也。"明确指出"名"是用来称谓实的，他说："正者，正其所实也；正其所实者，正其名也。"公孙龙在这里坚持"以实正名"的唯物观点，以"名正则唯乎其彼此焉"为正名原则，用"以其所正，正其所不正，以其所不正，疑其所正"的逻辑方法，最终实现"唯乎其彼此"的目的。

孔子的正名思想，到了荀子手中才得以全面系统地发展。荀子时代，各派林立，他试图进行总结性批判，公开打出"君子必辩"的旗帜，以辩说为学者的重要修养，努力探求思维规律，论辩逻辑，在孔子"正名""辞达"说的基础上，建立自己的逻辑理论。首先，荀子充分肯定逻辑思辨的作用，提出君子仁人一定是好辩说、善言辞的。其次，荀子重视语言艺术和逻辑方法的探讨。指出，语言态度上要庄重、端正、诚恳，巧譬善喻，分辨明析，注意情感氛围，辩说才有巨大的感染力和说服力。第三，正名，既要求进行合乎逻辑的判断推理，也需要精审的遣词造句，要正确处理主观思想意识、客观事物规律与文辞表达的关系，即所谓"心""道""说"三者间的关系。

荀子正是在继承孔孟"正名""知言"的基础上，排斥名家形式逻辑的诡辩术，从而创立了自己独特的逻辑思辨理论。

（五十六） 孔子对伦理学有何贡献

在孔子的学说体系中，伦理色彩十分浓厚。孔子讲人性的话虽很少，但是，抽象的人性论的观点，在他的伦理和教育思想中占有重要地位。"性相近也，习相远也"（《论语·阳货》）。这是孔子提出的有关人性的重要命题，也是他的教育和伦理思想的主要依据。孔子认为，人性的相近表现在欲望方面也是一样的。他说："富与贵，是人之所欲也；不以其道得之，不处也。贫与贱，是人之所恶也；不以其道得之，不处也。"（《里仁》）就是说，人的本性都是欲富贵、恶贫贱，但是不按正道获得或除去，都是不对的。正是以这种抽象人性为伦理道德的出发点，孔子对礼的许多规范进行了一系列的分析和概括，构筑了以"仁"为形式。以克己敬人为实质的道德理想，以"恕"为实现方法的人生哲学或伦理学体系。这种体系尽管不科学，但已经是道德实践中各种要求的系统化理论，这是孔子在伦理学方面的重大贡献。

孔子是古代伟大的教育家，强调实践和身教的作用。他说："能行王者于天下，为仁矣。"（《阳货》）"王者"，即恭、宽、信、敏、惠。就是说，实践了"王者"的人，可成其为仁人。用在政治上，统治者实践了这五种品德，便可以获得良好的德治效果，可谓仁政矣。孔子主张德治，强调以身作则、道德实践的重要性，所以他说："其身正，不令而行；其身不正，虽令不从。"（《子路》）这话是有道理的。

在品德与道德规范的关系上，在个人的学习和修养方面，孔子进行了具体分析概括。孔子说："恭而无礼，则劳；慎而无礼，则葸；勇而无礼，则乱；直而无礼，则绞。"（《泰伯》）这说明，个人品德的修养，要以礼的规范为准则，所以对于礼的学习、掌握必须重视。孔子个人是虚心好学的，也教育他的学生虚心好学。他说："三人行必有我师焉，择其善者而从之，其不善者而改之。"(《述而》)"过则无惮改。"(《学而》)"躬自厚而薄责于人,则远怨矣。"(《卫灵公》)诸如此类的言论,对于学习和个人修养都是有积极意义的。

此外,孔子对礼的德目或道德规范有所增益。比较明显的是在君臣关系上提出:"君使臣以礼,臣事君以忠"的"忠"德。在西周时期,因为是以氏族为基础的宗法制度,"孝"成为最高道德原则,可约束臣下为天子和国君效力。随着春秋时代"礼崩乐坏"局面的出现,原有的君臣关系被突破,仅靠"孝"道已不能约束臣下,必须另有一种新的行为规范才能保证君王之位的稳固和尊严。这样,孔子把"忠"德正式列为臣事君的主要道德规范,适应了封建社会君臣关系的发展,也成为孔子被封建社会尊为圣人的重要条件之一。

孔子知识渊博,思想并不僵化,他还提出了不少有价值的格言或命题,如"知之为知之,不知为不知,是知也。"(《为政》)又如:"今吾于人也,听其言而观其行。"(《卫灵公》)等等。这些简短而精粹的语言,富于哲理,为历代有识之士所推崇。

总之,孔子以抽象人性论为基础,创建了中国第一个伦理学体系。这在中国伦理学史上是一重大贡献。

(五十七) 孔子的政治伦理学具有哪些特征

从某种意义上讲,孔子的学说体系,应该称之为"政治伦理学"。它具有四个基本特征。

1.体系的人文化。孔子继承了周文化"尊礼尚施,事鬼敬神而远之"(《礼记·表记》)的传统,在他的学说体系中表现出对人生哲学的强烈兴趣和追求。一部记载孔子言行的《论语》讲的是"人道",讨论的是现实生活中的道德问题。孔子清醒地把自己的学说与宗教划清了界限。值得注意的是,在讲人性的时候,孔子把重点放在人的社会属性上,很少谈及人的自然属性,仅笼统地说:"性相近也,习相远也。"(《阳货》)没有把"性"的问题展开,不愿对抽象的人性作纯理论的思辨,表现出实用理性的特征。

2.政治的伦理化。孔子学说很重要的一个特点是积极入世的思想。孔子把道德输入他的政治实践,他的理想政治是"礼治"和"德教"的伦理型政治。这种伦理型政治包括两方面的内容,是"孝悌"和"忠恕"等具有强烈政治功能的伦理观念。如孔子说:"其为人也孝悌,而好犯上者鲜矣。不好犯上而好作乱者,未之有也。"(《学而》)其重教化的意义是十分明确的。二是重统治者的表率作用。表率作用是道德规范的手段之一。在推行"德教"政治中,孔子对此极为重视。所以,他说:"政者,正也。"(《颜渊》)统治者的道德表率作用,目的是取信于民,换取人民的道德反应,从而实现孔子提倡的"修己以敬""修己以安人""修己以安百姓"的政治三部曲。

3.规范的情感化。孔子的政治伦理学体系,尤其重视道德规范的情感化,强调道德规范与人的自然情感的统一。如对"三年之丧"的规范,在《阳货》中宰我问孔子说:"三年之丧,期已久矣。"孔子回答说:"予之不仁矣! 子生三年,然后免于父母之怀。夫三年之丧,天下之通丧也,予也有三年之爱于其父母乎!"孔子把"三年之丧"的规范,直接诉诸亲子感情,并视之为亲子感情的自然流露,强调自觉。在论证道德与情感的关系时,孔子还输入一个"直"的观念,来沟通两者的关系。"直"是一种道德,又是一种自然情感,不掺半点虚假的情感。如"父为子隐,子为父隐,直在其中矣"(《子路》)的"直",就是这个意思。

4.人格的道德化。人格的道德化指道德人格的塑造。孔子认为,理想的人格是道德的人格。对道德人格,孔子强调两点:一是道德人格的主体性,即所谓"人能弘道,非道弘人"(《卫灵公》),主要讲道德自觉,讲人对道德的能动作用。孔子认为,道德人格的塑造,首先要有"行己有耻"的道德自觉,其次要注重内在的道德修养,再次要在实践中"见利思义",乃至"杀身成仁"。道德人格的主体性,是孔子政治伦理学中最富有价值的一部分。二是道德人格的限制性。孔子在提倡道德人格主体性的同时,又用天命、统治者、圣人之言和礼来规范人格。这样,最终使人格窒息在"道德"的压抑下,使人格成为道德祭坛上的牺牲品,给中国社会和历史带来巨大的消极影响。

（五十八） 孔子的道德主体性表现在哪些方面

道德规范必须通过主体的自觉才能发挥作用,离开人的主体能动性,道德就不成其为道德,孔子对此的认识是很清楚的。他的道德主体性思想集中体现在"为仁由己"(《颜渊》)这一著名命题中。"为仁由己"是说人们自主、自愿、自觉地履行(包括选择)道德,不为外物所支配,也不为外力所强迫。具体来说,"为仁由己"的道德主体性思想,体现在孔子伦理学说的各个方面。

1.体现在道德选择上。道德选择离不开认知,他说:"未知,焉得仁?"(《公冶长》)"得仁"的前提是"知","知"就是道德认识。道德选择表现在独立人格和自主意识的"志"上面。孔子再三肯定上至天子,下至庶民,人人都要具有独立的人格:"三军可以夺帅,匹夫不可以夺志"(《子罕》),"临大节而不可夺其志"(《泰伯》)。"不可夺志",即具有独立的人格,具有独立自主意识,最高的境界是孔子的"仁"。孔子赞美伯夷、叔齐,就是因为他们能够做到"不降其志,不辱其身"(《微子》),不为外力所屈服,哪怕是来自君子的压力。有了道德选择的"知",再加上独立意志和自主意识,主体的道德选择才有可能真正做到自主。

2.体现在孔子对树立道德信念的重视。"仁"虽然是孔子的理想追求,他说自己也难达到,但同时他又说不难达到。"欲仁而得仁"(《尧曰》)、"求仁而得仁"(《述而》),这里的"欲""求",就是道德信念,它驱动主体去"得仁"。孔子十分重视主体道德信念的树立,他说:"仁远乎哉?我欲仁,斯仁至矣。"(《述而》)在孔子这些话中可以看出,仁并非远离人们而高不可攀,只要树立了"欲仁"的信念,人人都可以成为仁人。

3.体现在孔子对"行"的道德实践的重视。提倡"笃实躬行",是孔子伦理思想的一大特点。孔子认为,主体的道德认知,道德信念和道德选择,最终必须落实在道德行动上。他说"有能一日用力于仁矣乎,我未见力不足者。"(《里仁》)肯定人人都有行仁的能力,但能否成为仁人君子,关键就看他是否"用力"去"行"。有鉴于此,孔子十分重视道德的身体力行,"子以四教:文、行、忠、信。"(《述而》)把"行"作为教育学生的不可或缺的重要课目。孔子说:"能行五者(指恭宽信敏惠)于天下,为仁矣。"(《阳货》)孔子是不轻易以"仁"许人的,但对道德上身体力行的人,他许之以"仁"。在孔子看来,没有高度的主体自觉,要做到"力行"是不容易的,因为需要人的高度的主体能动性。

4.体现在孔子所倡导的道德修养方法上。孔子提倡自省、自讼、自戒、自责、反求,这些修养方法都立足于主体自我,基于主体的自觉。自省,即主体对自己的行为进行内心省察;自讼,就是自觉地在思想观念中展开是非善恶的斗争;自戒,就是把外在的道德规范内化为"主观意志";自责,是对自己的过失进行谴责;反求,是指主体的仁德未能体现出来,就返回自己的内心去找原因。孔子提倡这些,是为了达到"慎独"(《礼记·大学》)的道德境界:在个人独处而没有任何外在压力,外在约束的情况下,都一丝不苟地践履道德。达到这个境界,主体的高度道德自觉便淋漓尽致地体现出来了,道德规范也就在这种高度内化并行为化中失去存在的意义了。

"为仁由己"的道德主体性思想,还体现在道德上的积极进取和对道德的创造性发展。孔子积极主张进取、刚健有为,"天行健,君子以自强不息。"(《易·乾·象传》)为了实现自己的理想和抱负,"知其不可为而为之"(《宪问》)。对于人与道德的关系,孔子提出:"人能弘道,非道弘人。"(《卫灵公》)就是说,人对于道德不是消极地去适应、遵守,而是主动积极地创造、发展;这更突出了人的主体能动性。

（五十九） 怎样理解孔子的复仇伦理思想

复仇之风,中国自古有之。在孔子的思想体系中,复仇思想非常鲜明。具体地,可以从四个方面理解。

1.关于复仇的原则与宗旨。《论语·里仁》中孔子说:"恶不仁者,其为仁矣,不使不仁者加乎其身""唯仁者能好人,能恶人"。善恶、爱憎判然有别,进而恩怨分明,此乃仁者区别于不仁者的一个重要尺度。仅仅避免染及不仁恶德还不够,能敢怨敢恨,对仁的对立面有鲜明的否定态度,才是仁者之真品。作为原始人血族复仇的直接延续是为家族、家庭成员雪怨,即血亲复仇。血亲复仇的主导性动机是尽孝,复仇是尽孝的极致。正因如此,孔子才极为赞成人们依血缘亲疏,有次第地复仇。在礼崩乐坏,正常社会秩序被打破的情形下,复仇又是一种超常态的否定现存的方式,每每作为对善被无情毁灭的一种正义抗争。对此,孔子愤怒地指斥说:"乡愿,德之贼也"(《阳货》)。孔子为当时人流行的"以德报怨"所触动,主张"以直报怨,以德报德"(《宪问》)。充满了社会责任感和使命感。

2.正义复仇的不妥协、不改易性。孔子的以直报怨、正义复仇原则,不是一时的权宜之计,而是具有与整个儒家思想体系、价值取向有机联系着的稳定性。"君子和而不同,小人同而不和"(《子路》);"当仁,不让于师";"志士仁人,无求生以害人,有杀身以成仁"(《卫灵公》);"三军可夺帅也;匹夫不可夺志也"(《子罕》)……孔子这些话,无不坚持正义复仇的不妥协、不改易性。

3.关于复仇的谋略、方法。孔子认为,复仇不应是一勇之夫的率尔冲动,复仇首先必出于正义的动机,其次必须有一定的谋略。在《礼记·檀弓》中,子夏问于孔子曰:"居父母之仇,如之何?"夫子曰:"寝苫,枕干,不仕,弗与共天下也。遇诸市朝,不反兵而斗。"曰:"请问居昆弟之仇,如之何?"曰:"仕,弗与共国,衔君命而使,虽遇之不斗。"曰:"请问居从父昆弟之仇,如之何?"曰:"不为魁,圣人能,则执兵而陪其后。"这里,孔子视复仇对象与复仇主体间血缘亲疏,把复仇的谋略、方法分为三类:报父母大怨,志在必得,当不做官或辞官,处心积虑专意营此,睡草席枕盾牌(指兵器),在保持居丧礼节时不断砥砺斗志,一旦与仇人在街市相遇,即刻不容缓地同仇凶殊死搏斗,因兵器随身携带而不必回家取。昆弟之仇则不必影响作官,只是不与仇人同处一城;为不负君命,遇见仇凶也不斗。从父昆弟之

心通孔子

仇,不必主动代为报雪,如果苦主申冤,只要执着兵器跟在后面助威就可以了。孔子对不同等级的分寸把握,亦使复仇正义性体现出来。

4.对见义勇为、诛恶济善的赞许。孔子说:"志士仁人,无求生以害仁,有杀身以成仁。"体现出以道自任,诛恶济善的精神。孔子又说:"见利思义,见危授命"(《宪问》),包含着对见义勇为、正义复仇的无畏品格。

（六十） 何谓孔子文学观的"兴、观、群、怨"

《论语·阳货》云:"子曰:'小子,何莫学夫《诗》,《诗》可以兴,可以观,可以群,可以怨,迩之事父,远之事君,多识于鸟兽草木之名。'"历代文论家认为,此章集中体现了孔子的文学观,反映出孔子对诗歌社会作用的充分认识。这一论断,对几千年中国文学影响深远。但由于孔子用语极简,究竟何为"兴观群怨"见仁见智,观点颇不一致。

历史上,权威解释者有孔安国和朱熹两人,他们基本上代表儒学在汉代和宋代的伟大成就。今天学者,以"两说"为基础,进一步加以总结和补充。

关于"兴"。吴文辉认为朱熹注释为"感发意志"是传神妙解,深得孔子底蕴。张文勋也赞同朱熹观点:"所谓'兴',就是指诗歌给人的'感发意志'的艺术感染作用"(《孔子文学观及其影响的再评价》);刘文纲虽然认同朱熹的见解,但又认为,孔于"兴"的内容是儒家思想,而非纯字面意义上的,是指诗的社会作用而不包括表现方法。毛毓松则说:"孔子所言之诗,并不指文学作品,'兴'不是指文学的感染作用,而主要是在说明诗可以'通悟'礼乐,'通悟'道德,'通悟'政治,这种'兴'实际是春秋时期'赋诗明志',断章取义的解释方法的一种。"(《关于孔子诗学观的评价》)吕艺也同意毛毓松的看法:"'兴'应该是如孔安国所说的'引譬连类',即由此物通悟彼理,也就是由具体的事物联想义理,附会政治"。我们认为将《诗》视为文学作品,显然拔高了孔子的思想,但若完全把《诗》作为政治教化内容,似也不符合其内容实际,所以说,孔子所谓"兴"在注重感发政治道德内容的同时,也或多或少包含诗歌艺术性的激发。

对于"观",见解比较一致。吴文辉说,"观"有两个方面:其一是"观风俗之盛衰",考见得失,其二是"观诗明志",即"论世"之外,还兼"知人"。吕艺认为"观"的内容不限于《诗经》文字,应包括"乐",因为"乐"的中和哀怨,亦能见道德状况,所以也是"观"的重要方面。毛毓松则认为孔子所谓"观"是有自己特定内容,就是"郁郁乎文哉"的西周政治道德社会。

关于"群"。毛毓松认为群的范围,"实际上指的是属于统治阶级内部的君子",而非所有人。吴文辉则说,"群"既含"君子"又包括"小人",指天下所有人。有两层意思,第一层意思是教化大众,使不流于"淫"。第二层意思是让君子"爱人",使小人"易使",看来"群"对于君子、小人有不同要求。

至于"怨"。吴文辉认为"诗可以怨"是指诗歌的怨恨讽谏作用,主要针对政治失误进行讽刺。刘文刚则强调"怨"的程度须受"礼"的节制,不可无限度讽上。他说:"《集解》引孔安国注:'怨刺上政'。据此一般都理解为孔子提倡讽谏,实则大谬不然。孔子说:'克、伐、怨、欲不行焉,可以为仁矣。'曾子也说'夫子之道,忠恕而已矣。'"可见孔子是不提倡"怨"的。从孔子整个思想来看,以中庸为最高准则,"怨"不应作强烈讽刺解释,只能是有节制的适度嘲讽。

(六十一)　《论语》在中国文学史上的地位如何

《论语》约成书于春秋战国之交,就文章体例而言,属于言论对话式散文。这时期我国文学刚刚起步,尽管出现了《尚书》《诗经》等诗文作品,但当时散文的写作水平还比较低,《论语》正是在这一"低谷"中开放出的一朵艺术性和哲理性融合的奇葩。《论语》非出于一人之手,也非一时之作,传流过程中可见众多经人加工润色的痕迹,因此,《论语》某种意义上说是一部讲究文学性的著作。同时,它又是记录影响中国文化几千年的儒家创始人孔子的言论。所以说,它在我国文学史上有着独特的地位。

心通孔子

从作品内容上看，首先，它记录几千年前孔子的大量言论和一生的主要事迹，为后人研究孔子及其儒家思想提供了最重要最直接的资料。其次，它描绘了孔子与弟子及时人交往接触的生动场景，系统记录了孔子著名弟子的言行性格和思想。再次，一部《论语》也从一个侧面勾画出西周后期的时代背景和处于动荡变革的社会性质，同时也让人感受到当时诸侯争霸，"辩士"纵横的学术风气。这些材料今天看来都极其珍贵。

就艺术特点而言，《论语》一书主要有以下特点：第一，通篇以人物对话即所谓"语录体"形式行文，在人物的言论对话中展示人物形象，反应人物性格。善于将人物置于特定的环境中进行塑造。构成我国人物塑造的理论源头，对后世影响很大。第二，注意选择独特性题材，进行辩论评述，从中揭示深刻的哲学道理。这一点孔子的言谈最有特色，几乎章章都见。孔子一般不会直接将某种道理告诉学生，而是让学生通过思考，自己领悟，所谓"不愤不悱，不启不发"。这是《论语》对话的一大特色。第三，个别章节具备简单的故事情节，为后世小说创作提供一定借鉴。第四，语体风格多样，善于运用多种修辞方法，增强说服效果，令人心悦诚服。"辩术"是春秋战国时期文人辩士共同追求的，正如荀子所说："君子必辩"（《荀子·非相》），目的是更好地说服诸侯君主，实现自己理想，也为了论辩中击败对手，在辩士纵横的时代立于不败之地。如孟子、墨子、荀子、庄子等，当然《论语》开始最早，具有首创意义。

通过与同时期作品比较，也可见《论语》一书在文学史上的地位。一般认为，《论语》成书比《诗经》稍晚，与《诗经》相比，它不如《诗经》反映的社会生活的广阔；也不像《诗经》那样直接表达了劳动人民的思想感情。因为，《论语》严格意义上说它是哲学著作，而不像《诗经》是纯文学作品，内容上，比较单调，多是师徒间交往之事，当然不比《诗经》丰富多彩。艺术技巧也不如《诗经》来得高超，对后世文学的影响也较《诗经》为小。但是，《论语》独特的取材，充实的内容，灵活的手法，都使人耳目一新，给后世文学以启发。《论语》与《尚书》相比，内容上具有更高的文学价值，尽管《尚书》也保留了一些珍贵史料，但多半是经过官方涂抹，政治色彩浓厚，真实性缺乏,不可能具有多大的文学价值。而《论语》则大量地描摹师徒们的音容笑貌,日常生活,社会学术活动,亲切自然,真实可信。从艺术性方面说,《论语》写人叙事活泼多样,语言风格多姿多彩,修辞手法灵活,远非艰涩聱牙的《尚书》所能比拟。

《论语》的出现,给我国散文创作带来新的转机,它开辟了我国散文创作前进的序曲。在它影响下,相继出现了《墨子》《孟子》《庄子》《荀子》《韩非子》等诸子散文,《左传》《国语》《战国策》等历史散文也递相问世,掀起我国散文创作的第一个高潮。在我国文学史上,《论语》的地位低于《诗经》,高于《尚书》;在散文史上,它处在承前启后、继往开来的重要位置。

（六十二） 孔子的经济思想有哪些

孔子的经济思想与他的政治思想是密不可分的。孔子在政治上极重视民本与民生,他在经济上也是以得民安民富民利民为重心。

《论语·颜渊》上记载:"子贡问政。子曰:'足食,足兵,民信之矣。'子贡曰:'必不得已而去,于斯三者何先?'曰:'去兵。'子贡曰:'必不得已而去,于斯二者何先?'曰:'去食。'自古皆有死,民无信不立。'"孔子十分注意民心向背,在足食、足兵、民信这三项中,孔子认为食、兵皆可去,但万万不可失信于民,在孔子看来,食是经济问题,而信是政治问题。执政者考虑经济问题一定要以得民心为本,这就是孔子经济思想的基本出发点。

孔子认为要维持社会的安宁稳定,执政者不能只考虑自身的利益,必须时时顾及老百姓的利益,他提出"君子喻于义,小人喻于利。"(《论语·里仁》)认为如果统治者与被统治者都以利为利,必出现上下征利的局面,这就会导致国家的危亡,因此在孔子看来,君子只有以义为利,才是上策,而小人当以利为利。正如《论语·尧曰》上说:"因民之所利而利之"。《左传·成公二年》上记载孔子说:"义以生利,利以平民,政之大节也。"

孔子在经济政策上也贯穿了他的仁义思想,并遵循他的由礼所规定的等级名分。在这个前提下,孔子提出了他的均无贫,和无寡,安无倾的经济思想;《论语·季氏》上说:"丘也闻有国有家者,不患寡而患不均,不患贫而患不安,盖均无贫,和无寡,安无倾。"孔子认为一个国家担心的不是贫穷,而是财富分配的不均,如果根据各人不同的身份地位分得与其身份相称的财富,那么同地位身份的人,就不会觉得自己是贫穷的。如果不同身份地位的人,他们的财富分配不是悬殊很大的话,那么整个社会就不会出现动荡不安的局面。如果土地财富分配的多少各得其宜,也就不存在贫穷的问题。老百姓和睦相处,安宁无事,社会也就不会动荡不安。该富的富,该贫的贫,但不可无限拉大贫富的差别,造成大贫大富,那社会就会安定,政权就会平稳。

孔子还提出一些安抚老百姓的经济措施。首先提出的是先富后教的政策。孔子游卫国时,看到卫国人口众多,"冉有曰:'既庶矣,又何加焉?'曰:'富之。'曰:'既富矣,又何加焉?'曰:'教之'"。(《论语·子路》)其次,又提出了薄赋敛的主张。《左传·哀公十一年》记载孔子对冉有说:"君子之行也,度于礼:施取其厚,事举其中,敛从其薄。"《论语·先进》上记载道:"季氏富于周公,而求也为之聚敛而附益之。子曰:'非吾徒也,小子鸣鼓而攻之可也。'"此外,孔子又提出:"节用爱人,使民以时"的经济政策。

（六十三） 孔子的民族思想有哪些

孔子的民族思想是孔子以仁学为核心的思想体系的一个组成部分。他不但对华夏诸族讲仁爱精神,而且对于当时内外异族也主张推行仁道。孔子是不是讲华夷之别呢? 他对中国周边的四夷民族的态度如何呢? 首先,孔子是很讲夷夏之防的,他高度赞美管仲的"尊王攘夷"。《论语》中一再说起:"管仲相桓公,霸诸侯,一匡天下,民到于今受其赐,微管仲吾其被发左衽矣"(《论语·宪问》);"桓公九合诸侯,不以兵车,管仲之力也。如其仁! 如其仁!"(《论语·宪问》)

《公羊传》是一部真实反映孔子思想的著作,成公十六年记载说:"春秋内其国而外诸夏,内诸夏而外夷狄",在那个"南夷与北狄交,中国不绝若线"的危急时代,孔子提出"商不谋夏,夷不乱华"(《左传》定公十年),确是发扬了种族大义,体出了民族精神,孔子并不歧视异族、排斥异族,孔子反对的是异族的侵略,维护的是华夏族的生存,他对于历史上抵抗异族入侵、保卫华夏的斗争是予以肯定的。

然而华夷的分辨也不是固定不变的,早在夏、商、周就已经进行着民族融合,随着华夷的融合,其结果是华夏的民族圈不断地扩大,由此华夏的文化圈也不断地扩大。周秦的儒家认为诸夏与夷狄的区别,不在血缘而在文化。孔子的民族思想的核心是以文化论夷夏。他把文化作为辨别夷夏的标准,他的这一民族观比他同时代人"非我族类,其心必异"(《左传》成公四年)的以人种、血缘论夷夏的民族观要开明进步得多。在孔子看来,原来无礼仪文化的夷狄民族,可以通过接受教育而获取华夏的礼仪文化,这就把他们与华夏族同等看待,而原来就接受华夏礼仪文化的华夏族,如果抛弃了华夏的礼仪而接受"夷礼",也就被孔子视为夷狄。这一点从《春秋》的笔法中可以找到许多例子,说明孔子的"华夷之辨"不在族类血缘而在文化的区别。孔子正是本着"诸侯用夷礼则夷之,夷狄进于中国则中国之"的《春秋》笔法来贯穿他的夷夏可以互变的民族思想的。

孔子的用夏变夷的思想,一方面来自他的以文化论夷夏的民族观,另一方面则来自他对华夏文化所持的优越感与自信心。前人用"王者无外"和"大一统"来概括孔子的这一思想。这个华夷一统的民族观和国家观,究其根源,既受到我国政治文化的正统观的制约,又受到中国古代周边的民族格局和春秋时代社会现实的影响。

（六十四） 孔子教育思想体现在哪些方面

孔子是我国古代伟大的教育家,他的教育思想,从观念到方法都是极其丰富而深刻的,涉及办学方式,教学目的,教育对象,教育内容,教学方法诸多方面,很多理论影响了几千年中华民族的教育模式,就是今天仍有现实意义。

《论语》书中反映孔子教育思想主要章节有:《卫灵公》:"有教无类"。《述而》:"默而知之,学而不厌,诲人不倦,何有于我哉?"《述而》:"三人行,必有我师焉;择其善者而从之;其不善者而改之。"《学而》:"学而时习之,不亦说乎?"《述而》:"盖有不知而作之者,我无是也。多闻,择其善者而从之;多见而识之,知之次也。"《子罕》:"吾有知乎哉?无知也。有鄙夫问于我,空空如也。我叩其两端而竭焉。"《述而》:"我非生而知之者,好古,敏以求之者也。"《季氏》:"生而知之者上也;学而知之者次也;困而学之,又其次也;困而不学,民斯为下矣。"《为政》:"多闻阙疑,慎言其余,则寡尤;多见阙殆,慎行其余,则寡悔。言寡尤,行寡悔,禄在其中矣。"《为政》:"由!诲女知之乎!知之为知之,不知为不知,是知也。"《述而》:"不愤不启,不悱不发。举一隅不以三隅反,则不复也。"《为政》:"学而不思则罔,思而不学则殆。"《为政》:"攻乎异端,斯害也已。"《子罕》:"子绝四——毋意,毋必,毋固,毋我。"《雍也》:"中人以上,可以语上也;中人以下,不可以语上也。"《阳货》:"唯上知与下愚不移。"以上是孔子直接谈到与教育有关的内容,文字不多,却包含极为深广的教育思想,概括起来,约有以下几点。

从教育观点上看,孔子教育思想有如下特点。其一,孔子强调世俗的现实的教育方法,反对神鬼虚妄的教育方法。"子不语怪力、乱、神",孔子设文、行、忠、信四科,以六艺教人,内容现实,方法具体。其二,孔子教育思想的哲学基础是中庸之道。体现在教育领域就是辩证方法,矛盾双方互相依存,互相制约,决定事物的性质。如学与思,学与习,知与行,博与约,"过犹不及""欲速则不达"等。其三,强调学生主体性作用。孔子特别重视教育对象的主观能动性。所谓"不愤不启,不悱不发""见贤思齐焉,见不贤而内省也""三人行必有我师焉,择其善者而从之,其不善者而改之""举一反三""闻一知十",都是强调主体的积极参与、努力进取的。而今天的许多教育方法不仅没有前进,相反是倒退了,值得我们反思。

就具体教育方法论,孔子主张因材施教,因时因地因情,实施不同的教育方法。具体表现为:1.重视情感教育,以情感人。尊重教育对象,热爱学生,"有教无类",不管身份地位年龄地域差别多大,只要愿学,孔子都愿意授之。孔子十分强调乐教,把情感作为重要的教学内容。"人而不仁,如礼何? 人而不仁,如乐何?"以音乐来陶冶人的情操,寓教于乐,创造和谐乐观进取的学习氛围。2.注重"启发式"教学方法。他强调学生的自学能力和独立思考能力;强调教师的点拨和引导作用。3.孔子倡导诗教。主张以"温柔敦厚"的诗歌,教化弟子。这在"礼崩乐坏""天下无道"的春秋末期,无疑是一剂良药,迫切需要。4.扬长避短,各尽其才。这是孔子教育思想最具特色的内容。每个人都有优点和缺点,教师就应发现其长处和不足,加以发挥引导。孔子极善此道,培养出诸多不同人才。如"德行"尤佳的颜渊、仲弓,"政事"不凡的冉有季路。"文学"兼长的子游、子夏,皆是孔子因材施教思想的优秀成果。此外,还有"温故知新"法,"一以贯之"法,"阙疑阙殆"法,"循序渐进"法,"正反两叩"法,等等,不胜枚举。总之,孔子教育思想博大精深,应该充分认识其现实价值,认真研究发掘,以促进具有中国特色教育模式的最终形成,这是每一位教育工作者的光荣使命。

(六十五) 孔子的"有教无类"作何解释

《论语·卫灵公》篇,有"有教无类"章,全章仅此四字,先秦诸子均未作详述。到了东汉以后始有人训解。著名代表有:马融,皇侃,程颐,朱熹,王夫之,冯登府,刘宝楠,刘恭冕,章太炎,刘师培,梁启超,冯友兰和赵纪彬等。就此观点,可概括为二。其一,认为此章集中表达孔子的教育思想,不分贫富等级贵贱,都是他的教育对象,孔子主张的是超阶级教育思想,影响巨大者有梁启超和冯友兰。梁启超在《先秦政治思想史》中说:"孔子以前之教育事业在家塾、党庠、乡序、国学,大率为家族、地方长老所兼顾,或国家官吏所主持,私人而以教育为专业者,未曾听闻,有之自孔子始。孔子以一布衣,养徒三千,本其'有教无类'之精神,自缙绅子弟以至驵侩大盗,皆

'归斯受之',以智、仁、勇为教本,《诗》《书》执《礼》,执射、执御等为教条,'大小精粗,其远无乎不在'"。冯友兰先生在其《中国哲学史》书中注解"有教无类"更为详尽。"以六艺教人,并不始于孔子,……不过孔子却是以六艺教一般人之第一人。……孔子之讲学,与其后别家不同。别家皆注重其自家之一家言,……但孔子则是教育家。他讲学目的,在于养成'人',养成为国家服务之人,并不在于养成某一家的学者。……士亹教楚太子之功课表中,已有《诗》《礼》《乐》《春秋》等。但此教育,并不是一般人所能受。……孔子则抱定'有教无类'之宗旨,'自行束脩以上,吾未尝无诲焉'。如此大招学生,不问身家,凡缴学费者即收,一律教以各种功课,教读各种名贵典籍,此实一大解放也。说孔子是第一个以六艺教一般人者,因在孔子以前,在可靠的书内,吾人未闻有人曾经大规模的号召许多学生而教育之;更未闻有人有'有教无类'之说。在孔子同时,据说有少正卯……也曾大招学生,'孔子门人三盈三虚,惟颜渊不去'。庄子说'鲁有兀者王骀,从之游者与仲尼相若'。不过孔子诛少正卯事,昔人已谓不可靠;少正卯之果有无其人,亦不可知。《庄子》寓言十九,王骀之'与孔子中分鲁'更不足信。故大规模招学生而教育之者,孔子是第一人。以后各家蜂起,竞聚生徒,然此风气实孔子开之。"

梁、冯之论,十分具体,他们把孔子说成是超阶级的"教育家","有教无类"是不分阶级地教育一切人,孔子所作所为是思想界的一大解放。其二,赵纪彬先生则认为:"此种训解,纯系望文生义,……毫无根据;歪曲历史真理。"赵纪彬先生从训字入手,逐一疏正"有教无类"之本义。他说:"有"字,在文字学史上争论最大,就《论语》看,全书共出现一百七十三处,义谛繁多。"有"训为"朋友"之友,如《学而》"有朋自远方来"之"有"。"有"为语助词,无意义,如《为政》"施于有政""吾十有五"之"有"。"有"释为"取",如《子路》"始有,曰:敬合矣"之"有"等。由此,他得出结论,"有教无类"之"有",不一定必为"有无"之有,指出两千年来,历代疏家将"有"释为"有无"之有的错误,进而提出"有教无类"之"有"应释为"域"。即《孟子·公孙丑下》"域民不以封疆之界"之"域"。是对所"域"之民,依舆或疆界施行教练或教令之义。关于"教"字。赵纪彬不同意释为"教育"之教,应指奴隶主对奴隶施行的军事教练和对所域之民施行的教化,发布的教令。他指出,《论语》中言"教育"不说"教"而称"诲",与其相反,说"教"时,多是指军事教练,政治教化、训化之义。如《子路》:"善人教民七年,亦可以即戎矣";《述而》曰:"子以四教:文、行、忠、信。"同时,无论政治上教化,还是军事技能训练,都采用强制性措施,而不同于"诲知"以民的友善方法。关于"类"字。赵先生亦认为:旧《注》"类"为"善恶""尊插""身家"阶级之别,实为无稽妄说。"类"本无阶级界限,只是氏族"族类"之义。他大量援引《左传》《国语》《易经》作证,"族类"乃西周奴隶之贵族所据以实行世袭统治的社会支柱,因而,"无类"即是"不分族类"义。综上所述,《论语》中"有教无类"本是奴隶主贵族弱私家,强公室的政令,军事思想,与孔子的"教育宗旨"风马牛不相及。

我们认为,前者观点传统,联系孔子是我国古代伟大的教育家,此解似属当然,让人容易接受,但对"有教无类"未能从文字学上追根究源,难免落于主观臆测。后者,观点新颖,且有文字上、历史渊源的探索,使人信服,然而,不顾孔子思想实际,将简短四字,单从字面考证,加以训释,也会让人产生疑虑,"有教无类"真有如此复杂深义吗?

（六十六） 孔子有哪些教育管理思想

孔子的教育管理思想是一笔非常宏富的宝贵遗产,主要有下述几个方面的内容。

1.朦胧的"目标管理"。孔子作为中国第一所大规模私立学校的创办者和直接管理者,注意在把关定向中引导、监督、检查和调整自己私学培养治国安邦的"弘道君子"的教育目标的实施。他指出,这样的君子应有"智、仁、勇"三方面的修养,做到"仁者不忧、智者不惑、勇者不惧。"(《论语·宪问》)此外还要注意美育陶冶,"文质彬彬""成人之美"(《颜渊》)。由此可见,孔子是中国古代教育史上第一个提出要使受教育者在"仁"(德)、

"知"（智）、"勇"（体）、美几方面都得到修养和发展这一教育目标的"先师"。

2.独具特色的学生管理思想和管理方式。表现在:(1)生源管理。孔子奉行"有教无类"的指导思想。(2)入学管理。孔子虽然是"有教无类",但在具体招收学生时也有一定的条件和"规矩",主要有以下几点:①需有人引荐。②需面试考察。③需行拜师礼。(3)学习管理。孔子非常重视对学生学习过程的管理。主要有以下几个方面:①端正学习态度。②培养学习兴趣。③注意学习方法。(4)总务管理。孔子自己是学校的最高管理者,同时让具有一定管理能力的学生参与学校某些管理工作。(5)出仕管理。孔子从统治者需要不同人才的现实出发,平时十分注意了解每个学生的长处和不足,因材施教,随时向统治者举荐。

3.重视德育在人的发展中的作用。孔子非常重视学生的德育管理,主张"约之以礼"。对于先进学生,孔子经常把他们作为榜样,让学生们"见贤思齐";对于后进学生,孔子总是本着两条原则:一是毫不掩饰,及时批评。二是"能近取譬""过勿惮改"。在德育管理过程中,孔子很重视德育效果的检查,强调"防患于未然"。

4.丰富的教学管理思想。首先,孔子很重视教学组织管理形式的灵活性和多样性,主要有分层教学、分科教学、侍坐教学、游历教学、条件教学、个别教学等若干形式。其次,孔子很重视对教学课程设置的管理,重视编写贯穿其政治意图并适合学生接受能力的教材,《诗》《书》《礼》《易》《乐》《春秋》等就是他亲自修订、整理的教材。再次,孔子还很重视教学管理工作中的教学检查环节,主要是通过观察法。

5.重视协调人际关系。孔子注意协调师与生、生与生及师生与官民之间的关系,并强调,要协调好人际关系,必须胸怀坦荡、豁达大度,不要嫉妒贤能,无端猜疑。"君子坦荡荡,小人长戚戚",《论语》中的这两句话,直到今天仍不失为教育管理者应牢记在心中的至理名言。

6.重视教育管理者的素质与修养。孔子认为,教育管理者在素养上起码应做到以下几点:(1)以身作则。(2)作风民主。(3)讲信修睦。(4)自控远虑。(5)善于知人。(6)慎言敏行。(7)一专多能。这些思想,至今仍不失其积极意义。

综上所述,尽管春秋战国时代还没有什么"教育管理学",但孔子在其长期的教育实践中尝试、总结、累积起了丰富的教育管理思想,值得我们加以认真总结并借鉴其合理成分。

（六十七） 孔子对我国古代史学有哪些贡献

我国古代史学,是我国古代精神文化的深邃渊薮,它对中国人的思维方式、人格构成、价值观念、伦理道德,都有直接深刻的影响。而作为文化巨人的孔子,在我国古代史学的奠定和优良传统的形成中,有着重要的开创之功,是其成为文化巨人的重要方面。具体地,孔子对我国古代史学的贡献主要有三个方面。

心通孔子

1.首开私人著史。我国的史者,最初是以国家官员身份出现的。据文献载,夏、商、周均有史官。周初之史官制度更为完备,天子设有太史、小史、内史、外史、御史五种史官,他们各有分职,协助君臣治国。随着社会的发展,史官逐渐从政务中摆脱出来,成为文化的代表。春秋末期,"天子失官,学在四夷"。在这种学术下移的时代,孔子由于敏而好学,成为博学多才的学者。他收徒讲学,以传播文化为己任。晚年返鲁后,孔子整理与编辑了《春秋》等典籍,首开私人著史之先河。私人著史,在史学史发展中,堪称革命,其意义有三:第一,更便于发挥史学的鉴治作用。第二,更便于形成一家之言。第三,便于形成实录著作。因此,孔子成为我国史学始祖之一。

2.创新编年体例。历史记载是由时间、地点、人物、事件诸要素组成的,用时间顺序将其他要素贯穿起来,是对人类活动顺乎自然发展状况的一种描述。我国古来的记事方法,便以时间领起。但据传世文献看,《春秋》以前的记事很不完备,记言体史料无时间可作对比,而有时标之文献,其顺序排列也不得当。一般日、月在前,年在后,或有日月而无年,有年而无日月。就现传《春秋》看,所记两百四十二年间诸侯之访聘、会盟、战争军事以及自然界发生的日食、地震、山崩、大水、大旱等现象,都按明确的年月日顺序记载,是编年体的基本形式。因此,它被肯定为中国历史上的第一部编年体史书。孔子对这一体例的创新,使他成了可考的编年体宗师。

3.规定书法义例。书法又称义例,也有称作凡例的。三者虽各有侧重,实际都是指著书的宗旨与体例,也就是有关写史的指导原则和行文技巧的规定,它要说明史家为何写史和如何写史的问题。综观《春秋》《尚书》等史籍,可知孔子著书的指导思想有如下四点:(1)疏通知远的历史借鉴思想;(2)褒善贬恶的时代责任感;(3)据事直书的斗争精神;(4)多闻阙疑的审慎态度。孔子的著史体例,成为我国史学优秀传统中的重要内容。

总之,孔子的史学贡献是各方面的,而首开私人著史、创新编年体例、规定着史体例是最具新意的。正因为如此,孔子成为我国乃至世界的文化巨人。

(六十八) 孔子是如何评价历史人物的

在记载孔子言论的若干著作如《论语》《左传》《国语》《史记》《孔子家语》中,录有孔子对众多历史人物的评价。上自尧、舜、禹、稷、汤、文、武、周公、微子、箕子、比干、泰伯、虞仲、伯夷、叔齐,还有羿、桀、纣。及至同时代人物,鲁有柳下惠、臧文仲、季文子、臧武仲、叔孙昭子、孟僖子、孟公绰、微生高、孟之反、卞庄子,齐有齐桓公、管仲、陈文子、齐景公、晏平仲、鲍庄子,晋有晋文公、叔向,楚有令尹子文、楚灵王、楚昭王、子西,卫有孔文子、宁武子、蘧伯玉、公子荆、史鱼、卫灵公,郑有裨谌、子太叔、子羽、子产。还有朝夕相处的子弟高足,不胜枚举。评说时,孔子或三言两语,或长篇大论,不一而足。这里列举一二,可见孔子的基本思想。

评价周公。周公是周王朝的重要人物,是周礼的象征,孔子是周文化的维护者,他极为推崇周礼。正如《论语·八佾》说:"周监于二代,郁郁乎文哉;吾从周。"孔子很欣赏"郁郁乎文哉"的周礼,并以此来衡量政治文化道德的性质。孔子所生地鲁国本为周公后裔,西周灭亡后,表现周代文化的礼乐,只有鲁国还保存完好,《左传》所谓"周礼尽在鲁矣"。鲁国礼乐深得周礼真传。孔子的政治理想就是恢复到周代的大一统社会,而西周的和平局面与周公的励精图治分不开,所以孔子对周公倍加推崇。即使到了晚年,还时常为不能梦见周公而遗憾。《述而》云:"甚矣!吾衰也!久矣,吾不复梦见周公。"可见,中年以前的孔子对周公的怀念之情。当然,孔子怀念周公属爱屋及乌,因为他首先赞赏的是周公生活的时代,然后才想起带来这一理想社会的功臣——周公。周公时代,社会存在两种基本结构:农村公社和早期奴隶制。原始的宗法制仍为社会基础而存在,世卿制度、大宗、小宗制度还顽强地存在。孔子留恋这种生活方式,希望井田制和宗法制能永驻人间,但是好景不长,孔子时代,井田制开始崩溃,宗法制的残酷性和落后性已逐渐为人们所认识,唾弃。即是说周文化到春秋时期已经衰落。孔子对此心情沉痛,因此更加怀念周礼的承继者——周公。在孔子心目中周公完美无缺,至高无上,周公的言行举措,孔子赞不绝口,如周公诛管叔,孔子就很肯定。《论语·微子》记载周公对鲁伯禽的话:"君子不施其亲,不使大臣怨乎不以,故旧无大故,则不弃也,无求备于一人。"孔子歌颂周公,就是歌颂文化,歌颂周礼。

评价管仲、子产。管仲、子产与孔子生活在同时代,为当时诸侯国中有名的君子贤臣,功业卓著,口碑极佳。孔子对二人均有很高评价。先看管仲。《论语·宪问》曰:"子路曰:'桓公杀公子纠,召忽死之,管仲不死。'曰:'未仁乎?'子曰:'桓公九合诸侯,不以兵车,管仲之力也。如其仁!如其仁!'"认为齐桓公九合诸侯;不用一兵一卒,皆管仲之功,孔子告诉弟子这就是"仁"的事业。后来子贡又问同样问题,孔子曰:"管仲相桓公,霸诸侯,一匡天下,民到于今受其赐,微管仲,吾其被发左衽矣。岂若匹夫匹妇之为谅也,自经于沟渎而莫之知也。"(《宪问》)极力称赞管仲有济世安邦的相才。当然,孔子赞扬管仲不似对周公态度,亦时有微词。《论语·八佾》云:"管仲之器小哉!""管氏焉得俭","管氏而知礼,孰不知礼"。是说从"礼"的标准来衡量管仲,他还有许多不足。

子产业绩远不及管仲，"郑子产，取民者也"，而"管仲，为政者也"，前者能在安民，而后者才得治国安邦，不可同日而语。孔子对子产评价几无异辞。两人友谊笃深。《史记·郑世家》有："孔子尝过郑，与子产如兄弟云"，足见两人关系之密。尽管《史记》这句话尚有疑问，但是孔子对子产的态度可以想见。子产深受孔子推崇，除了两人性格思想方面某种相似外，子产的政治、经济举措深恰孔子思想。郑子产平生做过三件大事：鲁襄公三十年郑作封洫；鲁昭公四年郑作丘赋；鲁昭公六年郑铸刑书。第一件事"作封洫"巩固了井田制，是子产所为。第二、三件事，与鲁国田赋，晋国铸刑鼎形式相仿，但内容有较大不同，所以孔子讥讽鲁、晋做法都对子产的丘赋、铸刑没有什么批评。子产死后，孔子评价说："古之遗爱也"（《左传》昭公二十年），"子产，惠人也"（《论语·宪问》），"其养民也惠"（《论语·公冶长》）。孔子总是不轻易以"仁"字许人，换言之，不是一般人都能称以"仁"字的。但孔子言子产为"仁"。《左传》襄公三十一年记载："郑人游于乡校，以论执政。然明谓子产曰：'毁乡校何如？'子产曰：'何为？'……仲尼闻是语也，曰：'以是观之，人谓子产不仁，吾不信也'。"同时，郑子产缓和国内矛盾，平息国家纷争很有办法。而且许多方法与孔子观点基本一致，这也是孔子肯定子产的原因之一。

评价柳下惠、臧文仲。孔子对柳下惠的态度基本肯定。《微子》称柳下惠为"逸民""降志辱身矣。言中伦，行中虑"。孔门后学孟子也说："柳下惠，圣之和者也。"（《孟子·万章》）可见，孔子及其门人都称颂柳下惠的贤德。与其相反，孔子对臧文仲持批评态度。臧文仲是鲁国大夫，曾经执掌鲁国大权。晋范宣子问鲁叔孙豹曰："人有言曰：'死而不朽，何谓也？'……对曰：'……鲁大夫臧文仲，其身殁矣，其言立于后世，此之谓死而不朽。'"（《国语·鲁语》）可知，臧氏为春秋时代的显赫人物，而孔子却不以为然，《卫灵公》曰："臧文仲，其窃位者欤？知柳下惠之贤，而不与立也。"批判臧氏"窃位"妒能，人品不善。他认为臧文仲"不仁者三，不知者三。"（《左传》文公三年）。孔子平生主张"仁""礼""德"，所以不仁又无知的人，自然是应该否定的。

综上所述,孔子评价五位历史人物,有自己的标准原则,爱憎分明。作为正人君子要有"仁、礼、智"的思想品质。这是周礼的基本内涵,是周礼的化身,尽善尽美。管仲一类有仁少礼,存在缺憾。子产思想与孔子接近,孔子认为是当代应充分赞颂的人物。柳下惠被贵族排挤,虽有贤不见用,值得同情惋惜,臧文仲虽为智者,但无仁无礼,当彻底批判。从对历史人物的评价,我们亦能清晰窥见孔子的思想价值倾向。

（六十九） 孔子的法律思想有哪些

孔子的法律思想是其整个思想体系的一部分。它同孔子哲学思想、伦理思想、教育思想一样,具有丰富深刻的理论内涵。孔子法律思想主要有以下几个方面。

1.指导思想以仁为本。"仁"是孔子法律思想的根本点和出发点。"仁者爱人""爱人"是处理人际关系的原则,表现在具体关系中,如父慈,子孝,兄友,弟恭,"君使臣以礼,臣事君以忠"。当然,孔子的"爱人",亦是有差别的。它以血缘为基础,由近及远,层层外推,形成爱的差别。君主与臣民之间,泾渭分明,"君君、臣臣",不得僭越,更不能犯上作乱,这一点表现孔子以仁为本法律思想的阶级属性。

2.孔子主张,以礼为主,礼刑并用的法律规范。礼与刑是孔子法律思想中相反相成的两个内容。在运用法律手段时,孔子认为应首先选择"礼",提倡"礼治",用礼来治理国家,要人们严格守礼,"非礼勿视,非礼勿听,非礼勿言,非礼勿动"是孔子竭力倡导的行为规范,孔子看来,礼已不仅是伦理学的,更具有法的意义。仁的精神是一种内在的高尚品德,礼则是这一品德的外在表现,就是说,仁只有通过具体的礼体现出来。在仁—礼结构中,仁为核心,礼为规范,仁为内质,礼为外貌,两者互为表里。孔子所说礼的具体内容就是维护宗法等级制度的周礼。其次,"刑政相参"。孔子强调礼的同时,也没有忽视"刑"的作用。他主张以礼为主,以刑为辅。孔子说:"圣人之治化也,必刑政相参焉,太上以德教民,而以礼齐之,其次以政言导民,以刑禁之,刑不刑也;化之弗变,伤义以败俗,于是乎用刑矣。"(《孔子家语·刑政》)认为礼治德教为治国高招,若"化之弗变"则"用刑矣"。用刑治是不得已而为之也。另外,孔子倡守"刑"不可太极,应适可而正。他说:"礼乐不兴,则刑罚不中;刑罚不中,则民无所措手足。"由此阐明,刑罚运用需注意分寸,恰到好处,即罚"中",孔子还说,"不教而杀谓之虐。"反对滥用刑罚,告诫统治者用罚当慎之又慎。

3.孔子法律思想中重要内容是"德治化民"。孔子认为"德治"是最完美的统治方法,主张"为政以德"。"道之以德,齐之以礼,有耻且格。"孔子认为,刑罚治国是暂时的,百姓迫于压力可能短时间屈服,但不能让其心悦诚服,只有以德化民,才可长治久安,此乃治国上策。孔子强调实现"德治"的方法是教育。把教育作为预防犯罪手段,是孔子法律思想的闪光之处,即使在今天,仍有积极意义。孔子认为,人生下来本性是相近的,然而又有动态性,只有通过后天的学习,才会发生本质变化。为防患于未然,必须紧紧抓住教育环节,及时进行引导,方能走向礼教之途。由上可知,强调"礼治德化"为主,刑罚为辅,所以说,孔子的法律思想本质上是伦理性的。同时,孔子主张道德、教育、刑罚紧密结合,多种方法治理国家,又体现其法律思想的综合性。孔子以德为主,辅以礼、政、刑综合治理方法,影响深远,即使是今天的法律思想也能看见他的影子。

(七十) 孔子的法制观念的特点是什么

研究孔子的法律思想,同研究孔子的整个思想体系一样,基本的资料来自《论语》,但是翻开《论语》,却找不到一个和我们今天所说的法律思想观念相同的"法"字。那是否说孔子与法律思想无关呢?回答是否定的。其实在孔子时代,法或法律的概念是蕴含在其他概念之中的。

孔子说:"为国以礼"(《论语·先进》),这便是孔子常说的"礼治"。所谓礼,在古代就是社会普遍适用的行为规范的总称,它可以说是一个融道德与法律,宗教与习俗于一体的具有文化生命整体的复合体,既具有道德属性,也具有法律法制的属性。而就其法制属性而言,孔子则主张继承与发展并重。他说:"殷因于夏礼,所损益可知也;周因于殷礼,所损益可知也。其或继周者,虽百世,可知也。"(《论语·为政》)

又如"刑"的概念,在孔子时代,狭义的刑即指刑罚、刑杀,而广义的"刑"即是"法"与"法律"的意思。从德与刑的关系上看,孔子主张德刑相辅,德重于刑。孔子说:"道之以政,齐之以刑,民免而无耻;道之以德,齐之以礼,有耻且格。"(《论语·为政》)孔子认为刑只能从外部对老百姓施加压力,而唯有德才能提高人内在的修养。他指出只有"道德齐礼",才能使老百姓"有耻且格",自觉地不去犯罪。孔子不是不要政刑,而是不满足于政刑,反对独任政刑,迷信政刑,其宗旨是重德轻刑。《孔子家语·刑政》上说:"圣人之治化也,必刑政相参焉;太上以德教民,而以礼齐之;其次以政言导民,以刑禁之,刑不刑也;化之弗变,导之弗从,伤义以败俗,于是乎用刑矣。"

在诉讼折狱方面,孔子主张"无讼"。他认为"听讼"只是手段,而"无讼"才是目的。孔子说:"听讼,吾犹人也。必也使无讼乎。"(《论语·颜渊》)所谓"无讼"就是做到社会定安、无人犯罪,也不用通过诉讼断狱。在孔子看来,"听讼者,治其末,塞其流也;正其本,清其源,则无讼矣"(见《论语集注》范氏曰)。要做到这一点,首先就要求执政者能够正其身,"其身正,不令而行。其身不正,虽令不从"(《论语·子路》),只要执政者自己能成为"正身"的典型,老百姓自然不去犯罪了,这也就是孔子所要达到的最高理想。

在施法和用刑上,孔子提出了正名的原则,这就是必须概念明确。孔子说只有名正了,言顺了,才能兴礼乐,中刑罚,正名关系到礼、刑问题,包括法令的颁行。在用刑上,什么叫犯罪,犯什么罪,其危害程度的大小,也只有在正名的基础上,才能正确使用刑罚,使之刑当其罪。否则的话,"名不正,则言不顺;言不顺,则事不成;事不成,则礼乐不兴;礼乐不兴,则刑罚不中。刑罚不中,则民无所措手足。"(《论语·子路》)

孔子还反对"不教而诛",主张事先对老百姓要进行教育与告诫。他说:"不教而杀谓之虐,不戒视成谓之暴,慢令致期谓之贼"(《论语·尧曰》)在一般情况下,孔子反对杀人。季康子问政于孔子:"如杀无道,以就有道,何如?"他回答说:"子为政,焉用杀?子欲善而民善矣。"(《论语·颜渊》)

总之,孔子主张重德轻刑、以德去杀,反对"不教而杀",提出"宽猛相济",刑罚得中,实行哀敬折狱等,但是无论在哪一方面,都贯彻了他的仁道与忠恕的精神。他的法律思想是以他的仁学思想为核心展开的。孔子不是一位职业法律学家,也不是一位立法家或律学家,他对法的关心和思考,不在提出某些具体的法制建设措施,或刑事的民事的、婚姻家庭的以及立法、司法的具体原则和条文,而是着重于政治哲学、人生哲学的高度,比较德礼政刑的优劣,确立先王之法的法律价值标准,抨击严刑峻法的虐政和竭泽而渔的苛政,歌颂"直道"司法原则,设计"无讼"和长治久安的社会蓝图和法制理想,从而为古代中国法和法文化的中国道路、中国模式奠定了基础。

(七十一) 孔子的军事思想有哪些

孔子主张政治为军事之本,军事与政治是相辅为用的。孔子很重视一个国家的武备,《史记·孔子世家》记孔子说:"有文事者,必有武备",他认为在鲁国与齐国的外交会盟中,必须作好军事防备,这样才能取得主动地位。

孔子认为加强国防、军队是立国的重要条件。他说:"足食、足兵、民信之矣。"(《论语·颜渊》)他又主张以礼治军,在战前要教民习战训武。他说:"善人教民七年,亦可以即戎矣。"又说:"以不教民战,是谓弃之。"(《论语·子路》)人民只有在有了衣食的温饱,又经过充分的军事训练之后,才能叫他们上战场。

春秋时代,是一个战争频仍的时代,孔子不是一般地反对战争,他对当时的战争是持批判态度的。孔子说:"天下有道,礼乐征伐自天子出;天下无道,礼乐征伐自诸侯出。"按照周代的礼制,只有天子才能下令发动战争,出兵用武。孔子作《春秋》,对当时的战争,用侵、伐、战、围、入、灭等不同的字对不同的战争给以惩戒。但是在那个"上无天子,下无方伯"时代,他认为天下诸侯有为无道者、有相灭亡者,"力能救之则救之可也""力能讨之则讨之可也"(《公羊传》),是故陈恒弑其君齐简公,孔子沐浴而朝,郑重地请鲁君出兵讨伐。但孔子对于九合诸侯、一匡天下的管仲,却大加赞颂,认为在"南夷与北狄交,中国不绝如缕"的时代里,他的九合诸侯联合用兵,尊王攘夷,是起到了保卫华夏的作用,孔子说:"微管仲,吾其被发左衽矣!"(《论语·宪问》)

《论语·卫灵公》记卫灵公问陈于孔子,孔子对曰:"俎豆之事则尝闻之矣,军旅之事未之学也。"《左传·哀公十一年》记孔子曰:"胡簋之事则尝学之矣,甲兵之事未之闻也。"此说孔子似乎未曾习过军事,其实孔子是个有相当军事修养的人。《史记·孔子世家》记载孔子弟子冉有为季氏率师与齐国作战获胜,季康子问冉有:"子之于军旅,学之乎,性之乎?"冉有说:"学之于孔子。"可见孔子是精于战争与用兵之道的,但是孔子主张慎战,"子之所慎:齐(斋)、战、疾"(《论语·述而》)。他说:"远人不服,则修文德以来之。"(《论语·季氏》)子路问孔子:"子行三军,则谁与?"孔子回答:"暴虎冯河,死而无悔者,吾不与也。必也,临事而惧,好谋而成者也。"(《论语·达而》)

孔子反对不义的战争,但对于保卫国家的战争,他认为是义举。孔子说:"能执干戈,以卫社稷,可无殇也。"(《左传·哀公十一年》)

孔子用兵,以仁义为本,这与后来的法家、兵家的"兵不厌诈"、唯利是图绝不相同。孔子反对偷袭、设伏、权诈、暗算,他主张采用双方对阵,击鼓交锋,事先结日定地,用兵堂堂正正。最能说明孔子军事战争观的是《春秋》所记关宋楚泓之战,宋襄公不鼓不成列,不禽二毛,不重伤,结果打了败仗,孔子认为他干得对,在作战中能做到仁至义尽。

（七十二） 如何理解孔子的大同理想

孔子是我国乃至世界历史上最杰出的伟人之一,他的许多思想至今仍广泛流传。在此只谈谈他的宝贵遗产之一——大同思想。

孔子的大同思想主要是对一种理想社会的构想,人们称这种社会为大同社会,其蓝图主要展现在《礼远》篇中:"大道之行也,天下为公,选贤与(举)能,讲信修睦,故人不独亲其亲,不独子其子,使老有所终,壮有所用,幼有所长,矜寡孤独废疾者皆有所养。男有分,女有归。货,恶其弃于地也,不必藏于己;力,恶其不出于身也,不必为己。是故谋闭而不兴,盗窃乱贼而不作,故外户而不闭。"是谓大同。

现按政治、社会、经济、社会效果四个方面,简单地分述如下:

1.政治方面

所谓"大道之行也",就是孔子中心思想最高的"仁道"能够得以彻底实现——"天下为公"的时代。执政者能够使一切人民的生活都能得到幸福和自由,能够"博施于民而能济众"(《论语·雍也》)、"修己以安百姓"(《论语·宪问》)。这种时代的政治,有两种重要的特点,即"选贤与(举)能"与"讲信修睦"。

"举贤才"是孔子政治思想中一个中心思想,他认为政治的好坏取决于执政者自身的好坏,因此他一生的目标就是培养治国、平天下的贤能的人才。为此他还创建了一种举贤才的重要方法,即"选于众"(《论语,颜渊》)。

"信"与"睦"是孔子教育中两个最重要的道德范畴,也是他行仁政的两个主要内容。孔子对"信"特别重视,它包括诚实、守信用等道德品质。孔子一生最恨的是当时为一般人所尊敬的"乡愿",称他们是"德之贼也"(《论语·阳货》)。因为他们假冒为善、不诚实。言行不一,他们是"言不顾行、行不顾言""居之似忠信,行之似廉洁,众皆悦之,自以为是……"(《孟子·尽心下》)。孔子说:"人而不信,不知其可也,大车无輗;小车无軏,其何以行之哉!"(《论语·为政》)睦邻友好。和平共处,也是"大道之行"的必要手段和必然结果,它的出发点就是孔子的"泛爱众""四海之内皆兄弟也""博施于民而能济于众"等思想。总之,讲信用、爱和平是孔子和他的学派所继承和发展的中国宝贵的传统文化的一种特点。

2.社会方面

构成一个充满着爱的社会,全社会都渗透着爱,每一个人都去爱别人也被别人所爱,让父母子女的那种自然的爱去填充整个社会。这样即达到"人不独亲其亲,不独子其子,使老有所终,壮有所用,幼有所长,矜寡孤独废疾者皆有所养"之美好境界。老年人善有所终,乐而正寝;年幼者,给予教育,使其健康成长;壮年人都能有所工作,为社会发挥作用;而那些失去生活能力,孤苦无援,矜寡独寂的人,也不致被遗弃,能得到社会的良好照顾,享受着"社会福利",男人们都有职务,女人们都有归宿,这是和平、恬静、美好生活的保证。这种社会与孔子所提倡的"老者安之,朋友信之,少者怀之"(《论语·公冶长》)的思想基本相似。

3.经济方面

造成一种"人尽其才,地尽其利"的高度发展的社会经济。没有私人财产,一切公有,只要不随意丢弃即可,"不必藏于己";社会上所有的人都尽自己最大努力工作。没有懒惰和剥削,一切工作大家做。

4.社会效果方面

实现上述理想,就能做到没有任何私心杂念,没有罪恶,没有偷盗窃杀,也用不着刑罚。甚至可以达到"出不闭户"的程度。这样的太平盛世,人民安居乐业团结友爱是孔子非常向往的。有一次,当他的学生曾皙言志时提出了"莫春者,春服既成,冠者五六人,童子六七人,浴乎沂,风乎舞雩,咏而归"这样一个快乐安定的生活境界时,孔子一方面肯定说:"吾与点也",一方面又"喟然叹"息(《论语·先进》),大概他意识到这在当时是不可能实现的。

"天下为公"的"大同"社会是孔子的最高理想,在当时以及后来,直到现在都不能得以实现,但它作为中国传统文化的瑰宝,值得我们去总结。批判继承和发展这一份珍贵的遗产,以便对"天下为公",世界和平做出贡献。

四　孔子与中国文化

（七十三）　何谓"真孔子"与"假孔子"

孔子是中国历史上特殊而又极其重要的人物。研究中华文化绕不开孔子，但是由于政治的、社会的、心理的、方法论的、文献学的乃至个人情感因素的影响，出现过"真孔子"与"假孔子"现象，孔子研究，必须首先区别什么是真的孔子，什么是假的孔子。

何为"真孔子"呢？所谓"真孔子"就是存在于春秋末期有血有肉、有言有行、活生生的人的孔子。他具有人的一切属性：七情六欲，衣食住行，有欢乐，有痛苦，时而积极进取，时而知足常乐。他具备春秋时代一个智者的一切智慧，也存在远古人类的种种局限。"真孔子"形象主要表现在《论语》及《左传》《国语》中，但是，汉武帝以后，由于"道统""学统"作怪，"真孔子"形象被层层包装起来，失去了真实性。

何谓"假孔子"呢？正如梁启超所说，汉代以来，孔子渐渐的变为董仲舒、何休，变为马融、郑玄，变为韩愈、欧阳修，变为程颐、朱熹，变为陆九渊、王守仁，变为顾炎武、戴震。即是说，不同时代，人们把个人思想感情强加给孔子,将主观的孔子代替客观的孔子,这些孔子就属于"假孔子"。历史上"假孔子"形象变幻莫测,时而被奉为先知,时而被称作巫师,时被说成"素王",时被尊为"先师"。有些时代是君主专制的拥护者,另一时代则是限制君权的倡导者。他的身价在波峰浪谷间跌宕。同一人物,在历史上不同时代,评价如此悬殊,仅此一人而已,这是中华文化特有的现象。

当今孔子研究,就应该分成两大块:真孔子研究,假孔子研究。前者把孔子作为特定历史条件下的一个历史人物来研究,后者则从历史变化的角度,考察孔子形象及其学说的历史命运。两者应区别开来,不可混同,否则在许多重大问题上,我们就无法理清。研究真孔子,必须采用"治经如剥笋"的方法,层层剥去附在孔子形象外表的外壳,才能见此真实新鲜的内核,还一个真孔子的面目,不可以假乱真,以假代真。研究假孔子,则是研究孔子的历史,它要根据当代政治、文化背景不同,展现附于孔子形象的现实内容,从而清晰呈现孔子及其学说的历史流变。

中国近代史上就出现过两位假孔子形象——康有为和章炳麟分别描绘的两位孔子。

维新运动领袖康有为在《孔子改制考》中,一反"道统"陈说,认为孔子"祖述尧舜,宪章文武",其理则有,其事则无。他的《孔子改制考》动摇了千百年来人们一直将孔子视为复古派、保守派形象,孔子一变而为主张变法改制的革新派,康有为把个人改革思想加在孔子身上,让孔子成为改革者形象,这是典型的"假孔子"现象,后来随着戊戌维新失败,康梁将矛头指向孙中山领导的旧民主主义革命,引起了革命者的不满,孔子也跟着倒霉了。

与康有为改良派相对立的章炳麟,在《订孔》《论诸子学》中,也为孔子画了一幅像,他认为孔子有三副面孔:"有商订历史之孔子""有从事教育之孔子",有醉心于富贵利禄的"国愿"之孔子。而且他认为只是那种热衷于功名利禄向上爬的孔子对后世影响最大。这一说法,显然不符合孔子的实际,后来章氏也承认,他描绘的孔子,也是假的,旨在树立一个与康有为相反的孔子形象。康章两人描绘孔子,形象相对,造假方法则同。他们虽然意图不错,希望唤起国人,拯救民族于危难,推动国家进步。但是,只要实现目的,就不择手段,假托历史为手段,任意歪曲历史,是非常有害的。历史它属于已经不可改变的过去,属于任何主观意向都动它不得的客观存在。人们可以由历史发现过去与现在的联系,却不能让历史迁就现实,否则势必抹杀历史的客观性,任意剪辑历史为我所用。康章的错误就在这里。所以,区别"真孔子"与"假孔子"对于今后的孔子研究至关重要。

(七十四) 怎样理解孔子的"万世师表"形象

孔子作为世界公认的文化伟人,他在思想上的贡献是多方面的,然而留给人们最直接最鲜明的印象还是教育家。难怪我国封建社会最后一个朝代的"十全"皇帝乾隆曾亲踢匾额——"万世师表",这基本上概括了孔子对中华文化的主要贡献之一。正如今人金景芳先生所说,在中国封建社会官方加给孔子的众多桂冠中,最恰当的莫过于孔庙大成殿上的这四个字。万世师表,教师永恒的表率,这一观念,已经永远渗透进中国人的血液之中,同时,也泽被四邻、对中国周边国家如韩国、日本等产生深远的影响。那么,孔子何以能享此声誉呢? 主要表现在以下方面。

1.孔子首开私人办学,私人授徒讲学之风气,这一行动具有划时代的意义。大家知道,春秋时代,我国的文化事业已相当发达,不仅表现为文化的直接载体汉字发展突飞猛进,而且修书立说文字运用也很普遍,孔子生活时代,象《诗三百》《尚书》《周易》等典籍已广为流传。但是,此时教育的主要形式特征是:学在官府,特别是史官控制着教育的"命脉"。教育对象多为贵族上等人,广大庶民百姓很少获得文化滋养的机会。正是在这种形势下,孔子大胆革新,突破陈规,广收门人弟子,传道授业。开创了我国教育面向大众,面向社会低层百姓的先例。无论在文化史上还是教育史上都产生了极其重大的影响。

2.称赞孔子为"万世师表",因为他提出的一系列教育教学理论,基本匡定了我国教育的传统模式,几千年来,承继因循,发扬光大,他对教育的巨大贡献,就是提出"有教无类"方针。尽管历代注释理解此句尚有分歧,但认为"类"即种类,主张教育对象不分等级、贵贱、老幼、国籍,一视同仁,受之以业。孔子不仅理论上持此主张,实践上更是如此。大弟子颜回曾是"一箪食,一瓢饮",身处陋巷;子路原为"卞之野人",仲弓父亲,家无置锥之地;曾参居处卫国,衣衫褴褛,面目憔悴,纯为粗人;闵子骞冬无御寒之衣,夏无避虫之葛;公冶长曾是犯人;漆雕开受过刑罚,等等,孔子皆坦然授之。这种不管门第,不问出身,不拘一格传道授业,在等级森严的封建社会,不仅需要超人的勇气,还需要卓越的胆识与胸襟。除了"有教无类"的开放思想外,孔子还有一些具体的教育方法和措施,如因材施教,教学相长,学思并重,愤悱启发,举一反三等理论,都是我国教育史上的宝贵遗产。孔子之后,历代教育家无不标为楷模,奉为先师,以至在封建时代童子入学必须先拜孔子,再拜师傅,形成惯例。所以孔子奉为"万世师表",当之无愧,不仅表明几千年来对孔夫子的崇高敬意,更是中华民族尊师重教的集中体现。

（七十五） 什么是孔子的"为己之学"

孔子的思想里,有一点极重要的精神,就是对"学者为己"的提倡。孔子说:"古之学者为己,今之学者为人。"(《论语·宪问》)这里说的"为己",不是为自己谋私利,是说为了充实和完善自己;这里说的"为人",也不是为他人着想,是说行事为了给人家看,求得别人的赞誉。孔子是提倡"为己",反对"为人"的。这是孔子教育的一个基本思想。《论语》中另有一段孔子与子张的对话,把这个意思说得更清楚。子张问:"士何如斯可谓之达矣?"子曰:"何哉,尔所谓达者?"子张对曰:"在邦必闻,在家必闻。"子曰:"是闻也,非达也。夫达也者,质直而好义,察言而观色,虑以下人。在邦必达,在家必达。夫闻也者,色取仁而行违,居之不疑。在邦必闻,在家必闻。"(《颜渊》)这里孔子区别了"闻"与"达"。只求"闻",外表装出仁的样子而行动上却违背仁,这就是"为人";要能够"达",就要真正品质正直、爱好仁义、有谦让之心，这就要修养自己。只有"为己"，才能"在邦必达，在家必达"。孔子又说"君子求诸己，小人求诸人。"(《宪问》)既是"为己"，就自然要"求诸己"，这两点是完全一致的。孔子反复地用这一思想来教育他的学生。他说："不患人不己知，患其不能也。"(《宪问》)"君子病无能焉，不病人之不己知也。"(《卫灵公》)同样意思的话，在《论语》中用不同的语言重复出现了四次，可见孔子对这一点的重视。

孔子提倡"为己"，但并不是教人把眼光只限于自我完善上。孔子又说："人能弘道，非道弘人。"(《卫灵公》)道弘人，就是以道来抬高自己的身价。孔子说"非道弘人"，就是反对"为人"之学的意思；"人能弘道"，则是进一步说明了"为己"之学并不只是为了自我完善，而且还是为了弘道。学者如能本着"为己"的精神，对所学之道身体力行，也就以自己的行动弘扬了道，所以"人能弘道"。而弘道也正是提倡"为己之学"所要达到的目标。孔子答子路问君子时说，"修己以敬""修己以安人""修己以安百姓""修己以安百姓，尧舜其犹病诸"(《宪问》)。直接说明了修己的目的是为了"安人"，最高的目标则是"安百姓"。

孔子"学者为己"的思想，为后来的儒家所继承，成为儒家教育的传统。

（七十六） 孔子的知行观有哪些特点

首先，就《论语》全书来看，孔子虽承认有生而知之的圣人，但他也承认有学而知之的人。孔子说："生而知之者，上也。学而知之者，次也。困而学之，又其次也。困而不学，民斯为下矣。"(《论语·季氏》)但是在中国古代认识思想的发展史上，毕竟由他第一次提出了"生而知之"和"学而知之"这样两个互相对立的认识概念、范畴，因而有着重要的意义。

第二，孔子不承认他自己是生而知之者，反而认为他是属于学而知之范围之内的人。他说，"我非生而知之者，好古敏以求之者也"(《论语·述而》)，又说："吾尝终日不食，终夜不寝，以思，无益，不如学也。"(《论语·

卫灵公》）孔子说自己是"十有五,而志于学"（《论语·为政》）。他在如何对待知识的问题上,提出了"每事问"（《论语·八佾》）、"学而不厌,诲人不倦"（《论语·述而》）的态度。

第三,在知识来源上,孔子主张多闻、多见。他说:"多闻,择其善者而从之,多见而识之,知之次也。"（《论语·述而》）主张"三人行,必有我师焉;择其善者而从之,其不善者而改之。"（《论语·述而》）"以能问于不能,以多问于寡"（《论语·泰伯》）于此可见,孔子是将自己的闻见和别人的间接经验作为认识来源的。

第四,在承认感性经验是认识来源的基础上,孔子提出了"学而不思则罔,思而不学则殆"（《论语·为政》）的命题。意思是只学习而不思考,就茫然而无所得,只思考而不注重学习,就会疑惑而无所知,可以说是比较辩证地说明了"学"与"思"两者之间的关系。孔子又说:"多闻阙疑,慎言其余,则寡尤;多见阙殆,慎行其余,则寡悔"（《论语·为政》）这种"多闻""多见"和"慎言""慎行"的主张,多少已经接触到感性认识和理性认识的关系,也接触到言与行的关系。

孔子对知识问题是采取"知之为知之,不知为不知,是知也"（《论语·为政》）这一比较实事求是的态度,由此可见,他的认识论是倾向于唯物主义的感觉经验论的。这一方面与他的社会经历有关,另一方面也和他长期从事于教学实践分不开的。总之,孔子在知行关系上,是主张行前知后的。他说:"入则孝,出则悌,谨而信,泛爱众,而亲仁。行有余力则以学文。"（《论语·学而》）又说:"贤贤易色,事父母能竭其力;事君能致其身;与朋友交,言而有信。虽曰未学,吾必谓之学矣。"（《论语·学而》）在孔子看来,"行"比"学"更为重要,而且在他看来,"行"当置于"学"之先。而且所谓"学"的好坏的标准,就是"行"。这就是孔子的知行统一观,或谓言行统一观。

孔子在对一个人的言行作评价时,也总是将行置于言之先。第一,就孔子本人而言,他说:"盖有不知而作之者,我无是也。"（《论语·述而》）他将知行统一起来,提出"讷于言""敏于行"（《论语·里仁》）,又提出"敏于事而慎于言"(《论语·学而》),即凡事要少说话多做事。第二,在对待他人的问题上,他提出"不以言举人,不以人废言"(《论语·卫灵公》),同时,又看其是否"先行其言,而后从之"(《论语·为政》)。第三,孔子在总结他在言行关系即知行关系的经验教训时说:"始吾于人也,听其言而信其行;今吾于人也,听其言而观其行。"(《论语·公冶长》)总之,他在两千多年前提出的这一听言观行、言行一致,行重于言、行先于学的知行观是极其难能可贵的。

(七十七) 孔子从哪些方面奠定了中华民族精神

孔子创立的儒家思想从五个方面奠定了中华民族精神的基调,这五个方面是和的精神、仁的精神、大同精神、自强精神以及礼的精神。

1.和的精神。这种和的精神体现在天人、君我、他我的关系上,就是人与自然、人与社会、人与人的三重和谐统一,即天人合一,物我统一,人我和谐。关于人与自然的关系,孔子说:"天何言哉?四时行焉,百物生焉,天何言哉?"(《论语·阳货》)这真是一幅天人和谐的图画。对于动物,他说:"钓而不网,弋不射宿。"(《论语·述而》)可见孔子是最早的自然环境保护主义者。关于人与人的关系,孔子说:"君子和而不同,小人同而不和。"(《论语·为政》)又说:"礼之用,和为贵。"(《学而》)为了贯彻和的精神,他主张"己欲立而立人,己欲达而达人"(《雍也》),"己所不欲,勿施于人"(《颜渊》)。这些推己及人的忠恕之道,正己正人、成己成物的人格修养,内圣外王、民胞物与、天下一家的情怀,都立足于一个"和"字。孔子还提出了"五十知天命"以及"畏天命"的命题,其中也包含有天人合一的思想因素。

孔子反对不义之争。他说:"君子无所争。必也射乎!揖让而升,下而饮。其争也君子。"(《八佾》)"子之所慎:齐、战、疾。"(《述而》)他是一个和平主义者,对于战争持慎重、反对态度,主张"远人不服,则修文德以来之"(《季氏》)。孔子谓《韶》"尽美矣,又尽善也",谓《武》,"尽美矣,未尽善也"(《八佾》)。

总之,中华民族热爱自然,热爱生命,热爱和平,追求尽善尽美的"和"的精神,自然主义与和平主义的精神是由孔子所奠定。

2.仁的精神。仁作为人与人之间的道德关系,可以从自我修养引申到家庭、社会、天下,对社会而言,就是人人亲如一家,四海之内皆是兄弟,孔子倡导仁学,最低要求是承认人的存在和尊严,要求人人以仁的精神去爱人。这种古典人道主义,比西方提出的人道主义更早。这种仁的精神进一步扩大,就是对祖国的忠诚、热爱。仁的精神的具体化便是忠恕之道,包括忠、孝、义、勇、智、信等道德品质。孔子将孝悌看作个人修养和家国和谐的根本。孝悌的原则推广于国家社会,就是忠君爱国。于是孔子创立的仁的精神不独奠定了中华民族的最早的人道主义精神,也奠定了中华民族的爱国主义精神。

3.大同精神。孔子在人类思想史上第一个提出了宗法主义乌托邦大同思想,比西方的柏拉图还要早。他赞美古之舜禹说:"巍巍乎,舜禹之有天下也而不与焉!"(《泰伯》)他的理想是"老者安之,朋友信之,少者怀之"(《公冶长》);主张敬老携幼,人人亲如兄弟:"四海之内,皆兄弟也"(《颜渊》);一个理想的社会应是"均、安、和"的社会,他说:"丘也闻有国有家者,不患寡而患不均,不患贫而患不安。盖均无贫,和无寡,安无倾"(《季氏》)。后来,《礼记·礼运》将孔子的这一理想称之为"大同"。孔子除了提出大同世界这一最高理想外,又提出一种可以成为现实的"小康"社会,并由此开启了中华民族大一统的思想,他向往"天下有道,则礼乐征伐自天子出……"孔子还高度赞扬了管仲"一匡天下"的大一统精神,这在历史上对于陶铸中华民族的民族团结与国家统一的心理起了巨大作用。

4.自强精神。孔子一生"发愤忘食,乐以忘忧,不知老之将至"(《述而》)。他的这种奋斗不息的精神在《易传》里进一步发展为:"天行健,君子以自强不息。"为了"弘道",孔子说:"朝闻道,夕死可矣。"(《里仁》)又提出:"志士仁人,无求生以害仁,有杀身以成仁。"(《卫灵公》)由此而建树了这种不畏强暴,为真理顽强斗争,敢于献身,视死如归的英雄主义精神。

5.礼的精神。孔子说:"知和而和,不以礼节之,亦不可行也。"(《学而》)《礼记·仲尼燕居》载孔子曰:"夫礼所以制中也。"礼以"制中"为用,所以又称"礼之用,和为贵"。中华民族之所以称为"礼仪之邦"实基于此。

礼的精神的又一个重要性质就是理性主义。孔子是一位极重感情的人,但他发乎情,止乎礼仪,则全凭理性的控制。孔子说:"君子有九思:视思明,听思聪,色思温,貌思恭,言思忠,事思敬,疑思问,忿思难,见得思义。"(《季氏》)孔子的这种重道尚德的理性主义在中国传统文化中影响极大,中华民族的重理性,讲节操,反纵欲的民族理性精神实发源于此。

(七十八) 孔子怎样论"人格"与"国格"

孔子作为中华文化精神的奠基人,他对中华民族人格、国格的认识有许多独到的见解。

关于人格。人格是近代的概念,古代称为"品格"或"人品",即人的品格。孔子充分肯定人格的价值。上到国君天子、下至布衣平民,人人都有独立的人格,所谓"三军可以夺帅,匹夫不可以夺志",就是孔子关于人格独立的宣言。"志"就是人格,是人的精神支柱,不可轻易放弃。当然,别人不可剥夺你的独立意志,充分体现孔子对人格的重视。孔子对待别人的态度是关心人,爱护人。中国古代,特别是奴隶社会,奴隶主对奴隶可以任意宰割的,出现中国历史上独特的人祭、人殉制度。孔子提倡尊重人格、反对非人道的殉葬制度。孔子说:"仁者,爱人""仁者,人也"。明确指出应把"人"当作"人"来看待,人首先应该有生存和生活权利。由此出发,孔子进一步指出应待人以礼,要以"恭、宽、信、敏、惠"五原则处理人与人间的关系。孔子自身对道义和善、美也是不懈地追求。孔子不仅语言上倡导尊重人格,而且以身作则,提高自我修养,实现人格的善和美。孔子承认物质利益和社会地位是人们共同的欲求,但是,他又说,满足物质欲望是一种低层次需要,人应该有更高层次的精神追求,即对道义和善、美的追求。他说:"君子喻于义,小人喻于利""君子谋道,不谋食""不义而富且贵,于我如浮云"。在人格上,重"道义善美"而轻"利食富贵"。孔子人格完善,走的是"求诸己"之路。孔子说:"君子求诸己,小人求诸人。"此为孔子人生实践的出发点,人格修养也不例外。他主张通过内省自觉来完成人格修养,达到自尊、自信和自强。由"求诸己"推而及人,上升至高一层境界,就是"己所不欲,勿施于人""己欲立而立人,己欲达而达人"。孔子人格取向超越了个体价值的范围,成为社会群体共同追求的理想尺度。孔子的人格观念进一步演化成"国格"观念。

再谈"国格"。孔子一生积极用世,胸怀博大,以天下为己任,虽不为诸侯见用,却给人留下一幅完整的治国蓝图和大同主义理想。《论语·子路》云:"子适卫,冉有仆,子曰:'庶矣哉?'冉有曰:'既庶矣,又何加焉?'子曰:'富之。'曰:'既富矣,又何加焉?'子曰:'教之。'"这段话充分体现了孔子的治国思想。他告诉冉有,一个理想的国家,必须有三个要素。(1)要有众多的人口。此乃治国安邦的基础。(2)要发展经济,使人民丰衣足食,安居乐业,国家才能富强。(3)要实施教育,提高整个国民的道德文化素质。在"庶"和"富"的基础上,加以"教之",使国民在物质和修养两方面得到发展,这样国家才算真正强大。孔子关于"国格"观念理论,直到今天也有现实意义。当前,我国进行物质文明和精神文明建设,两个文明一齐抓,就理论渊源而言,孔子时代即已触及,只不过孔子谈论得比较简括含糊罢了。

孔子终生为自己设计的大同理想而奋斗。《礼记·礼运》中有段话,极能展现孔子的理想蓝图:"大道之行也,天下为公。选贤与能,讲信修睦,故人不独亲其亲,不独子其子,使老有所终,壮有所用,幼有所长,矜寡孤独废疾者皆有所养。男有分,女有归。货,恶其弃于地也,不必藏于己;力,恶其不出于身也,不必为己。是故谋闭而不兴,盗窃乱贼而不作,故外户而不闭。是谓大同。"在孔子看来,大同世界是"天下为公",共同劳动,财富共有,老有所养,幼有所教,人人身心安乐、和平恬静的理想境界。这一思想,几千年来。影响深远。直接构成近代资产阶级改良主义的理论基础,也为孙中山的民主主义革命提供理论武器。

（七十九） 在孔子那里具备什么样的条件才可称为"君子"

在《论语》中，"君子"是孔子(及弟子和时人)谈论最多的一个概念，它指一个抽象化了的没有任何实指对象的普泛的类。作为一个类的概念，"君子"有它必然的规定性。

首先，作为"君子"必须具备以下一些基本品质，即必须重"道"："君子谋道不谋食"。"君子忧道不忧贫"(《卫灵公》)。"君子学以致其道"(《子张》)。必须尚"德"："君子怀德，小人怀土。"(《里仁》)必须尊"仁"："君子去仁，恶乎成名？君子无终食之间违仁，造次必于是，颠沛必于是。"(《里仁》)必须明"义"："君子喻于义，小人喻于利。"(《里仁》)"君子义以为上。"(《阳货》)必须懂"礼"："如其礼乐，以俟君子。"(《先进》)必须有"知"："君子于其所不知，盖阙如也。"(《子路》)必须讲"信"："君子信而后劳其民，未信则以为厉己也；信而后谏，未信则以为谤己也。"(《子张》)必须"孝悌"；"君子务本，本立而道生。孝悌者，其为仁之本与！"(《学而》)必须守"节"："可以托六尺之孤，可以寄百里之命，临大节而不可夺也！君子人与？君子人也！"(《泰伯》)必须学"文"："君子博学于文。"(《雍也》)

其次，作为"君子"，必须具有完美的修养。在内在的气质方面："质胜文则野，文胜质则史。文质彬彬，然后君子。"(《雍也》)"君子坦荡荡，小人长戚戚。"(《述而》)"君子泰而不骄，小人骄而不泰。"(《子路》)"君子贞而不谅。"(《卫灵公》)在外在风貌方面："君子所贵乎道者三：动容貌，斯远暴慢矣；正颜色，斯近信矣；出辞气，斯远鄙倍矣。"(《泰伯》)"君子有三变：望之俨然，即之也温，听其言也厉。"(《子张》)在言行方面，要重言更重行："君子讷于言而敏于行。"(《里仁》)"君子耻其言而过其行。"(《宪问》)在为人方面，要严于律己，宽以待人："君子病无能焉，不病人之不己知也。"(《子张》)"君子成人之美，不成人之恶。"(《颜渊》)

其三，作为"君子"，如何才能获得上述的品质和修养呢？孔子认为，一要"学"："君子学以致其道。"二要"思"："君子有九思：视思明、听思聪，色思温,貌思恭,言思忠,事思敬,疑思问,忿思难,见得思义。"(《季氏》)三要"戒":"君子有三戒:少之时,血气未定,戒之在色;及其壮也,血气方刚,戒之在斗;及其老也,血气既衰,戒之在得。"(《季氏》)四要"畏":"君子有三畏:畏天命,畏大人,畏圣人之言。"(《季氏》)五要"知命":"不知命,无以为君子也。"(《尧曰》)

其四,作为"君子",须有高尚的人生观、社会观、政治观。他认为,作为"君子",加强自己的品德修养不是目的,目的应当是服务于社会。所以,孔子十分推崇子产,认为"子产有君子之道四:其行己也恭,其事上也敬,其养民也惠,其使民也义。"(《公冶长》)

总之,在孔子那里,作为"君子",有一个很高的标准。当他对"君子"这一概念进行质的规定时,体现出了他的政治、道德、伦理等方面所有的理想和主张。

(八十) 为什么说孔子提出的理想人格规范 是对中国思想文化史的重大贡献

人类的思想文化史,既包括人与自然关系的发展史,也包括人类社会的发展史,还包括人的个体发展史。在中国的思想文化发展史上,在远古时期,个体的人的发展只是作为一种幻想,融合在远古的意识形态——神话传说当中,在对神话传说人物的想象当中,寄托着人对"力"(如蚩尤、共工)、"智"(如黄帝、舜)、"牺牲精神"(如鲧、禹)、"顽强意志"(如夸父、精卫)的追求与向往。进入文明社会以后,由于社会结构是由原始氏族转化而来的宗法等级制度,统治者只重视宗法等级观念以及与之相适应的政治、道德、伦理观念,个体的发展受到压抑。而且由于当时存在对"天命神权"的崇拜,人们把宗法等级结构和相应的政治、道德、伦理规范都视"天命"所定。既然人完全依附于"天","天"把人固定在种种宗法等级关系之中,当然谈不到对个体发展的重视。所以在《论语》以前的历史文献中,我们很少看到对个体发展状态的反映和对个体发展的关注。

到了孔子时代,中国社会进入由奴隶制向封建制的转变期,旧的社会结构在瓦解,新的社会结构尚未建立。孔子的思想学说具有承前启后的性质,在政治、道德、伦理观念方面,他基本上未脱出原来的框架,因此他非常重视"礼",而"礼"的实质就是为适应宗法等级关系对人的行为做出规范。但孔子的思想学说又较前有了一些本质性的变化:其一,在思考人与人之间的政治、道德、伦理关系时,他不再是从上天的意志出发,而是立足于社会本体的需要;其二,他认为人与人之间的关系准则的确立,不应依靠外在的强制手段,而应建立在对人的尊重、爱护和体谅的基础之上,要靠对人的启发和诱导。因此,他特别强调"仁",说"仁"就是"爱人"。"仁"的被强调,说到底就是"人"的被发现。正是在这样的基础上,他才认真关注人的发展问题,借对"君子"这一传统概念的阐述,提出了除奴隶以外每个社会成员都应当遵循的理想人格规范。

孔子提出的理想人格规范,虽然从历史的现实性看,存在着许多对个体发展约束的局限性。但是从整个中国思想文化的发展看,毫无疑问,它第一次对人的个体发展提出明确的方向和目标,做出相当全面的要求。这客观地显示了中华民族在自我认识和自我发展方面的飞跃。而且,正因为它是中国思想文化史上第一个提出的理想人格规范,必然对中华民族的民族性格的形成产生深远影响。

所以说,孔子提出的理想人格规范是对中国思想文化史的重大贡献。

（八十一） 孔子的世俗化思想主要包括哪几方面

1.现实的人生态度。孔子将超现实的彼岸世界存而不论,明确地追求一种此岸世界的人间现实生活。"季路问事鬼神。子曰:'未能事鬼?'曰:'敢问死。'曰:'未知生,焉知死?'"(《先进》)"子不语怪、力、乱、神。"(《述而》)"樊迟问知。子曰:'务民之义,敬鬼神而远之,可谓知矣。'"(《雍也》)孔子在谈论如何使社会安定、民众乐业时,没有请任何神来帮忙,没有特意去凭借某种信仰,而只是把注意力放在人力可为的范围之内,试图用人本身的力量即人生经验去解决事情,认为,只要人们的举措得当,便会达到一定的目的。

2.注重民众生活的质量、注重生活方式的合理化。孔子主张将民众生活改善得更好一些,而且,他认为民众生活的质量是有不同层次的。"冉有曰:'既庶矣,又何加焉?'曰:'富之。'曰:'既富矣,又何加焉?'曰:'教之。'"(《子路》)"子贡曰:'如有博施于民而能济众,何如? 可谓仁乎?'子曰:'何事于仁! 必也圣乎! 尧舜其犹病诸!'"(《雍也》)孔子既反对纵欲享乐,也不主张禁欲求道,而是主张求得社会成员物质生活的相对充裕性和精神生活的不可缺少性,亦即社会成员身心双重需要的相对满足。有时,孔子欣赏一种纯精神上的乐趣,"饭疏食饮水,曲肱而枕云,乐亦在其中。""不义而富且贵,于我如浮云。"(《述而》)有时孔子也追求一种高格调的身心快乐,如:"莫春者,春服既成,冠者五六人,童子六七人,浴乎沂,风乎舞零,咏而归。"(《先进》)

3.注重生活智慧。孔子极为看重人伦关系。他对于彼岸世界采取了一种不闻不问、存而不论的态度,而将全部注意力集中于人间世界。他对这个世界生活中的角色十分看重,而要演好角色,从而适应复杂的人际关系和众多的人伦规范,就必须讲求生活智慧和处事技巧,采取中庸、平和、适度的行为方式,不能走极端,否则便会与整个社会整体产生隔阂。孔子主张人们对待一切事情,都应采取一种不偏不倚的态度。比如,待人友善,但也不能毫无原则地一味忍让。"或曰:'以德报怨'何如? 子曰:'何以报德,以直报怨,以德报德。'"(《宪问》)

4.重视民众普遍受益问题,反对社会贫富差距过于悬殊。孔子的思想具有一定的民本主义倾向。对待民众,他主张庶、富、教,"博施于民",但也应当承认,孔子的等级观念很强,将贵贱与贫富视为很正常的社会现象,既然正常,他也就不很扬贵抑贱,或抬富压贫。他进一步认为,只要是通过正常途径去求富与贵,是可以的,但不能不择手段。"富与贵,是人之所欲也,不以其道得之,不处也;贫与贱,是人之所恶也,不以其道得之,不去也。"(《里仁》)不过,孔子从社会安定的角度出发,认为民众应当富足,"百姓足,君孰与不足;百姓不足,君孰与足?"(《颜渊》)他进而得出结论:社会贫富悬殊如若过大,则易使整个社会陷入动荡不安的境地,"不患寡而患不均,不患贫而患不安。盖均无贫,和无寡,安无倾。"(《季氏》)由此可见孔子是主张民众普遍受益并反对贫富差距过于悬殊的。

（八十二） 如何理解孔子世俗化思想有利于推进中国现代化

孔子的世俗化思想对中国现代化产生的有益影响主要表现在以下几个方面:

1.有助于消除中国现代化进程中的一些异化现象。在中国现代化进程中,往往会出现两种异化现象。一种是把经济、机器推到极端,使人成为其附属物,人被"拟机器化",精神世界极端的实用化;另一种是乌托邦意识形态的极端化以及相伴而来的禁欲主义,在1978年以前的30年间,较为严重地忽视人民的生活问题,在实际上是实行禁欲主义。而孔子的世俗化思想中强调以人为本位的价值取向,主张以满足人们的现实需要为目的的目标取向对这些异化现象的消除是有借鉴意义的,它可以在某种程度上保证中国的现代化进程尽可能地不陷入"非人"之境地,而且,还可以把民众的切身利益同现代化进程联系在一起,化成民众的生活之所需,成为民众行为价值之所向,从而最终为中国现代化进程造成一种强劲的动力。

2.有助于丰富中国现代化的指标体系,并使之具有中国特色。自建国至八十年代初期,中国的现代化指标体系几乎等同于经济发展指标体系,极少涉及非经济因素的现代化问题。再往后,随着世俗化在中国的出现和发展,这种情形有所改变,比如"经济发展战略"改为"经济社会发展战略",而且,发展指标体系中的社会性项目也越来越全面。值得特别指出的是,由于世俗化在中国民间有着深厚的传统基础,因而对于形成具有中国特色的现代化指标体系会产生重要影响。受孔子世俗化思想的影响,中国人特别重视生活的智慧与技巧,这就使得中国现代化的指标在人文指数方面很容易取得某种优势,甚至得到某种超前性发展。

3.有助于确立渐进型的中国现代化模式。中国采用渐进型的现代化模式的依据很多,从孔子所主张的并且已经内化为中国民众的某些行为方式及观念的有关世俗化等传统因素的角度来看,在中国确立这种模式是有道理的、可行的。鉴于中国社会的极端复杂性以及所面临的不确定性因素,采用和缓平稳的方式促进中国社会的逐渐转型的做法,应当说是明智而有效的,中庸、平和以及适度一类的智慧与技巧可以提醒人们,在特定的时期,必须发展与改革民众生活、注重持续不断地满足其基本生活需要,便可在相当程度上稳住众多社会成员的心态,缓解社会焦虑,从而进一步稳住社会大势,使社会转型最敏感的阶段得以安全渡过。

当然,在看到孔子世俗化思想具有的合理因素的同时,也应当看到其中的缺陷与不足,如有关世俗化方面内容比重较大,而崇高、神圣的成分较少;有关民众普遍受益实为平均主义的观念,同真正的社会公正观念相距甚远。我们在扬弃中发挥孔子的世俗化思想,将有利于中国现代化进程的顺利推进。

心通孔子

(八十三) 历代名儒有多少

孔子影响,非一日之功,实与各朝各代承传释义有关。历史上注孔述孔汗牛充栋,不可尽数,鸿儒博士即相当壮观。

汉代有:贾谊,董仲舒,孔安国,司马迁,刘向,扬雄,班固,贾逵,王充,王符,马融,何休,郑玄,包成,许慎,服虔,应勋。

魏晋南北朝有:徐幹,诸葛亮,王朗,王肃,王弼、陈群、周生烈、何晏、杜预、卫瓘、郭璞、缪播、缪协、栾肇、蔡谟、袁宏,李充,孙绰,范宁,江熙,陶潜,颜延之,范晔,皇侃,郦道元,颜之推。

隋唐有:王通,刘炫,陆德明,孔颖达,贾公彦,赵匡,陆贽,杜佑,韩愈,李翱,柳宗元。

宋元有:邢昺,范仲淹,欧阳修,胡瑗,刘敞,司马光,王安石,曾巩,苏轼,苏辙,范祖禹,张来,黄庭坚,王令,周敦颐,程颢,程颐,张载,邵雍,杨

249

时,谢良佐,游酢,尹焞,侯仲良,周孚先,吕大临,晁说之,吴栻,周梦得,陆佃,郑樵,陈祥道,沈括,洪迈,曾几,戴侗,吕本中,李郁,黄祖舜,胡安国,洪兴祖,李纲,朱震,张九成,刘勉之,李侗,胡宏,胡寅,朱熹,张栻,吕祖谦,陆九渊,陈傅良,叶适,钱文子,王观国,杨万里,李樗,郑汝谐,黄干,陈淳,辅广,蔡渊,蔡沈,吴仁杰,陈埴,陈骙,饶鲁,钱时,袁甫,蔡模,蔡节,何基,冯椅,熊禾,赵应麟,王柏,金履祥,马端临,许衡,吴澄,李冶仁,许谦,陈天祥,詹道传,齐梦龙,白珽,陈栎,胡炳文,朱公迁,何异孙。

明清有:方孝孺,薛瑄,胡居仁,吕柟,姚舜牧,杨慎,焦竑,魏校,王守仁,罗钦顺,崔铣,蔡清,唐顺之,林希元,陈琛,陈士元,王樵,赵钺,归有光,张居正,吕坤,冯从吾,季本,郝敬,顾宪成,高攀龙,许孚远,刘宗周,黄道周,顾梦麟,辛全,鹿善继,孙奇逢,方以智,钱澄之,王夫之,张履祥,陆世仪,李容,顾炎武,黄宗羲,万斯大,应㧑廉,刁包,张尔岐,芮城,高愈,魏裔介,魏象枢,汤斌,耿介,李光地,张英,熊赐履,陆陇其,张伯行,朱栻,杨名时,阎若璩,朱彝尊,毛奇龄,吕留良,崔述,李沛霖,何焯,任启运,方苞,李绂,汪份,雷铉,江永,惠栋,钱坫,戴震,江声,金榜,凌廷堪,王念孙,段玉裁,武亿,焦循,翟灏,梁玉绳,程瑶田,冯景,赵翼,李惇,阎循观,韩梦周,周大璋,王步青,孙志祖,俞止燮,周柄中,程大中,刘台拱,汪德钺,赵佑,方观旭,臧镛堂,刘逢禄,连鹤寿,杜炳,戚学标,朱彬,黄式三,宋翔凤,胡培翚,刘宝楠,凌曙,包慎言,潘维城,孔广森,邵齐焘,王引之,张甄陶,吴宗昌,阮元,江廷珍,管同,方东树,吴嘉宾,倭仁,李棠阶,曾国藩,胡林翼,左宗棠,郭嵩焘,刘恭冕,胡绍,朱骏声,戴望,朱亦栋,潘衍桐,姚绍崇,郑珍,王汝谦,陈澧,朱一新,俞樾,方宗诚,强汝询,马徵麟,吴汝纶,郑杲,孙诒让,王闿运,简朝亮,方铸,马其昶,陈朝爵,张伟,疏达,姚端恪,姚范,姚鼐,姚永朴,姚永概。今人亦多不赘计。若研习孔子及儒家学说思想可由此入门,逐次登堂入室。

（八十四） 孔子对孟子有何影响

春秋战国时期,孔子思想除了直接承继于他的弟子门人外,影响最大的就是孟轲。

孔子以后,作为"显学"并不只儒学一家,墨家,法家,道家都很著名,不同学说、学派之间争论激烈。孟子则以宣扬儒学为己任,于儒学发展贡献巨大,因有"亚圣"之誉。

孟轲奉孔子为师,是孔子思想的忠实信徒。《史记·孟子荀卿列传》说:"孟轲,邹人也。受业子思之门人。……退而与万章之徒序《诗》《书》,述仲尼之意。"司马迁认为孟轲是子思的门人,他曾效仿仲尼删六艺之法,研究整理《诗》《书》,追述唐虞三代之德。由此可见,孟子在思想行为上与孔子如何相像,几乎是亦步亦趋,追踪蹑迹。孟子亦自称为孔子私淑弟子。《孟子·离娄下》就说:"予未得为孔子徒也,予私淑诸人也。"他为不能亲受孔子点化而遗憾,暗地里以孔子及其弟子为偶像,推崇之情可以想见。孟子私淑孔子不是盲目崇拜,而是经过深思熟虑,再三比较才选定的。他认为,孔子为人"出乎其类,拔乎其萃""有生民以来未有孔子也"。是有史以来最伟大的智人。在《孟子·公孙丑上》中他分析道:伯夷"非其君不事,非其民不使,治则进,乱则退",伊尹"何事非君,何使非民,治亦进,乱亦进"均有失偏颇,思想行为过于拘束,不够灵活,而孔子则"可以仕则仕,可以止则止,可以久则久,可以速则速"。思想方法上表现出极大的灵活性,此点正恰孟子之意,所以孟子这才终生选择"学孔子"(《孟子·公孙丑上》)。

孟子不仅情感上推孔备至,而且思想上也与其一脉相承,并有所发展。首先,孟子在孔子仁学基础上,提出"仁政"主张。作为孔子哲学核心的仁学,重在对士人个体人格的要求,表现在政治上就是提倡德治。而孟子则直接把"德"视为政治家的内在素质,要求统治者以仁政而"王天下"(《孟子·离娄上》)。其次,孟子将孔子"仁学"思想具体到人格心理上,就是认为"人之初,性本善"。孔子的"仁"是人们追求的人格境界,可以通过提高个人修养、自我完善而达到,指出,个体人格成长,需要"兴于诗,立于礼,成于乐"(《论语·泰伯》),人格形成是动态的。孟子却把"仁"的具体表现"性善"视为人性的起点,人性本善生来如此,因受现实生活的污染,失去本性,人们的任务就是不断自我反省、自我忏悔以复现丢失的或隐盖的本心。再次,孔子一贯倡导的人格尊严思想,在孟子这里获得进一步高扬。《论语·子罕》曰:"三军可夺帅也,匹夫不可夺志",《论语》中大量出现的君子小人之辨,都是孔子维护人格理想的集中反映,孟轲表现得更加强烈,更加激越。他认为君子当"养浩然之气",首先应锻炼出铁骨铮铮的意志品质,然后,才能经受住任何考验,做到"富贵不能淫,贫贱不能移,威武不能屈",即使与国君交往亦能平心静气,毫无卑俗之气,所谓"说大从,则藐之,勿视其巍巍然"(《孟子·尽心下》)。此种心态,只有在人格平等,浩气内充前提下方能呈现。孟子主张个体品格的锤炼显然导源于孔子的观点。据此,我们完全可以说,孟子是战国时期孔子思想最重要最杰出的继承者。

(八十五) "孔孟之道"是何人最早提出的

孔子是儒家的创始人,孟子自称"私淑"孔门诸人,继承孔子衣钵,后儒奉为"亚圣"。在先秦,共同形成儒家思想的理论渊源。尽管,孟子对于儒家思想体系的建构和完善至关重要,但在汉代以前,孔子与孟子并没有并列相称,也即是说,孟子的地位并没有上升至仅次于孔子的亚圣的高度。《汉书·艺文志》只把孟子列入诸子中的普通一员,属春秋战国以来很平常的人物。魏晋以后,孔孟才开始并称(也有人认为,原汉赵岐《孟子题辞》为孔孟并称的最早例)晋代张协的《洛禊赋》说:"于是缙绅先生,啸俦命友,携朋接党,冠童八九,主希孔孟,宾慕颜柳……"五代人刘昫的《韩愈张籍孟郊唐衢李翱宇文籍刘禹锡柳宗元韦辞传》中也说:"然时有恃才肆意,亦有蠹孔、孟之旨。"然而宋代以前,尚未见有"孔孟之道"并说,唐代柳宗元只提到过"孔子之道"。如其在《报袁召陈秀才避师名书》中云:"求孔子之道,不于异书。"甚至到北宋初,情况仍然未变。北宋王安石《哭梅圣俞》诗云:"栖栖孔孟葬鲁邹,后始卓荦称轲丘。""孔孟之道"形成固定说法则更晚一些。目前各类大型工具书,收录"孔孟之道"条目,以为"孔孟之道"连用最早起于明代。如《汉语大词典》,引证例为明代胡广的《性理大全书·道统》:"尧、舜、禹、汤、文、武、周公,生而道始行,孔子、孟子生而道始明。孔孟之道,周、程、张子继之;周、程、张子之道,文公先生又继之。此道绕之传,历万世而可考也。"近来有人发现"孔孟之道"语源最早起于北宋而非明代。《百子全书》载胡宏《知言》卷三曰:"释氏窥见心体,故言为无不周通。然未知止于其所,故外伦理而妄行,不足与言孔孟之道也。"(浙江人民出版社影印《百子全书》第 2 册)胡宏,北宋人,生年不详,卒于公元 1155 年。在没有发现更早的用例之前,一般认为,这是"孔孟之道"固定用法的最早例,它相比明代胡广的用例要早近三百年。

在中国古代史上儒学有几次复兴过程。从先秦孔孟开宗创义,到两汉经学为一复兴;经汉唐佛学抵制后,至宋明理学为又一复兴,形成高潮;又经晚明"心性"之学的冲击,至清代朴学为最后的复兴。其中,尤以宋明理学对儒学研究最深最透,是儒家思想继往开来的转折点,"孔孟之道"在此时首先提出也就是顺理成章的事了。

（八十六） 孔子思想与荀子思想关系如何

战国时代,儒学传人除亚圣孟子外,还有一位,那就是荀卿。但是荀子思想是否得孔子真传,历来见仁见智,聚讼纷纭。唐代思想家韩愈曾说:"孟子醇乎醇者也",荀子则"大醇而小疵"(《读荀子》),认为孟子继承孔子思想淳雅正宗,毫无杂质,而荀子虽大体相同却有"小疵"。现代学者郭沫若则进一步说:荀卿"倒很像是一位杂家""杂家代表《吕氏春秋》一书,事实上是以荀于思想为其中心思想"(《十批判书》)。照此说,似乎荀子已不是儒家的代表,倒像是位"杂家"的继承人。如何看待孔子与荀子的关系呢?

首先,荀卿思想的主流是对孔子思想的继承和发扬。表现在以下几方面。第一,荀子一生曾猛烈抨击诸多学者,唯独崇拜的是孔子及其门人仲弓,师承关系非常明显,这可从《荀子》的《非十二子》《儒教》等篇中获得力证。第二,孔子曾"述而不作",删订"六经",此后,花费毕生精力传授六经者即是荀子。清人汪中《荀卿子通论》说:"荀卿之学出于孔氏,而尤有功于诸经。"不仅承认荀子与孔子渊源关系,还指出荀卿于六经传播的重要关系。第三,思想上,孔荀两位具重仁义,观点一致。《荀子》三十二篇仁义观念俯拾皆是,如《议兵》云:"坚甲利兵不足以为胜,高城深池不足以为固,严令繁刑不足以为威。"认为比"坚甲利兵""高城深池""严令繁刑"更重要也更有效的是仁义礼。孔子主张"礼"为一切行为基本准则之一,而荀子将孔子"礼"的内在自律性发展为对人的外在强制性。第四,荀子提出对待历史的态度是"法后王",所谓"后王",就是周初的贤明君主——文、武、周公,这与孔子的"克己复礼",向往"郁郁乎文哉"的周初王朝一脉相承。另外,两人观点相近的还有:荀子主张"天人相分",发展了孔子的天道论思想;荀子功利主义文学观——"明道"亦发端于孔子天道思想,荀子主张放郑声直接继承孔子的"郑声淫"的观点。

　　其次,荀子思想某些方面亦有不同于孔子之处。从春秋末年到战国后期,时间相隔两三百年;经过"百家争鸣"的洗礼,社会变化巨大,社会和学术上的大一统已不复存在,思想活跃,异说纷起,学派林立。荀卿思想不可能完全吻合于孔子思想。开始由理论走上实用。如荀子主张仁义礼的同时,兼用法制,并且培养出两位杰出法家人物韩非和李斯,显然在他的思想中亦有法家的观念。孟子主张"性善",而荀子却提出"性恶"论,在人性的立场上与孔子思想相去甚远,当然,荀子认为人性本恶,因此需要后天努力改造修善,在这一点上又与孔子的"仁"学,异曲同工。此外,荀子有杂家思想,等等。总之,尽管荀子不能完全继承孔子思想,但他仍然是孟子以后儒家思想的又一重要传人。

（八十七） 司马迁对儒学传播有何贡献

孔子思想到了汉代发展迅猛,形成所谓汉"学"。代表人物有叔孙通、董仲舒、郑玄等,他们或因无知、附会儒学,或出于欲望强烈、改造儒学。因此,将孔子思想改得面目全非,尽管董仲舒提出"罢黜百家、独尊儒术",儒学的政治地位第一次至高无上,但就学术而言,孔子儒家思想遭受一次严重歪曲。只有到司马迁时代,孔子思想才得以正本清源。司马迁虽没有专门儒学著作,也没给经书作过注,但是他通过对儒学开山孔子作传——《孔子世家》,阐明了他对孔子的理解,由于他的史学家的真知灼见,基本上反映孔子思想真实面貌,使儒学沿着健康大道迈进。司马迁对儒学的伟大贡献表现在:

1.给孔子以崇高的政治地位。被称为"史家之绝唱"的《史记》,无论从何种意义上说,都是中国文明史上的丰碑性巨著。司马迁在《史记》中特设专章评述孔子。《孔子世家》的出现,将布衣与王侯并列,暗含用文化对抗政治,突现孔子思想的文化意义,反映出司马迁非凡的史家眼光,为后代帝王奉孔子为"素王"打下坚实基础。与此同时,在《十二诸侯年表》《儒林列传》《太史公自序》诸篇中多次涉及孔子。据统计,《史记》全书称引孔子言行多达九十多处,居全书所有人物之冠,足见司马迁对孔子的重视、崇敬和爱戴。同时,还为孔子弟子辟专章(《史记·仲尼弟子列传》)论述,从不同角度反映孔子生活思想,此种待遇在诸子百家中是绝无仅有的。要知道,孔子终生最高官衔不过一小小的司寇,以此政治地位跻身历代王侯将相之列,除了史家的个人情感之外,还有司马迁对孔子的独到发现:孔子乃学术思想之巨人,正如《孔子世家》"太史公曰:《诗》有之:'高山仰止,景行行止。'虽不能至,然心乡往之。余读孔氏书,想见其为人。……天下君王至于贤人众矣,当时则荣,设则已焉。孔子布衣,传十余世,学者宗之。自天子王侯,中国言'六艺'者折中于夫子,可谓至圣矣!"汉初,孔子不过十余世,但是凭借史家卓越的眼光,司马迁已经预感到孔子政治文化史上"至圣"地位,所传之儒家思想如高山仰止,流芳百世。

2.司马迁对孔子思想的阐释尤为精当,远非牵强穿凿者之可比。司马迁认为孔子一生积极用世精神难能可贵,但是"干七十余君,莫能用。"(《史记·十二诸侯年表》)孔子在感到"上无明君,下不得任用"(《史记·太史公自序》)时,始作《春秋》,删"六艺"。司马迁正确把握孔子的思想历程。就儒家思想经典"六艺"来看,司马迁的理解也深得孔子真谛。他说:"儒者以六艺为法,六艺经传以千万数,累世不能通其学,当年不能究其礼,故曰:'博而寡要,劳而少功。'"(《史记·太史公传》)认为儒学思想博大精深;但言词简括,非一朝一夕能得个中之味,须经长期研磨方可领悟。司马迁所论,从孔子《论语》《春秋》辞约意丰的表述来看就是明证。孔子及其儒家思想尽管深奥难懂,对于学识渊博的司马迁来说,自然能真正得其精华。《右史公自序》中说:"《礼》以节人,《乐》以发和,《书》以道事,《诗》以达意,《易》以道化,《春秋》以道义。"孔子删订的"六艺",集中概括了儒家的政治、伦理思想,不可偏颇且各有侧重。司马迁的分析言简意赅,切中肯綮。尤其以"义"概括《春秋》性质,至为精确。孔子的政治理想,集中体现于《春秋》经中。司马迁亦理解更透,他说:"万物之散聚皆在《春秋》,故有国者不可以不知《春秋》,……为人臣者不可以不知《春秋》,……为人君父而不通于《春秋》之义者,必蒙首恶之名。为人臣子而不通于《春秋》之义者,必陷篡弑之诛。"视《春秋》为修身、齐家、治国安邦的理论武库,事实上,孔子哲学精华也就在"微言大义"的《春秋》之中。经过司马迁的大力宣扬,儒家思想真正走上中国学术的正统道路。

(八十八) 朱熹对儒学发展有何影响

汉代之后,玄学兴盛,东汉末年佛教渐入中土,儒学一度受佛道冲击,到了宋代又突呈勃然中兴之势。宋初胡瑗、孙复、石介首开风气,北宋五子周敦颐、邵雍、张载、程颢、程颐秉承余绪,开始从不同角度和层面研究阐释儒学。其中影响最大,贡献最大的莫过于朱熹。

朱熹是宋学的代表人物，也是宋学的集大成者。他自称是孔子思想的直接继承人。《宋史·朱熹传》中他的学生黄干总结道："道之正统，待人而后传。自周以来，任传道之责者不过数人，而其能使斯道章章较著者，一二而止耳。由孔子而后，曾子、子思继其微，至孟子而始者。由孟子而后，周、程、张子继其绝，至朱熹而始著。"他将朱熹与孔、孟、周、程、张相并列，指出孟子之后，"朱熹而始著"，言下之意，朱子当与孟子比肩，直逼孔子。朱熹对儒学的贡献，在于他将北宋理学成果进行重新解释，不仅克服了其原有的矛盾，而且还把佛、道及诸子学说糅合儒家思想，建立起庞大的自然、社会、人生的儒学体系，形成儒学发展的新阶段——理学。

首先，朱熹一生执着于儒学研究，他的学问几乎全与儒学有关，而且著述十分丰富。如他在《周易》《诗》《礼》《论语》《孟子》《大学》《中庸》诸方面，都有论著行世。具体来说，他的许多著作都是对北宋以来理学家作品的重新解释，再度发明。如根据周敦颐的《太极图说》和《通书》，作《太极图说解》和《通书解》；就张载所写的《西铭》和《正蒙》，而著《西铭解》和《正蒙解》；朱熹所作《伊洛渊源录》《近思录》，以及整理的《二程遗书》《二程外书》，显然是对二程理论深入研究的成果。两宋理学一脉相承，其中朱熹影响最大。宋理宗淳祐元年(124)的诏书说得很清楚："至我朝周敦颐、张载、程颢、程颐，真见实践，深探圣域，千载绝笔，始有指归。中兴以来，又得朱熹思明辨，表里混融，使《大学》《论语》《孟子》《中庸》之书，本末洞彻，孔子之道，益以大明于世。"(《宋史·理宗纪二》)

当然，朱熹用力最勤的还是孔子有关著作。早年曾籍二程及朋友的材料写成《论语要义》，后来又作《论语训蒙口义》，以后又杂取二程、张载、范祖禹、吕希哲、吕大临诸家学说，汇成《论语精义》。在《论语精义》的基础上最终合成《论语集注》。《论语集注》与《孟子集注》《大学章句》《中庸章句》合称《四书集注》。自宋理宗以后，历朝历代均奉程朱理学为正统思想，《四书集注》是宋学的权威性著作，元、明以降，此书成为科考士人的钦定教科书，它的政治影响和世俗影响，达到了无与伦比的程度。从此出现一种现象，《论语集注》畅销一时，经久不衰，而孔子的《论语》却反而被人淡忘。这种舍本求末的独特现象,一方面说明朱熹对《论语》探究之深,使孔子进一步神圣化、权威化,成为后代不可动摇的官学。宋以后,理学家喻户晓,人人可谈。儒学思想达到空前发展。另一方面也能看出朱氏的《论语集注》已非孔子的《论语》,而是经过移花接木,冒名顶替的现实改造。

总之,朱熹对儒学的贡献巨大,理学是汉学以后最大的儒家学派,影响延及元明清至今。同时也应该看到朱熹对儒学思想无意的"误读"和有意改造,直接掩盖或歪曲了孔子为代表的儒家传统。

(八十九) "公羊派"对儒学发展有何作用

儒学自宋明理学、陆王心学到清初三家(顾炎武、黄宗羲、王夫之)乾嘉学派,某种意义上说,都属"六经注我",很大程度上曲解儒学的原义,尽管惠栋、戴震等人从训诂考证出发,大大补救宋明人的空疏之弊,但主观臆测现象仍然随处可见。到了公羊派手中,这一现象才有很大改观。

公羊派继承乾嘉考据传统,推崇西汉的今文经学,寻义理于语言文学之表。公羊派创始人常州庄存与,他著有《春秋正辞》。学生友朋有:孔广森、刘逢禄、宋翔凤、魏源、龚自珍等。他们继承孔子著述传统。庄存与独得先圣先贤微言大义于文字之外,于"六经"中阐幽发微,不专以汉宋笺注为学,为儒学复归开了好头。接着孔广森治《春秋公羊传》,对诸经中《公羊传》之义特加著录,并以天道、王法、人情来解释"三科九旨"。刘逢禄也治公羊学,推重何休而力诋《左传》。魏源为学也承汉儒微言大义之旨,反对宋明以来空泛穿凿之法。龚自珍则以小学为据而又不拘泥小学,习宋翔凤之公羊学。以庄存与为代表的这些人都以《春秋公羊传》为本,以微言大义为旨归,研究儒家思想,故称为"公羊派"。他们的主要贡献在于开拓和弘扬了《春秋》经中孔子及其先儒未曾或未敢明言的大义,这对于批判宋明理学、贬斥陆王心学,恢复儒学思想的本来面目是功不可没的。

到了晚清,随着学术活动与政治活动日渐趋同,以康有为、梁启超为代表的新公羊派出现了。他们把"注经"与政治结合起来,注经为政治改良需要服务。康有为著《新学伪经考》《孔子改制考》《大同书》等,从变法维新出发,主观改造孔子思想,说孔子是改革家,是托古改制之人,大力发挥汉人何休《公羊解诂》的"通三统""张三世"说,主观愿望很明显,是假孔子之名,从理论上为变法制造舆论,但这已经不是本来面目的孔子了。维新派的托古改制思想,从谭嗣同《仁学》书中看得更为明显,谭氏以孔子思想的核心——仁、命名其书,用意明显,但就其内容来看,与传统儒学相去甚远。这本书不过取古今中外各家观点,为我所用,杂糅而成。因此,康梁为代表的公羊派学者,只是把儒家思想作为招牌,在儒家思想学术掩盖下进行自己的政治活动。他们的目的是政治而不是学术和学问,他们任意改造、包装孔子及其儒家思想。

总之,从公羊派到新公羊派,儒家思想经历了正反合的过程。庄存与开创的公羊派继承汉学传统,运用乾嘉考证等方法不遗余力,还儒学原貌,而新公羊派则以继承汉学为口号,在乾嘉学派考证的幌子下,改造孔子思想,各取所需,为己所用,使儒家思想学术又蒙受一次苦难。直到"五四"时期儒学终于招致灭顶之灾。

(九十) 太平天国洪秀全为何砸烂孔子牌位

洪秀全(1814—1864),原名火秀,又名仁坤,皈依基督教后改名秀全,广东花县人,太平天国农民革命领袖。生于农民家庭。其洪氏祖上因逃避战乱,从中原迁到花县,当地人称为"客家人"。七岁入私塾,聪明异常,记忆力特强,1828年因家贫辍学务农,1828年、1836年两次赴广州应试,名落孙山,他心里很是不服。于1837年,第三次赴广州应试,到出榜那天,又是榜上无名。在这次考试中,他第一次接触到了西方基督教,得读《劝世良言》,由于科场失败,大病一场,这是1837年4月5日,即清道光十七年丁西三月初一,洪秀全体温很高;神志昏迷,在病中还斥责孔子,谓其于经书中不曾发挥真理,表明他对科举考试的不满。家人皆出于迷信,认为他是妖魔,请巫师施法逐鬼,洪秀全斥退他们,一连多日,时而高歌,时而哭泣,全村视之为狂颠,40多天精神复原。

　　1843年又在第四次,也就是他最后一次考试中落第,仍回塾堂执教,这年五月因偶然原因见到书箱中的《劝世良言》,始于此书发生兴趣,潜心细读。洪从《劝世良言》中得到启示,反其道而用之,把其中的上帝改造成为一个革命的上帝;洪秀全感到,既然上帝是"独一真神",那么其余一切神圣仙佛都是妖魔,必须打倒。一切人都是上帝子女,在上帝面前人人平等,并借用基督耶稣降生故事,与他六七年前那场大病联系起来,编造了一则"上天受命"的故事,自称是天父次子,耶稣弟子,奉命下凡救世。他的这种奇想,后来在太平天国官书《太平天目》中被演义为"丁酉升天"的故事,其中又编造了上帝打孔子的故事,认为人世间"妖魔作怪之由,总究孔丘教人之书多错",把孔子视为现实社会中的罪恶之源,试图加以清算。于是他在受洗礼之时,将家中所供孔子牌位除去,以示独崇上帝之信仰。1844年,洪秀全回到莲花塘村塾,开学那天,在学生面前,指孔子为妖魔,将孔子牌位取下,丢在地上,一脚踏烂。在洪秀全看来,孔子牌位代表封建正统文化,代表纲常名教,不允许农民造反作乱,为了鼓动农民投身太平天国革命造反,洪秀全用上帝面前人人平等来冲击纲常名教,扫荡孔子之权威。《太平天目》上,还借用"皇上帝"名义,指责孔子所遗传之书,又说孔子犯了大罪过,皇上帝对他进行捆绑、鞭挞,"孔丘跪在天见基督前,再三讨饶,鞭挞甚多,孔丘哀求不已","皇上帝"罚孔子种菜园。

　　然而,农民与封建统治者原本共植根于小农生产方式,其两者的文化意识又有相通的一面。即使在太平天国猛烈鞭挞孔子的时候,仍不自觉地被孔子所牵引。如《原道醒世训》,借用了托名于孔子的大同思想来描述"天下一家,共享太平"的"新世界",太平天国定都南京后,曾遭到鞭挞而被逐菜园的孔子又在不知不觉中支配了"皇上帝"。此后,太平天国对儒家经典由原先的焚禁转为删改,甚至还发生了重修文庙的事情。

　　总之,太平天国革命对孔子的鞭挞,洪秀全虽然砸烂了其外在的牌位,然而并未砸碎其思想深处供奉的孔子牌位。

（九十一）　五四时期"打倒孔家店"是怎么回事

　　"打倒孔家店"这个极端革命、彻底批判孔学(儒学)的口号,究竟是什么时候由何人提出来的呢? 长期以来人们都误以为是在五四时期(1915.9—1921.6)由新文化运动的激进民主主义者,在他们出版的《新青年》中提出来的。也有人误以为这个口号是由陈独秀、李大钊、胡适、吴虞、易白沙、鲁迅等人在《新青年》杂志上发表文章提出来的。但是,追查"五四运动"以前新文化运动时期的《新青年》杂志;却没有发现有谁提出过"打倒孔家店"这个口号。

　　与"打倒孔家店"这一口号有些近似的"打孔家店"则是迟至"五四运动"两年以后,即在1921年6月16日,从胡适给《吴虞文录》写的序文里,才见到的。但这个"打孔家店"显然是不同于"打倒孔家店"这一极端革命的口号的。胡适在该序言结尾部分说:"正因为两千年来吃人的礼教、法制,都挂着孔丘的招牌——无论是老店,是冒牌——不能不拿下来,捶碎,烧去!"接着他又称吴虞是"四川省只手打孔家店"的老英雄。于是"打孔家店"的说法被流传开去,衍变而成"打倒孔家店"这个口号。这里必须指出的是,五四时期既然不存在"打倒孔家店"的口号,为什么后来被一些学者作为五四时期文化革命的口号,甚至一直使用了几十年呢? 以至于将"打倒孔家店"作为五四时期的革命口号、旗帜、号召、任务、纲领来看待呢? 一些人甚至将此作为体现五四反封建的彻底性来认识,而在1949年新中国成立后,这个口号写进了一些历史教科书中,以至于将它看成五四时期批孔的革命口号来看待。

　　从五四时期发表的评孔、批孔的许多新文化运动中的激进主义者的文章看,他们反对封建专制,反对封建礼教,提倡科学民主,但他们中的不少人反对的是后儒将孔学教条化了的礼教,他们并不一概反对或打倒孔子,如易白沙、李大钊、鲁迅、陈独秀等,他们并没有全盘否定或打倒孔子。而胡适在五四之后提出的"打孔家店"的原义,只能是含有激进主义者们共同声讨礼教的内容，或者还突出了吴虞、钱玄同等反孔的极端主张，但胡适提出的这一"打孔家店"的口号是不能代表五四文化评孔的总精神的。

然而"打倒孔家店"这一口号至五四之后被格式化、固定化了起来。从一些史料上看，使用"打倒孔家店"这一口号的人，多是反对五四新文化运动对儒学进行批判的人，如三四十年代的复古派（国粹派）和当代的"新儒家"学派，他们在使用这一口号时，总是作为反对新文化运动的一个重要证据。总之，全盘西化论是在肯定的意义上使用这一口号的。而复古派（国粹派）则是在否定意义上使用这一口号的，他们反对批评孔子和儒学，反对"打倒孔家店"。随着五四时期文化激进主义的"打倒孔家店"的声浪而来的，则是以复兴儒学为己任的文化保守主义的兴起。

（九十二） 康有为是怎样改铸孔子的

康有为（1858—1927），他是近代资产阶级维新运动的领袖。原名祖诒，号长素，字广厦，广东南海人。光绪进士，授工部主事，幼年受儒家教育，后在上海、香港等地接触了比较多的西方资本主义文化，转而学习西学。中法战争后，民族危机加深，遂有变法图强之志，他曾七次上书光绪皇帝，要求变法。光绪二十一年（1895）联合赴京会试举人1300多人署名上书皇帝，即所谓"公车上书"。与此同时，组织强学会、保国会，创办报纸，积极从事变法宣传。光绪二十四年四月至八月，光绪皇帝发布了一系列维新变法的诏令，史称"百日维新"。

康有为作为维新变法的领袖，为了推行他的变法，在理论上从孔子的儒家学说中寻找根据，他不像洪秀全那样敢于砸烂孔子的牌位，而是对孔子的牌位顶礼膜拜，以尊孔的形式，把历史上的孔子改铸成变法维新的祖师。这种对孔子学说的改铸，一方面是论证两千年来为历代统治者崇信的儒学并非孔子之道，指出历来的儒学湮没了孔子的"微言大义"，一方面他又指出孔子之道的真谛是倡导托古改制，充满变法维新的思想。

康有为以经学考辨的形式改铸孔子学说。他继承了龚自珍、魏源的传统，站在今文经学的立场上，写下了《新学伪经考》和《孔子改制考》，从上述两方面改铸孔子。他在《新学伪经考》中，宣称东汉以来历代统治者独尊为儒学正宗的古文经，乃刘歆为王莽篡汉而伪造的新学，湮没了孔子的微言大义。这些古文经书，不是真经，只有西汉今文经学才是真经。此说动摇了汉学、宋学长期占据的经学正统地位，张扬了疑古、辨伪风气，犹"思想界之一大飓风"（梁启超《清代学术概论》）。为维新变法提供了理论依据。在《孔子改制考》一书中，将孔子改铸成"托古改制"的素王，宣称《六经》为孔子改制之所作，儒学经典中的尧、舜、文王，乃"孔子民主君主之所寄托"。孔子"托古改制"的中心就是"三世进化"，将孔子改铸成历史进化论者。所谓"三世进化"，就是指据乱世对应君主专制；升平世（小康）对应君主立宪；太平世（大同）对应民主共和，他认为三世依次递进，是孔子早已阐明的社会发展进化的规律。这是借托孔子之口，论证了封建专制为资产阶级民主制所取代的必然性。这样一来，历史上的孔子被改铸成主张维新变法的康有为本人了。

（九十三） 研究纪念孔子有何现实意义

纪念孔子，研究儒学，是个敏感的问题。这些年来始终有人对孔子存有戒心，甚至把孔子、儒学、国学同马克思主义对立起来，把中国当代文化建设中的民族性与时代性对立起来。孔子是儒学、国学、传统思想文化的主要代表人物，问题的焦点总是集中在孔子身上。

纪念孔子对不对，这不可一概而论，要看处在什么时代。孔子是治世的圣人，他的学说归根到底是讲究仁爱，重视伦常，提倡和谐，强调秩序，追求安定。天下大乱的时候，问题需要通过实力解决，孔子的说教不管用。孔子本人正处于春秋末期的乱世，他的学说理所当然地不受欢迎，他本人栖栖惶惶如丧家之狗，到处碰壁，不了了之终其一世。至战国，天下益乱，诸侯以侵伐争夺为能事。孟子继承孔子学说，力主以仁政统一天下，其命运一点不比孔子好。当时只有实力（主要是武力）能使天下归一，孔子的文的办法解决不了问题。相反,在治世,在国家统一进行和平建设的时候,孔子和孔子学说就受重视、受表扬。中国两千多年来的历史虽不是绝对如此,但是大体是不差的。我们无论怎样评价这一现象都可以,但不能不承认这是事实。

如今的中国,改革开放的政策正在实行,国际大环境发生重大变化,和平发展成为世界的主流。在向建设有中国特色的社会主义强国的目标奋进的时候,我们最需要的是和平、秩序、稳定、社会和睦、民族团结。在这样的背景下,我们纪念孔子,研究儒学,弘扬民族优秀传统文化,不仅是对的,而且势在必行。

有人担心,纪念孔子,研究儒学会不会冲淡甚至取代马克思主义,走向复古倒退的老路上去呢? 不会的,这个担心纯属多余。与古代相比,现在的经济基础变了,政治制度变了,国际环境也变了。再说,我们治国的指导思想是马克思主义、社会主义,对孔子的东西是作为优秀传统文化加以汲取、借鉴,使之为我所用。我们无论谁都不可能用孔子治国,用儒学兴邦,更不可能排斥东西方各国的成功经验和先进的文化成果,否定业已形成的中国近现代新文化。这是历史的大趋势,任谁也不能改变。主张纪念孔子的学界人士绝对不是辛亥年间清朝遗老遗少或者"五四"时代的国粹主义者。没有人会站在封建主义的立场把历史拉回一百年,回过头去让人尊孔读经,或者实行"罢黜百家,独尊儒术"。

总之,在中国现今的条件下,纪念孔子,讲究儒学,汲取一点孔子的学说,是对的,必要的。其实,不管理论家们如何顾虑重重,亿万群众已经根据生活本身的需要,把批判继承孔子的思想付诸实践,并且证明是有成效的。